V&R unipress

Applied Research in Psychology and Evaluation

Vol. 6

Edited by / Herausgegeben vom
Zentrum für Evaluation und Methoden (ZEM)
der Rheinischen Friedrich-Wilhelms-Universität Bonn
Prof. Dr. Georg Rudinger, Direktor

Norbert Lenartz

Gesundheitskompetenz und Selbstregulation

Mit 33 Abbildungen

V&R unipress

Bonn University Press

Bibliografische Information der Deutschen Nationalbibliothek

Die Deutsche Nationalbibliothek verzeichnet diese Publikation in der Deutschen
Nationalbibliografie; detaillierte bibliografische Daten sind im Internet über
http://dnb.d-nb.de abrufbar.

ISBN 978-3-8471-0015-7

Veröffentlichungen der Bonn University Press
erscheinen im Verlag V&R unipress GmbH.

Titelbild: inkje; www.photocase.de
Druck und Bindung: CPI Buch Bücher.de GmbH, Birkach

Gedruckt auf alterungsbeständigem Papier.

Inhalt

Geleitwort

Welche Fähigkeiten und Kenntnisse muss man in der heutigen Gesellschaft besitzen, um ein gesundes Leben zu führen? Diese Frage bildet den Ausgangspunkt des Buches *Gesundheitskompetenz und Selbstregulation* von Norbert Lenartz. Diese grundsätzliche Fragestellung zur Gesundheitskompetenz wurde ursprünglich in dem DFG-Projekt *Gesundheitskompetenz – Modellbildung und Validierung*, das im Rahmen des DFG-Schwerpunktprogramms 1293 *Kompetenzmodelle zur Erfassung individueller Lernergebnisse und zur Bilanzierung von Bildungsprozessen* durchgeführt wurde, aufgeworfen. Das Projekt ist in einer Kooperation der Freien Universität Berlin und der Rheinischen Friedrich-Wilhelms-Universität Bonn unter der Leitung von Prof. Dr. Renate Soellner (DFG-Geschäftszeichen: SO 899/1–1) und des Schreibers dieser Zeilen (RU 339/11–1) entstanden.

Norbert Lenartz, der als wissenschaftlicher Mitarbeiter in diesem Projekt tätig war und den ich im weiteren im Rahmen seiner Promotion an der Rheinischen Friedrich-Wilhelms-Universität Bonn betreut habe, knüpft mit diesem Buch an diese Projektarbeit an und führt sie fort. Ein relevanter Teil der in dem Buch dargestellten Modellbildung wurde im Rahmen des DFG-Projektes gemeinsam erarbeitet oder vorbereitet. Über das DFG-Projekt hinausgehend wurden vom Autor Untersuchungen vorgenommen, im Rahmen derer das Modell der Gesundheitskompetenz inhaltlich und strukturell weiterentwickelt und validiert wurde. Durch diese Erweiterung der ursprünglich in der Bildungsforschung im schulischen Kontext angesiedelten Untersuchungen auf Erwachsene wird das Modell auf spätere Lebensphasen übertragbar.

Insbesondere die vertiefenden Analysen und Gedanken zur Rolle der Selbstregulation und Selbststeuerung stellen hier einen beachtlichen Gewinn dar. Diese ergänzen die Forschung zur Gesundheitskompetenz, in der die innerpsychischen Anteile der Handlungsregulation bislang eine eher untergeordnete Rolle spielen.

Körperliche und psychische Gesundheit sind die zentralen Zielgrößen der Gesundheitskompetenz. Dabei steht zwischen dieser Beziehung ein adäquates

Gesundheitsverhalten. Das vorliegende Buch investiert in diese Zusammenhänge und liefert eine ganze Reihe inhaltsreicher Befunde dazu.

Die theoretische Fundierung der Arbeit und der praktische Bezug, welche
dem entwickelten Modell der Gesundheitskompetenz eigen ist, drücken sich
unter anderem darin aus, dass mehrere Projekte in verschiedenen Anwen-
dungsbereichen hierauf zurückgreifen.

Initiative Healthy Campus *der Universität Bonn und der Sporthochschule Köln*
In der Initiative *Healthy Campus* geht es darum, die Beziehungen zwischen
Gesundheitskompetenz, explizitem Gesundheitsverhalten und letztendlich Gesundheit zu optimieren. Durch eine gezielte Anpassung des Angebotsspektrums
in Verbindung mit entsprechenden Informations- und Motivationskampagnen
soll bei den Studierenden der beteiligten Hochschulen ein gesundheitsorien-
tierter Lebensstil gefördert und in seinen Konsequenzen wissenschaftlich untersucht werden.

Ziel der forscherisch begleiteten Initiative *Healthy Campus* ist die Vermittlung nachhaltigen Gesundheitsbewusstseins und eines bewegungsbezogenen
Lebensstiles auch im Sinne der Verantwortungsübernahme für die eigene Gesundheit. Ein gesunder Lebensstil – charakterisiert durch regelmäßige körperliche / sportliche Aktivitäten und gesunde Ernährung – ist unbestritten die
zentrale Voraussetzung für körperliche und geistige Gesundheit für alle gesellschaftlichen Gruppierungen über sämtliche Phasen des Lebenszyklus hinweg,
von der Kindheit bis ins hohe Alter. Das Modell der Gesundheitskompetenz
bildet hier einen wesentlichen Baustein zur Diagnose und Interventionsplanung.
Weitere Informationen zur gemeinsamen Initiative *Healthy Campus* finden sich
unter http://www.healthy-campus.de.

Informelles Lernen zu Sicherheit und Gesundheit im Prozess der Arbeit
Fähigkeiten und Kenntnisse zu Sicherheit und Gesundheit sind Schlüsselqua-
lifikationen im Arbeits- und Gesundheitsschutz und in der betrieblichen Gesundheitsförderung. Die Forschung zur Gesundheitskompetenz verdeutlicht
dies. Das in diesem Buch vorgelegte Strukturmodell weist die dazu notwendigen
Kompetenzdimensionen aus. Im Rahmen des Forschungsprojekts 2141 der
Bundesanstalt für Arbeitsschutz und Arbeitsmedizin (BAuA) wurde auf der
Grundlage des Modells der Gesundheitskompetenz untersucht, welche Fähigkeiten und Kenntnisse bei Beschäftigten der Zeitarbeits- und der Pflegebranche
notwendig sind, um im Arbeitskontext sicher und gesundheitsgerecht handeln
zu können. Zudem wurde erhoben, in welchem Ausmaß die Beschäftigten über
diese Kompetenzen verfügen. Die Ergebnisse dienten als Ansatzpunkt zur Er-
stellung von Gestaltungsansätzen für kleine und mittlere Unternehmen. Auf

diese Weise soll die Beschäftigungsfähigkeit der Mitarbeiter erhalten und über die Lebensarbeitszeit nachhaltig gefördert werden.

Das hier entwickelte Konzept wird dazu einen wichtigen Beitrag leisten.

Bonn, April 2012   Prof. Dr. Georg Rudinger

Vorwort

Der Begriff Gesundheitskompetenz hat eine rasante Entwicklung erfahren, seit ihn die Weltgesundheitsorganisation im Jahre 1998 grundlegend neu definiert hat. In Politik, Arbeitsleben, Forschung und vielen anderen Bereichen, in denen der Gesundheit der Menschen ein besonderes Augenmerk zukommt, hat die Gesundheitskompetenz als Begrifflichkeit seitdem Einzug gehalten und wird hier häufig und nachdrücklich verwendet. Die Fähigkeiten und Kenntnisse, die hierunter gefasst werden, sind immer dann bedeutsam, wenn es um gesundheitsrelevante Entscheidungen und Handlungen geht, egal ob im Alltag oder in besonderen Situationen und gesundheitlichen Krisen.

Häufig sind es selbstregulative Prozesse, die über die Qualität von Entscheidungen und Handlungen bestimmen. Dies gilt im Besonderen für gesundheitliche Fragen. Welche gesundheitlichen Ziele und Einstellungen habe ich? Welche Wege gehe ich, um diese zu erreichen? Wie flexibel und umsichtig bin ich in Fragen meiner Gesundheit und wie integriere ich all das in mein Selbstverständnis von mir und der Welt? Gesundheitskompetentes Verhalten ohne entsprechende Fähigkeiten zur Selbstregulation ist nicht denkbar. In bisherigen Arbeiten zur Gesundheitskompetenz wurden solche Aspekte der Selbstregulation jedoch stark vernachlässigt.

Dieses Buch verknüpft nun beide Felder. Welche Fähigkeiten und Kenntnisse stehen hinter dem Begriff der Gesundheitskompetenz? Und welche Rolle nehmen Fähigkeiten zur Selbstkontrolle und Selbststeuerung hierbei ein? Zur Annäherung an diese Fragen wird eine umfassende und empirisch fundierte Modellbildung zur Gesundheitskompetenz vorgenommen, die insbesondere mit Blick auf selbstregulative Komponenten des Modells vertieft und weiter ausgeführt wird. Am Ende dieses Prozesses steht ein empirisch validiertes Strukturmodell der Gesundheitskompetenz, dass Auskunft über die Inhalte dieses weitreichenden Konstrukts gibt und sie mit Gesundheitsverhalten, Gesundheit und Wohlbefinden in Beziehung setzt. Dabei werden intensive Verknüpfungen zu Theorien und Forschungsarbeiten zur Selbstregulation vorgenommen, die

Einblicke in die Bedeutung und Qualität dieser für gesundheitskompetentes Verhalten und deren Förderung geben.

Der Ursprung dieses Buches liegt in einem Projekt der Deutschen Forschungsgemeinschaft (DFG), dass im Rahmen des Schwerpunktprogramms 1293 Kompetenzmodelle zur Erfassung individueller Lernergebnisse und zur Bilanzierung von Bildungsprozessen realisiert wurde. Dieses Projekt Gesundheitskompetenz – Modellbildung und Validierung wurde unter der Leitung von Prof. Dr. Renate Soellner und Prof. Dr. Georg Rudinger als Kooperation der Freien Universität Berlin und der Rheinischen Friedrich-Wilhelms-Universität Bonn durchgeführt. Ohne die fachkundige und konstruktive Zusammenarbeit und Unterstützung der Projektleiter wäre die daran anschließende und diese weiterführende Forschungsarbeit und das vorliegende Buch nicht entstanden.

So geht mein Dank zu allererst und im Besonderen an Prof. Dr. Georg Rudinger, der als mein Doktorvater einen ganz besonders großen Anteil an dieser Arbeit trägt und dessen fachliche und motivationale Unterstützung viele Berge und Täler, die während des Verfassens zu überwinden waren, bewältigen half. Prof. Dr. Renate Soellner hat durch ihr hohes Engagement und ihre große Fachkunde einen maßgeblichen Anteil an der Gestaltung der Arbeit genommen. In vielen intensiven Diskussionen und anregenden Gesprächen haben sich die Inhalte Stück für Stück geschärft und entwickelt, so dass hier ein in weiten Teilen kohärentes und elaboriertes Modell zur Gesundheitskompetenz vorgestellt werden kann.

Nicht weniger Dank gebührt meinem geschätzten Kollegen Stefan Huber, mit dem ich in Hochzeiten des Projekts fast täglich den Austausch suchte und der viel zu früh auf tragische Weise von uns gegangen ist.

Wissenschaftliche Arbeit und berufliche Leistung fußt nach meiner Überzeugung mindestens ebenso stark auf den Menschen, denen wir im privaten verbunden sind, wie auf denen, mit denen wir beruflich zusammenarbeiten. Sie sind vielleicht noch unmittelbarer an der Arbeit beteiligt und bringen durch ihr Sein vielfältige Ressourcen und Lösungen von großer Reichweite mit ein. Hier bin ich meiner Frau Stefanie und meiner Tochter Manon zutiefst verbunden. Meinen Eltern, Geschwistern und Freunden, die alle auf ihre Weise Anteil an der Arbeit haben, gilt mein inniger Dank.

Das Konzept der Gesundheitskompetenz trägt in meinen Augen ein enormes Potential in sich, zu Gesundheit und Wohlbefinden der Menschen beizusteuern. In seiner Gesamtheit kann es die Gestaltung von Umwelten und Maßnahmen in den verschiedenen Lebensbereichen maßgeblich beeinflussen. Die besondere Beachtung der Selbstregulation des Menschen und das Ermöglichen dieser durch geeignete Maßnahmen stellen hier den vielleicht wichtigsten Erfolgsfaktor dar. Diesen gilt es aufzugreifen und weiter auszuformulieren, mit dem Ziel eines selbstbestimmten Menschen in einem Lebensumfeld, das seinen Fähigkeiten,

Bedürfnissen und Zielen zu Gesundheit und Wohlbefinden entspricht und eine
gesunde Entwicklung unterstützt. In dieser Entsprechung von Mensch und
Umwelt liegt der Schlüssel, zu dem dieses Buch seinen Beitrag leisten soll.

Bonn, April 2012   Norbert Lenartz

Einleitung

»Perhaps our most important quality as humans
is our capability to self-regulate. It has provided us
with an adaptive edge that enabled our ancestors
to survive and even flourish when changing conditions led
other species to extinction. Our regulatory skill or lack thereof is
the source of our perception of personal agency that lies at
the core of our sense of self.«
Zimmerman, 2005, S. 13

Das moderne Leben in einer globalisierten Welt, die durch Wandel, Komplexität
und wechselseitige Abhängigkeit gekennzeichnet ist, stellt hohe Anforderungen
an die menschliche Fähigkeit zur Selbstorganisation und Selbstregulation (Rychen & Salganik, 2003). In unterschiedlichen Kontexten und Situationen entstehen Herausforderungen und Chancen, die nur unter Rückgriff auf individuelle Ressourcen zu bewältigen sind. Die Kapazitäten des Einzelnen, diese
Ressourcen aufzubauen, zu erhalten und zu nutzen, sind in hohem Maße an die
Fähigkeiten zur Regulation innerer Zustände gebunden (Kuhl, 2010). Die
selbstbestimmte Steuerung der eigenen Motivationslage, das Integrieren wi-
derstrebender Interessen und Impulse in ein stimmiges Ganzes, Fähigkeiten im
Umgang mit Stressoren, Willenskraft, oder auch die Wahrnehmung eigener
Gefühle und Bedürfnisse beschreiben geistige Funktionen, die unmittelbar an
Kompetenzen zur Selbstregulation und Selbstkontrolle gekoppelt sind und diese
ausmachen (Fröhlich & Kuhl, 2004).

Im Bereich der Gesundheit zeigt sich der gesellschaftliche Wandel hin zu
mehr Komplexität, Entscheidungsvielfalt und Eigenverantwortung besonders
deutlich (Kickbusch, Maag & Saan, 2005; Kickbusch & Maag, 2006; Kickbusch,
2006a). Die Verantwortung für den Erhalt und die Förderung der eigenen Gesundheit wird dabei in zunehmendem Maße von der ursprünglichen Verortung
im Gesundheitssystem gelöst und im Lebensalltag der Menschen platziert. Dem
Einzelnen fallen sukzessive mehr Aufgaben für das Management seiner eigenen
Gesundheit zu und er ist aufgefordert, diese umfassend wahrzunehmen. Wer in
der Lage ist, diese Verantwortung aktiv zu übernehmen und selbstgesteuert
relevante Einflussfaktoren der Gesundheit so zu gestalten, dass sie dem Erhalt
und der Förderung dieser zuträglich sind, der kann auch in einer Gesellschaft
mit einer steigenden Lebenskomplexität, sich intensivierenden Anforderungen
in der Arbeitswelt (Badura, 2003) und einem hohen Grad an artifizieller Lebensumwelt (Nefiodow, 2001) ein Leben führen, dass Gesundheit und Wohlbefinden fördert. Dies gilt sowohl auf individueller Ebene wie auch auf der Ebene

der Gesundheit der Familie und in der Gestaltung gesundheitlicher Aspekte der
sozialen Umwelt (Kickbusch et al., 2005; Nutbeam, 2000).

Die Fähigkeiten des Einzelnen, für seine Gesundheit Sorge zu tragen, sind
dabei komplementär zu sehen zu der Verantwortlichkeit des Staats und der
Gesellschaft, die Bedingungen für ein gesundes Leben möglichst förderlich zu
gestalten (Kickbusch et al., 2005). Bestrebungen, im Arbeitsumfeld gesund-
heitsschädigende Belastungen zu minimieren (Ulich, 2005), Bemühungen im
Gesundheitswesen, die Verständlichkeit von Patienteninformationen zu erhöhen und an das tatsächliche Kompetenzniveau der Patienten anzupassen (Baker,
2006) oder politische Bemühungen um einen nachhaltigen Umgang mit le-
benswichtigen Ressourcen wie dem Trinkwasser sind Beispiele der Gestaltung
gesundheitsfördernder Verhältnisse, die über den Einflussbereich des Einzelnen
hinausgehen. Im Zusammenspiel zwischen Verhalten und Verhältnissen, zwischen den Möglichkeiten des Einzelnen und den Gestaltungsräumen der Gesellschaft, liegt das Gesamtpotenzial der Förderung von Gesundheit und
Wohlbefinden.

Auch das Verständnis von dem, was Gesundheit ist, wandelt sich stetig. Der
Gesundheitsbegriff entfernt sich zunehmend von einer reinen Defizitorientie-
rung und der Konzentration auf Krankheiten und entwickelt sich hin zu einer
positiven Definition der Gesundheit, die Aspekte wie Wohlbefinden, Vitalität,
Leistungsfähigkeit, Flexibilität und Selbstverwirklichung einbezieht (Franke,
2006; Ryff, 1989; Ryff & Singer, 1998). In diesem Prozess wandeln sich auch
Wünsche und Ansprüche seitens der Bevölkerung. Alte Rollenbilder, die die
Beziehung zwischen Arzt und Patient lange geprägt haben, werden aufgelöst
(Nagel, 2008). Im neuen Jahrtausend zeigt sich eine Gesundheitsgesellschaft
(Kickbusch, 2006a), in der der Einzelne bisher ungekannte Entscheidungs- und
Einflussmöglichkeiten in Hinblick auf seine Gesundheit besitzt.

Damit Menschen den neu entstehenden Freiheiten und Verantwortlichkeiten
begegnen können, sind umfassende Kompetenzen erforderlich, die unter dem
Begriff der Gesundheitskompetenz zusammengefasst werden (Nutbeam, 2000,
Abel & Bruhin, 2003; Soellner, Huber, Lenartz, Rudinger, 2009). Seit einigen
Jahren rücken diese Kompetenzen zunehmend in das Blickfeld der Forschung.
Auch in Politik (Kickbusch et al, 2005) und Wirtschaft (z. B. Seiler, 2009;
Kriegesmann, Kottmann, Masurek & Nowak, 2005) findet der Begriff inzwischen vielfache Verwendung. Dabei ist bislang nicht geklärt, welche Fähigkeiten
und Fertigkeiten genau der Gesundheitskompetenz zuzurechnen sind. Es stellt
sich die Frage, über welche Kompetenzen ein Mensch in unserer heutigen Gesellschaft verfügen muss, um in der Lage zu sein, sein Leben und seinen Alltag
gesundheitsbewusst gestalten zu können und darüber hinaus im Kontakt mit
dem Gesundheitswesen und den dort tätigen Anbietern von Gesundheits-

dienstleistungen und medizinischem Personal als kompetenter, eigenverant-
wortlicher Partner aufzutreten.

In der Forschung finden sich verschiedene Modelle, die aus unterschiedlichen
Perspektiven Kompetenzen für eine gesundheitsförderliche Lebensführung
benennen (Nutbeam, 2008; Soellner et al., 2009; Maag, 2007a). Immer wieder
genannt werden hier individuelle Kompetenzen im Umgang mit Gesundheitsinformationen, Kompetenzen im Umgang mit medizinischem Fachpersonal
oder auch grundlegende Fertigkeiten beim Umsetzen von Anweisungen und
Verordnungen der Ärzte. Gemein ist diesen Kompetenzen, dass sie alle den
Umgang des Einzelnen im Kontakt mit dem Gesundheitswesen ins Zentrum der
Betrachtungen stellen. Personenbezogene Kompetenzen, die Fähigkeiten zur
Selbstorganisation und Selbststeuerung einbeziehen, kommen wenig vor (Soellner, Huber, Lenartz & Rudinger, 2011). Der Umgang mit Stress und Belastungen, Eigenmotivation für eine gesunde Lebensführung, die Auswahl von
gesundheitsförderndem Verhalten und dazu passenden Zielen, und insgesamt
auf die Regulation der eigenen Person bezogene Kompetenzen, werden in bisherigen Arbeiten zur Gesundheitskompetenz wenig behandelt und häufig
überhaupt nicht in die theoretischen und praktischen Überlegungen einbezogen.

Ursächlich mag dies darauf zurückzuführen sein, dass bis vor etwa zehn
Jahren die Gesundheitskompetenz unter dem englischen Begriff der *health li-
teracy* vornehmlich aus einer klinisch-medizinischen Perspektive heraus defi-
niert und angewandt wurde. Der Begriff wurde als eine gesundheitsbezogene
Lesefähigkeit mit dem dazugehörigen medizinischen Basiswissen konzipiert
(Andrus & Roth, 2002; Baker, 2006). Personenbezogene Kompetenzen der
Selbstregulation und Selbststeuerung kamen dabei nicht vor.

Inzwischen existiert jedoch eine Reihe von Definitionen und Modellen zur
Gesundheitskompetenz, die weit über dieses klinische Verständnis hinausgehen.
Die aktuell im europäischen Raum diskutierten Modelle lassen sich dabei auf die
Perspektive der Gesundheitsförderung zurückführen (Nutbeam 1998, 2000,
2008; Rödiger & Stutz Steiger, 2009). Diese inhaltlich äußerst fruchtbare Perspektive hat maßgeblich zu dem hohen Interesse beigetragen, welches der Gesundheitskompetenz inzwischen zu Teil wird. Gesundheitskompetenz wird
dabei als eine Art Lebenskompetenz konzipiert, die für eine gesundheitsförderliche Lebensführung notwendig und verantwortlich ist und aus der gute
Gesundheit und hohes Wohlbefinden resultieren (Rödiger & Stutz Steiger,
2009). Aus einer psychologischen Perspektive lässt sich jedoch feststellen, dass
die bestehenden Modelle der Gesundheitskompetenz die explizite Definition der
individuellen Fähigkeiten und Fertigkeiten hinter dem Begriff vernachlässigt.
Zwar werden in den verschiedenen Veröffentlichungen immer wieder spezifische Kompetenzen angesprochen, diese werden dabei in der Regel nicht explizit

erarbeitet oder empirisch untersucht. Dies trifft auch und im Besonderen auf Kompetenzen zur Selbststeuerung und Selbstregulation zu.

Aus wissenschaftlicher Perspektive wird somit eine systematische Modell-entwicklung notwendig, die klärt, welche konkreten Kenntnisse, Fähigkeiten und Fertigkeiten hinter dem Begriff der Gesundheitskompetenz stehen (Soellner & Rudinger, 2007, Soellner et al., 2011; Soellner et al., 2009). Dabei ist insbesondere die Frage nach der Bedeutung personenbezogener, mit der Selbst-steuerung und der Selbstregulation verknüpften Fähigkeiten für das Konstrukt der Gesundheitskompetenz zu stellen.

Sollte sich dabei herausstellen, dass selbstregulative Fähigkeiten erwartungsgemäß einen substanziellen Anteil am Konstrukt der Gesundheitskompetenz bilden, stellt sich unmittelbar die Frage, wie diese gefördert werden können. Die Selbstbestimmungstheorie der Motivation (Deci & Ryan, 2000) liefert zu dieser Fragestellung einen vielversprechenden Verständnisrahmen der Selbstregulation, der in zahlreichen empirischen Arbeiten seine hohe Relevanz für Gesundheit und Wohlbefinden nachgewiesen hat.

Die in diesem Buch vorgestellte Forschung zur Gesundheitskompetenz greift diese Fragen auf. In einer systematischen Modellbildung wird ein theoretisch und empirisch fundiertes Strukturmodell zur Gesundheitskompetenz entwickelt, wobei Prozessen der Selbstregulation und Selbststeuerung besondere Aufmerksamkeit geschenkt wird. Das resultierende Modell wird in seiner Bedeutung für Gesundheit und Wohlbefinden untersucht, wobei in einem geringen Umfang auch auf die Beziehung zum Gesundheitsverhalten eingegangen wird. Und es wird ein empirisch begründeter Ausblick auf mögliche Ansätze zur Förderung der selbstregulativen Komponenten der Gesundheitskompetenz gegeben.

Kompetenzen für die Gesundheit erlauben es, ein höheres Maß an Selbstbestimmung in Fragen der eigenen Gesundheit zu entwickeln. Das Wissen über diese Kompetenzen kann ein wertvoller Baustein bei der Gestaltung gesundheitsförderlicher Lebens- und Arbeitswelten sein.

Teil I: Gesundheitskompetenz, Selbstregulation und Selbstbestimmung

Der erste Teil des Buches beschäftigt sich mit den theoretischen Grundlagen dieser Arbeit, wobei aktuelle Forschungsergebnisse dargestellt und mit Blick auf die Modellbildung zur Gesundheitskompetenz reflektiert werden. Im Einzelnen werden dazu

- zentralen Paradigmen und Modelle zur Gesundheitskompetenz vorgestellt, wobei insbesondere die Rolle der Selbstregulation und Selbststeuerung für das Konstrukt untersucht wird (Kapitel 2),
- die Forschung zur Selbstregulation und Selbststeuerung mit Blick auf die theoretischen Arbeiten von Kuhl (Kuhl, 2010; Fröhlich & Kuhl, 2004) betrachtet (Kapitel 3.1) und
- relevante Aspekte der Selbstbestimmungstheorie der Motivation von Deci und Ryan (2000) dargestellt (Kapitel 3.2).

Die Verknüpfung dieser Inhalte mündet in den zentralen Forschungsfragen der Modellbildung (Kapitel 4).

1   Gesundheitskompetenz

Um sein Leben so gestalten zu können, dass eine gute Gesundheit und ein hohes körperliches und psychisches Wohlbefinden möglich wird, ist eine Reihe von Fähigkeiten und Fertigkeiten notwendig, die unter dem Begriff der Gesundheitskompetenz zusammengefasst werden (WHO, 1998). Diese Fähigkeiten und Fertigkeiten können als eine notwendige Voraussetzung für ein eigenständiges, dem Erhalt der Gesundheit zuträglichen Verhalten betrachtet werden. Sie ermöglichen es dem Einzelnen, vorhandene Entscheidungs- und Handlungsräume so auszugestalten, dass die eigene Gesundheit und – in einem breiteren Verständnis des Begriffs (Nutbeam, 2000; Kickbusch et al., 2005) – die Gesundheit der Gemeinschaft gestärkt werden. Gesundheitskompetenz ist somit eine wesentliche Voraussetzung für den Erhalt und die Stärkung von Gesundheit und

Wohlbefinden. Bin ich in der Lage, Entscheidungen so zu treffen, dass sie sich positiv auf meine Gesundheit auswirken? Bin ich in der Lage, aus der Vielzahl an Handlungsoptionen diejenigen zu erkennen und auszuwählen, die gut für meine Gesundheit sind? Und bin ich überhaupt in der Lage zu erkennen, dass meine Entscheidungen und mein Handeln Auswirkungen auf meine Gesundheit und mein Wohlbefinden haben und kann ich die entsprechenden Zusammenhänge klar erkennen?

Gesundheitskompetenz beschreibt individuelle Kompetenzen, die es dem Einzelnen ermöglichen, sich unter den gegebenen persönlichen, situativen und gesellschaftlichen Voraussetzungen in Bezug auf gesundheitsrelevante Fragestellungen zu orientieren, Verantwortung für seine Gesundheit zu übernehmen und entsprechend zu handeln. Gesundheitskompetenz wird somit zu einer Schlüsselkompetenz für ein gesundes Leben, zu einer bereichsspezifischen Lebenskompetenz bezogen auf gesundheitsrelevante Inhalte (Rödiger & Stutz Steiger, 2009).

Neben individuellen Fähigkeiten, Fertigkeiten und Wissensbeständen werden je nach Autor auch politische und gesellschaftliche Bedingungen in die Betrachtungen zur Gesundheitskompetenz einbezogen (Nutbeam, 2000; Kickbusch, 2005). Das Konstrukt erhält somit eine deutliche Prägung aus der Perspektive der Gesundheitsförderung, die neben dem individuellen Verhalten auch die allgemeinen Lebensverhältnisse und die Gesundheit in der Gesamtbevölkerung einbezieht (WHO, 1986).

1.1 Entwicklung und Begriffsbestimmung

Trotz der deutschen Bezeichnung *Gesundheitskompetenz* war es über viele Jahrzehnte weniger der Kompetenzbegriff, der die Ausformulierung des Konstrukts geprägt hat, als vielmehr der im englischsprachigen Raum verwendete Begriff der *literacy* bzw. der *health literacy*. Unter *literacy* werden basale Lese- und Schreibfähigkeiten verstanden. *Functional literacy* bezeichnet die Fähigkeit, diese Lese- und Schreibfertigkeiten sowie basale Rechenfertigkeiten auf einem Niveau zu nutzen, das für die Anforderungen des Alltags, des Berufslebens sowie der Gesellschaft ausreichend ist. Entsprechend wird in diesem Kontext unter *health literacy* bzw. *functional health literacy* die Fähigkeit verstanden, entsprechende Gesundheitsinformationen lesen, verstehen und nutzen zu können (z. B. Andrus & Roth, 2002). Im Forschungsfeld *health literacy* bezieht sich dieser Umgang mit Gesundheitsinformationen vor allem auf einen klinisch-medizinischen Kontext im Gesundheitswesen. Daher wird dieses Verständnis der Gesundheitskompetenz häufig als klinischer Ansatz bezeichnet (Pleasant & Kuruvilla, 2008; Rödiger & Stutz Steiger, 2009; Soellner et al., 2009). Das klinisch

geprägte Verständnis war über viele Jahrzehnte bestimmend für den Begriff der
Gesundheitskompetenz und prägt bis heute vor allem im angloamerikanischen
Raum die Forschungsaktivitäten (Baker, 2006; Andres & Roth, 2002).

Eingeleitet durch die Weltgesundheitsorganisation (WHO) entstand um die
Jahrtausendwende ein zweites Forschungsparadigma zur Gesundheitskompetenz, welches den Begriff in inhaltlicher Hinsicht substanziell erweitert hat
(Pleasant & Kuruvilla, 2008; Nutbeam, 2008). Der Begriff wurde aus dem klinischen Kontext herausgelöst und aus Sicht der Gesundheitsförderung und der
Gesundheitsvorsorge im Sinne einer Lebenskompetenz bezogen auf die Ge-
sundheit neu konzipiert (Nutbeam, 2008; Pleasant & Kuruvilla, 2008; Rödiger &
Stutz Steiger, 2009). In der Folge rückte die Gesundheitskompetenz stärker als
bisher in das Blickfeld von Forschung, Politik, Gesundheitswesen und Gesell-
schaft (Stutz Steiger & Spycher, 2006), in dem ihr zunehmend eine zentrale
Position in der Gesundheitsvorsorge zugeschrieben wird (Rödiger & Stutz
Steiger, 2009). Dies hat u. a. zu einem deutlichen Anstieg wissenschaftlicher
Arbeiten zur Gesundheitskompetenz geführt (Soellner et al., 2009). Innerhalb
weniger Jahre wurden eine Vielzahl von Definitionen und Modellen publiziert.

Inzwischen muss vor dem Hintergrund der mangelnden empirischen Fundierung der bislang vorgeschlagenen Modelle und der uneinheitlichen Verwendung des Begriffs eine konzeptionelle Unschärfe festgestellt werden (Soellner et al., 2009; Baker, 2006). Unklar bleibt in den bisherigen Arbeiten insbesondere, auf welche Kompetenzen, Fähigkeiten und Fertigkeiten sich der Begriff
der Gesundheitskompetenz genau stützt und wie diese untereinander in Beziehung stehen. Die veröffentlichten Artikel zum Thema benennen zwar häufig
einzelne Fähigkeiten und Fertigkeiten, die aus Sicht der Autoren der Gesundheitskompetenz zugehörig sind. Dies geschieht jedoch durchweg unsystema-
tisch und die entsprechenden Kompetenzen werden mehr am Rande erwähnt als
explizit definiert und empirisch begründet.

Es kann festgestellt werden, dass die beiden Forschungsfelder zur Gesundheitskompetenz, der im angloamerikanischen Raum vorherrschende klinische
Ansatz und der von der WHO angestoßene Ansatz der Gesundheitsvorsorge,
weitestgehend getrennt voneinander operieren und wenig Bezug aufeinander
nehmen (Pleasant & Kuruville, 2008; Nutbeam, 2008; Soellner et al., 2009).
Dabei wird die Bedeutung der funktionalen gesundheitsbezogenen Lese-,
Schreib- und Rechenfertigkeiten aus dem klinischen Ansatz als Bestandteil der
weiter gefassten Sammlung notwendiger Fähigkeiten und Fertigkeiten nach dem
Verständnis der Gesundheitsförderung (siehe Abbildung 1) durchaus gesehen
(Nutbeam, 2008; Rödiger & Stutz-Steiger, 2009).

Im folgenden Abschnitt wird das Begriffsverständnis der beiden Forschungsansätze zur Gesundheitskompetenz genauer dargestellt.

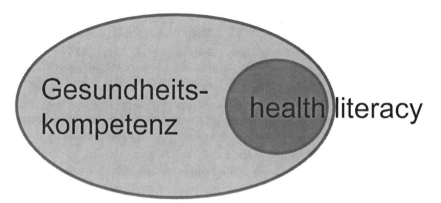

Abbildung 1 Paradigmen der Gesundheitskompetenz. Schematische Darstellung der Beziehung der beiden Paradigmen der Gesundheitskompetenz zueinander. *Health literacy* steht für den klinischen Ansatz der Gesundheitskompetenz, *Gesundheitskompetenz* steht in der Abbildung für den konzeptionellen Ansatz der Gesundheitsförderung.

1.1.1 Klinischer Ansatz zur Gesundheitskompetenz

Die inzwischen seit vier Dekaden aktive Forschung zum klinisch-medizinischen Ansatz ist vor allem im US-amerikanischen Raum präsent (Nutbeam, 2008; Sommerhalder, 2009; Rödiger & Stutz Steiger, 2009). Die englische Bezeichnung *health literacy* verweist dabei auf die Wurzeln des Konzeptes, die in der Erforschung des Zusammenhangs zwischen funktionalen Lese-, Schreib- und Rechenkompetenzen, dem Verhalten im Gesundheitswesen und dem Gesundheitszustand der Patienten liegen. Insbesondere in den USA haben großangelegte Studien gravierende Mängel im Verständnis einfacher gesundheitsbezogener Texte und gesundheitsrelevanter Informationen aufgezeigt (z. B. Williams, Parker & Baker et al. 1995; Baker, Parker & Williams, 1996). So weisen Studien darauf hin, dass in den USA knapp 50 % der Patienten eine unzureichende Fähigkeit haben, gesundheitsrelevante Informationen zu lesen, zu verstehen und für sich zu nutzen (Andrus & Roth, 2002). Dies geht unter anderem mit einer erheblichen Beeinträchtigung der Compliance von Patienten mit medizinischem Personal, einem mangelhaften Wissen zu gesundheitsrelevanten Fragen, Fehlern im Umgang mit Anweisungen und Empfehlungen der Ärzte, und einer fehlenden Inanspruchnahme medizinischer Vorsorgemaßnahmen einher und ist mit einem schlechteren Gesundheitszustand, mangelhaftem Krankheitsmanagement und häufigeren Krankenhauseinweisungen chronisch erkrankter Personen assoziiert (Rudd, Kirsch & Yamamoto, 2004; Andrus & Roth, 2002).

Vor diesem Hintergrund dient health literacy dazu »… to apply literacy skills to health related materials such as prescriptions, appointment cards, medicine lables, and directions for home health care (Parker, Baker, Williams & Nurss

(1995, S. 537). Über die Jahre entwickelten sich innerhalb des klinischen Ansatzes eine Reihe weiterer Definitionen, die sich mehr oder weniger stark von der ursprünglichen Fokussierung auf ein kontextuelles Leseverständnis lösen, denen aber gemein ist, dass sie den klinisch-medizinischen Kontext des Gesundheitswesens nicht verlassen (Institute of Medicine, 2004; Baker, 2006).

So definiert das Ad Hoc Committee on Health Literacy for the Council on Scientific Affairs der American Medical Association *health literacy* als »... a constellation of skills, including the ability to perform basic reading and numerical skills required to function in the health care environment« (Ad Hoc Committee on Health Literacy, 1999). Das US-amerikanische Institute of Medicine (IOM) hat 2004 in einer vielbeachteten Publikation unter dem Titel *Health Literacy: A Prescription to End Confusion* (Institute of Medicine, 2004) den Begriff der Gesundheitskompetenz innerhalb des klinischen Ansatzes konzeptuell erweitert und definiert diese als »The degree to which individuals have the capacity to obtain, process and understand basic health information and services needed to make appropriate health decisions.« Demnach bezeichnet Gesundheitskompetenz einen Satz individueller Kapazitäten, die es dem Individuum erlauben, gesundheitsrelevante Informationen zu beschaffen und sie zu nutzen (Baker, 2006).

Eine aktuelle Definition der US National Library of Medicin and the National Institute of Health aus dem Jahr 2009 veranschaulicht deutlich die Verortung im klinischen Kontext:[1]

> Gesundheitskompetenz ist die Fähigkeit, Gesundheitsinformationen zu verstehen und damit sinnvolle Entscheidungen über die eigene Gesundheit und die medizinische Betreuung zu fällen.
> Gesundheitsinformationen können sogar Personen mit höherer Bildung überfordern. In den USA weist etwa ein Drittel der erwachsenen Bevölkerung ungenügende Gesundheitskompetenz auf.

> Ungenügende Gesundheitskompetenz kann folgende Fähigkeiten einschränken:
> - Ausfüllen von komplexen Formularen
> - Auffinden von Leistungserbringern und medizinischen Dienstleistungen
> - Auskünfte geben über den Verlauf der eigenen Krankengeschichte
> - Persönliche Hygiene und Pflege
> - Selbst-Management einer chronischen Krankheit
> - Verstehen, wie Medikamente einzunehmen sind

Wenn Gesundheitskompetenz die Fähigkeit beschreibt, sich innerhalb des Gesundheitssystems zu bewegen, dann ist diese Fähigkeit in hohem Maße von den

---

1 Quelle: www.nlm.nih.gov/medlineplus/healthliteracy.html (Übersetzung nach Rödiger & Stutz Steiger, 2009)

Charakteristika dieses Systems abhängig. Somit kann Gesundheitskompetenz als ein dynamischer Prozess betrachtet werden, der sich aus der Interaktion des Individuums mit den Eigenschaften des Gesundheitssystems ergibt (Baker, 2006).

Betrachtet man die bisher wiedergegebenen Definitionen aus dem klinischen Ansatz, lassen sich gewisse inhaltliche Unstimmigkeiten erkennen, die Baker (2006) dazu veranlasst haben festzustellen: »… the term ›health literacy‹ itself has come to mean different things to various audiences and has become a source of confusion and debate.« Diese Unstimmigkeiten beziehen sich vor allem darauf, ob Gesundheitskompetenz als ein zeitlich stabiler Satz persönlicher Fähigkeiten (im Sinne eines Trait-Ansatzes) zu verstehen ist, oder ob eher das dynamische Zusammenspiel zwischen dem Individuum und dem Gesundheitssystem im Vordergrund steht (im Sinne eines State-Ansatzes) und inwiefern das Gesundheitswissen als solches dem Konstrukt zuzurechnen ist (Baker, 2006, S. 878).

Die Forschung zum klinischen Ansatz der Gesundheitskompetenz hat in den letzten Jahren eine große Entwicklung genommen und ist weiterhin sehr aktiv.

1.1.2 Ansatz der Gesundheitsförderung

Der Begriff der Gesundheitskompetenz wird aus der Perspektive der Gesundheitsförderung inhaltlich breiter gefasst als der klinische Ansatz und platziert das Konstrukt unmittelbar im Lebensalltag der Menschen (Pleasant & Kuruvilla, 2008; Rödiger & Stutz-Steiger, 2009; Soellner et al., 2009; Kickbusch et al., 2005). Eine gute Gesundheitskompetenz ermöglicht es, eine größere Kontrolle über die eigene Gesundheit sowie über die persönlichen, sozialen und lebensweltlichen Determinanten der Gesundheit auszuüben (Nutbeam, 2008). In diesem Sinne kann Gesundheitskompetenz als ein Werkzeug zum *Empowerment* der Menschen für Belange ihrer Gesundheit gesehen werden: Dabei ist … »Im Verständnis der Gesundheitsförderung [...] *Empowerment* ein Prozess, durch den Menschen mehr Kontrolle über Entscheidungen und Handlungen erlangen, die ihre Gesundheit betreffen« (Nutbeam, 1998).

Die wohl einflussreichste Definition zur Gesundheitskompetenz stammt von der Weltgesundheitsorganisation selbst. In ihrem *Health Promotion Glossary*, die einer besseren Verständigung der in der Gesundheitsförderung tätigen Personen dient, wird 1998 Gesundheitskompetenz erstmals wie folgt definiert:

Health literacy represents the cognitive and social skills which determine the motivation and ability of individuals to gain access to, understand and use information in ways which promote and maintain good health. [...] Health literacy implies the achievement of a level of knowledge, personal skills and confidence to take action to improve personal and community health by changing personal lifestyles and living conditions (Nutbeam, 1998, S. 357).

Weiter wird ausgeführt:

Thus, health literacy means more than being able to read pamphlets and make appointments. By improving people's access to health information, and their capacity to use it effectively, health literacy is critical to empowerment. Health literacy is itself dependent upon more general levels of literacy. Poor literacy can affect people's health directly by limiting their personal, social and cultural development, as well as hindering the development of health literacy.

Neben der Konzentration auf den Umgang mit gesundheitsrelevanten Informationen betont die Definition die Bedeutung eines gesundheitsrelevanten Wissens, persönlicher Fähigkeiten und des Vertrauens in die eigenen Fähigkeiten zum Handeln. Die Zielgröße der Gesundheitskompetenz ist die Verbesserung des Lebensstils und der Lebensumstände, die sich positiv sowohl auf die individuelle Gesundheit als auch auf die Gesundheit der Gemeinschaft auswirken soll. Die weitere Ausführung der Definition grenzt das gegebene Verständnis der Gesundheitskompetenz ausdrücklich von der klinischen Konzeption des Begriffs ab, indem darauf verwiesen wird, dass der Begriff mehr meint als das Lesen von Beipackzetteln oder das Einhalten von Terminen (beides typische Beispiele zur Gesundheitskompetenz im klinischen Ansatz).

Kickbusch definiert aufbauend auf der Konzeption der WHO Gesundheitskompetenz als »… the ability to make sound health decision in the context of everyday life« und benennt fünf für die Gesundheitskompetenz zentrale Handlungsbereiche des täglichen Lebens (Kickbusch, 2006b). Diese umfassen die persönliche Gesundheit, die Orientierung im Gesundheitssystem, das Konsumverhalten, die Gesundheitspolitik und die Arbeitswelt.

Weiterer aktuelle Definitionen zur Gesundheitskompetenz sehen diese kurz »[…] als die Fähigkeit des Einzelnen, im täglichen Leben Entscheidungen zu treffen, die sich positiv auf die Gesundheit auswirken« (Abel & Walter, 2002) und »[…] entsprechend zu handeln« (Spycher, 2009).

Neben der Loslösung des Begriffs aus dem klinischen Kontext und der Verortung im Lebensalltag der Menschen ist ein weiteres wesentliches Kennzeichen, das sich aus den hier genannten Definitionen zur Gesundheitskompetenz ergibt, die neue und aktive Rolle, welche dem Einzelnen hinsichtlich seiner Gesundheit zugewiesen wird (Rödiger & Stutz Steiger, 2009).

1.2   Modelle der Gesundheitskompetenz

Die konzeptionelle Ausgestaltung der Definitionen zur Gesundheitskompetenz schlägt sich in einer Reihe von Modellen nieder, die innerhalb beider Forschungsansätze veröffentlicht wurden. Im Folgenden werden einige der einflussreichsten Modelle dargestellt. Eine vollständigere Darstellung findet sich beispielsweise bei Soellner et al. (2009) oder Maag (2007).

Im Rahmen des klinischen Paradigmas wurde von Baker (2006) ein Modell entwickelt, das konzeptionelle Unstimmigkeiten zwischen den verschiedenen Definitionsansätzen überwinden und die Basis für die weitere Entwicklung valider Messinstrumente bilden soll (siehe Abbildung 2).

Das Modell untergliedert sich in drei Teilbereiche, die in Abbildung 2 von links nach rechts beschrieben werden. Der erste Bereich beschreibt individuelle Kapazitäten, die es einer Person ermöglichen, effektiv mit Gesundheitsinformationen, professionellen Anbietern aus dem Gesundheitswesen und dem Gesundheitssystem als Ganzem umzugehen. Diese Kapazitäten können unterschieden werden in Lesefähigkeit (*reading fluency*) und Gesundheitswissen (*prior knowledge*). Der zweite Bereich des Modells stellt die eigentlichen Komponenten der Gesundheitskompetenz dar und unterscheidet die Fähigkeit, geschriebene gesundheitsbezogene Informationen zu verstehen, und die Fähigkeit, verbal über gesundheitsbezogene Inhalte zu kommunizieren. Beide Fähigkeiten hängen in hohem Maße von der individuellen gesundheitsbezogenen Lesefähigkeit und dem gesundheitsrelevanten Vorwissen ab, ebenso wie von der Komplexität und der Schwierigkeit der mündlichen oder schriftlichen Inhalte, mit denen umgegangen werden muss.

Als Resultat aus einer hohen Gesundheitskompetenz postuliert das Modell im dritten Bereich ein besseres Gesundheitswissen, eine positive Einstellung gegenüber der Gesundheit und notwendigen Maßnahmen, eine größere Selbstwirksamkeit im Umgang mit dem Gesundheitssystem und letztlich eine bessere Gesundheit (Baker, 2006). Gesundheitskompetenz entsteht nach Baker aus der dynamischen Interaktion zwischen der schriftlichen und mündlichen *health literacy* auf Seiten des Individuums und der Komplexität der entsprechenden Anforderungen, also den zur Verfügung stehenden gesundheitsrelevanten Informationen.

Das Modell spiegelt den fortgeschrittenen und elaborierten Kenntnisstand aus dem klinischen Forschungsansatz zur Gesundheitskompetenz, der sich auf einen umfassenden Fundus empirischer Arbeiten stützt (z. B. U.S. Department of Health and Human Services, 2000; Institute of Medicine, 2004). Es liefert einen klar definierten Handlungsrahmen zur empirischen Erfassung der Gesundheitskompetenz (Baker, 2006) und unterstützt die Ableitung von Maß-

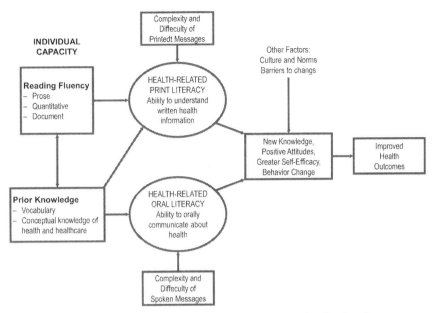

Abbildung 2 Konzeptuelles Modell der Gesundheitskompetenz nach Baker (2006)

nahmen zur Verbesserung der Gesundheitskompetenz (bspw. individuelle Kapazitäten schulen, Komplexität der Materialien anpassen).

Das erste Modell zur Gesundheitskompetenz aus Sicht der Gesundheitsförderung kann aus einem richtungsweisenden Artikel von Don Nutbeam (2000) abgeleitet werden, der die WHO-Definition der Gesundheitskompetenz inhaltlich ausgestaltet. In dem Modell können auf Basis der Analyse des literacy-Begriffs drei hierarchisch aufeinander aufbauende Stufen der Gesundheitskompetenz unterschieden werden (Nutbeam, 2000). Die unterste Stufe beschreibt die *funktionale Gesundheitskompetenz*, die weitestgehend mit der Definition aus dem klinischen Ansatz übereinstimmt und sich als basale kognitive Fähigkeit auf ein kontextspezifisches Lesen und Schreiben beziehen. Diese Kompetenzstufe ermöglicht ein grundlegendes Verständnis gesundheitsrelevanter Informationen.

Die nächste Stufe wird als *kommunikative, interaktive Gesundheitskompetenz* bezeichnet. Hier rücken fortgeschrittene soziale und kommunikative Fähigkeiten in den Blickpunkt, die es dem Einzelnen ermöglichen, eine aktive Rolle im Gesundheitssystem zu übernehmen. Der kommunikative Austausch mit der sozialen Umwelt über gesundheitsrelevante Inhalte und die flexible Interpretation und Anwendung gesundheitsrelevanter Informationen sind als individuelle Fähigkeiten auf dieser Kompetenzstufe hervorgehoben. Die Individuen sollen auf dieser Stufe unabhängig von ihrem Vorwissen handeln können und dabei die

Motivation sowie ein größeres Selbstvertrauen für ein selbstbestimmten Gesundheitsverhalten entfalten (Nutbeam, 2000, S. 265).

Die dritte und oberste Stufe des Modells bildet die *kritische Gesundheitskompetenz*. Sie ermöglicht die kritische Auseinandersetzung mit gesundheitsrelevanten Informationen und dem Gesundheitssystem selbst. Somit beschreibt diese Stufe der Gesundheitskompetenz einen in hohem Maße reflexiven Umgang mit Gesundheitsinformationen und Gesundheitssystem und den dort professionell Handelnden, der so weit geht, dass Vorgaben und Normen grundlegend in Frage gestellt und vor dem eigenen Verständnis geprüft werden können. Die dritte Stufe der Gesundheitskompetenz nach Nutbeam umfasst gesellschaftliches Handeln und die bewusste und gezielte Einflussnahme auf soziale, ökonomische und umweltbezogene Determinanten der Gesundheit.

Im Zentrum der Betrachtung der Gesundheitskompetenz steht bei Nutbeam das Konstrukt in seiner Bedeutung für die öffentliche Gesundheit (Nutbeam, 2008; Rödiger & Stutz Steiger, 2009). Das Konstrukt wird eingebettet in die Aktivitäten der Gesundheitsförderung. Gesundheitskompetenz wird hierbei neben der sozialen Einflussnahme und den sozialen Aktivitäten der Gesundheitspolitik als ein Ergebnis der Gesundheitsförderung betrachtet. Folgen einer hohen Gesundheitskompetenz und der anderen Resultate der Gesundheitsförderung sind ein gesundheitsförderlicher Lebensstil, ein effektives Gesundheitssystem und eine gesunde Umwelt, welche in der Folge wiederrum zu einer guten Gesundheit und einem hohen Wohlbefinden führen (Nutbeam, 2000, S. 262).

Die von Nutbeam vorgenommene Konzeption der Gesundheitskompetenz hat sich als äußerst einflussreich für die weitere Entwicklung des Forschungsfeldes erwiesen. Empirische Arbeiten zur ersten Stufe des Modells können aus dem klinischen Ansatz übernommen werden. Zur dritten Stufe wurde im Rahmen einer Fragebogenentwicklung eine empirische Untersuchung durchgeführt (Steckelberg, Hülfenhaus, Kasper, Rost & Mühlhauser, 2008). Eine gemeinsame Betrachtung aller drei Stufen hat nach dem gegenwärtigen Kenntnisstand bisher nicht stattgefunden. Eine empirische Überprüfung der postulierten Modellstruktur und der drei Stufen steht somit noch aus (Soellner et al., 2009).

Ein weiteres, häufig zitiertes und einflussreiches Modell zur Gesundheitskompetenz stammt aus dem Arbeitskreis um Ilona Kickbusch (Kickbusch et al., 2005; Kickbusch & Maag, 2007). Die Autoren stellen die Bedeutung der Gesundheitskompetenz als Lebenskompetenz für eine gute Gesundheit ins Zentrum ihrer Betrachtungen (Rödiger & Stutz Steiger, 2009). Basierend auf dem Stufenmodell von Nutbeam werden auf der Grundlage einer umfassenden Analyse des gesellschaftlichen Wandels, des modernen Gesundheitsverständnisses, der Gesundheitspolitik und des Gesundheitswesens (Kickbusch, 2006a)

fünf Handlungs- oder Kompetenzbereiche des täglichen Lebens definiert, für die
Gesundheitskompetenz bedeutsam ist (siehe Abbildung 3).

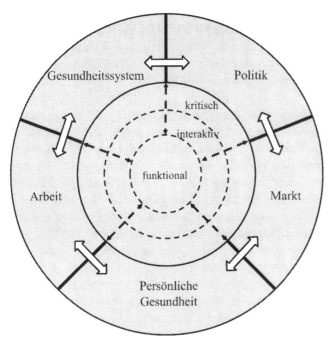

Abbildung 3 Handlungs- und Kompetenzbereiche der Gesundheitskompetenz nach Kickbusch.
Grafik nach Rödinger & Stutz Steiger (2009).

(1) *Kompetenzbereich persönliche Gesundheit*
    Grundkenntnisse über Gesundheit und Wissen, Anwendung von gesund-
    heitsförderlichem, gesundheitsbewahrendem und krankheitsverhindern-
    dem Verhalten, Selbstpflege und die Betreuung der Familie sowie erste Hilfe
(2) *Kompetenzbereich Systemorientierung*
    Fähigkeit, sich im Gesundheitssystem zurechtzufinden und als kompetenter
    Partner gegenüber Fachpersonal auftreten zu können
(3) *Kompetenzbereich Konsumverhalten*
    Fähigkeit, Konsum- und Dienstleistungsentscheidungen unter gesundheit-
    lichen Gesichtspunkten zu treffen und notfalls auch seine Konsumenten-
    rechte einzuklagen und durchzusetzen
(4) *Kompetenzbereich Gesundheitspolitik*
    Fähigkeit, informiert gesundheitspolitisch zu handeln, z. B. durch das
    Eintreten für Gesundheitsrechte, durch Stellungnahmen zu Gesundheits-

fragen und durch Mitgliedschaften in Patienten- und Gesundheitsorganisationen

(5) *Kompetenzbereich Arbeitswelt*

Fähigkeit, in der Arbeitswelt die Gesundheit durch Unfallverhütung und die Vermeidung von Berufskrankheiten zu schützen, sich für Arbeitsplatzsicherheit und gesundheitsförderliche Arbeitsbedingungen einzusetzen und eine angemessene Work-Life-Balance anzustreben (Kickbusch, 2008; Kickbusch & Maag, 2006; Kickbusch, 2006b).

Innerhalb dieser Handlungsfelder und den damit definierten Kompetenzbereichen werden Fähigkeiten und Fertigkeiten für ein gesundheitskompetentes Handeln benannt. Diese entsprechen weitestgehend einer direkten Ableitung der von Nutbeam definierten Stufen auf die einzelnen Handlungsfelder. So betrachtet folgt diese Auflistung von Kompetenzen einer Systematik, die sich aus der Anwendung von Nutbeams Stufenmodell auf Handlungsbereiche des täglichen Lebens ergibt. Ebenso wie bei Nutbeam steht eine empirische Überprüfung der genannten Kompetenzkomponenten noch aus (Soellner et al., 2009).

Neben diesen allgemeinen Modellen zur Gesundheitskompetenz sind insbesondere im Kontext der Arbeitswelt – und hier speziell im Rahmen von Förderprojekten der Bundesanstalt für Arbeitsschutz und Arbeitsmedizin (BAuA) – bereichsspezifische Modelle zur Gesundheitskompetenz entstanden (Kriegesmann et al., 2005; Hamacher & Wittmann, 2005). Allgemein findet der Begriff der Gesundheitskompetenz in der Arbeitswelt eine große Resonanz, jedoch ohne dass dabei ein einheitliches Begriffsverständnis zugrunde gelegt wird oder eine enge Kopplung an die wissenschaftlichen Arbeiten festgestellt werden kann.

Kriegesmann et al. (2005) stellen ein Modell vor, das einen expliziten Bezug zu motivationalen Komponenten der Handlungsregulation herstellt. Das im Kontext der Arbeitswelt angesiedelte Modell greift damit die in der Definition der WHO (1998) beschriebene Bedeutung der Motivation für die Gesundheitskompetenz auf. Die Autoren unterscheiden für die individuelle Gesundheitskompetenz zwischen Handlungsfähigkeit und Handlungsbereitschaft. Die Handlungsfähigkeit bildet die kognitive Basis für gesundheitsförderndes Verhalten und umfasst die Komponenten explizites Wissen, implizites Wissen und Fertigkeiten. Explizites Wissen ist dadurch gekennzeichnet, dass es sich in Worten und Zahlen ausdrücken lässt und bewusst zugänglich ist. Implizites Wissen dagegen beschreibt ein personengebundenes Wissen, das auf individuellen Erfahrungen beruht, welches aus eigenen Handlungen oder einem Erfahrungsaustausch resultiert. Mit Fertigkeiten ist ein konkretes Können beschrieben, das über die Inhalte bestimmbar ist und durch Übung einen hohen Grad an Automatisierung erfahren hat (Kriegesmann et al., 2005).

Die zweite Modellkomponente der Handlungsbereitschaft beschreibt die motivationale Basis des Gesundgesundheitsverhaltens und wird als Triebfeder des gesundheitsrelevanten Handelns konzipiert. »Sicherheits- und gesundheitsbewusstes Verhalten bzw. eine Änderung von Lebensstilen, die angesichts der alltäglichen Wiederholungen sowie aufgrund ihrer Vertrautheit und Sicherheit vermittelnden Wirkung eine hohe Änderungsresistenz aufweisen, kommen erst zustande, wenn dies gewollt ist« (Kriegesmann et al., 2005, S. 27). Das Konzept der Handlungsbereitschaft wurde von Hamacher und Wittmann (2005) weiter ausformuliert. Die Autoren unterschieden für die Handlungsbereitschaft im Einzelnen die vier Komponenten Werte, normative Einstellungen, Verantwortungsübernahme und Kontrollüberzeugungen (Hamacher & Wittmann, 2005).

Der Ansatz der Handlungsbereitschaft ist nicht unbedingt auf den Kontext der Arbeitswelt beschränkt und lässt sich auf andere Lebensbereiche übertragen. Neben der Fähigkeit zu einem gesundheitsförderlichen Verhalten rückt somit die Motivation dazu in das Blickfeld der Ansätze zur Gesundheitskompetenz.

Zusätzlich zur Handlungsfähigkeit und Handlungsbereitschaft wird die Bedeutung relevanter Persönlichkeitseigenschaften für die individuelle Gesundheitskompetenz hervorgehoben. Persönlichkeitseigenschaften werden als eine Art »tiefenstrukturelle Steuerungsgröße der individuellen Handlungskompetenz« gesehen (Kriegesmann et al., 2005, S. 30), wobei im Sinne des Salutogenesemodells von Antonovsky (Antonovsky, 1979; Antonovsky & Franke, 1997) Persönlichkeitseigenschaften als physische, psychische und soziale Ressourcen der Gesundheit verstanden werden (Kriegesmann et al., 2005, S. 30 ff). In einer Analyse einzelner Fallstudien aus der Arbeitswelt kommen die Autoren zu dem Schluss, dass das Selbstmanagement einen wesentlichen Bestandteil der Gesundheitskompetenz ausmacht. Dieses stellt jedoch zumindest zum Teil noch immer eine »Black Box« dar (ebendort, S. 50). Empirische Untersuchungen des Modells liegen nicht vor.

In einer Reflexion des aktuellen Forschungsstands zur Gesundheitskompetenz charakterisiert Don Nutbeam (2008) die beiden Forschungsparadigmen in zwei getrennten Modellen, die er als komplementär zueinander konzipiert. Der Kerngedanke ist, dass sich die beiden Paradigmen der Gesundheitskompetenz gegenseitig ergänzen.

Der klinische Ansatz konzipiert Gesundheitskompetenz aus einer Risikoperspektive. Eine mangelnde Gesundheitskompetenz wird als potenzieller Risikofaktor innerhalb des Gesundheitssystems betrachtet, der von den Handelnden identifiziert und angemessen berücksichtigt werden muss. Das entsprechende Modell (siehe Abbildung 4) gibt einen Erklärungsansatz, wie ein bewusster Umgang mit einer unzureichenden Gesundheitskompetenz (health literacy) der Patienten auf das Verhalten und die Performance der Menschen im Gesundheitssystem auswirkt. Wird eine mangelnde gesundheitsbezogene Lesefähigkeit und ein mangelndes Gesundheitswissen der Patienten von den Handelnden im Gesundheitswesen erkannt und ist die notwendige Sensibilität für diese individuellen Schwächen innerhalb der Gesundheitsorganisationen vorhanden, so kann der Zugang zu Gesundheitsleistungen vereinfacht, die Interaktion der Patienten mit den im Gesundheitssystem professionell Tätigen verbessert und vorhandene Informationen und Materialien auf das Kompetenzniveau der Patienten zugeschnitten werden. All diese Maßnahmen sollen in der Folge die Fähigkeiten zum Selbstmanagement der Patienten verbessern und zu einer besseren Compliance beitragen. Nach dem Modell resultiert das Ganze letztlich in einer höheren Effektivität des Gesundheitswesens und in günstigeren klinischen Ergebnissen (Nutbeam, 2008, S. 2074).

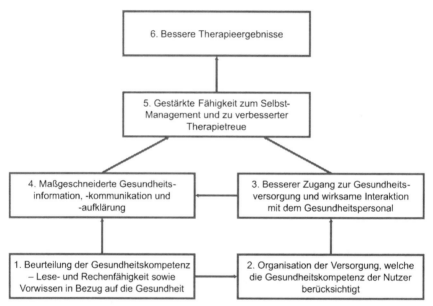

Abbildung 4 Modell der Gesundheitskompetenz als Risiko nach Nutbeam (2008). Grafik nach Rödinger & Stutz Steiger (2009).

Das Modell charakterisiert die Bedeutung des klinischen Paradigmas der Gesundheitskompetenz für das Gesundheitssystem. In der Konzeption des Begriffs selbst bleibt es bei der Betrachtung der gesundheitsbezogenen Lese-, Schreib- und Rechenfertigkeiten unter Einbezug des relevanten Basiswissens zur Gesundheit.

Komplementär dazu sieht Nutbeam (2008) das Modell der Gesundheitskompetenz als Potenzial oder Chance (Abbildung 5), welches es dem Menschen ermöglicht, eine größere Kontrolle über ihre Gesundheit und die persönlichen, sozialen und umweltbezogenen Determinanten ihrer Gesundheit auszuüben (Rödiger & Stutz Steiger, 2009).

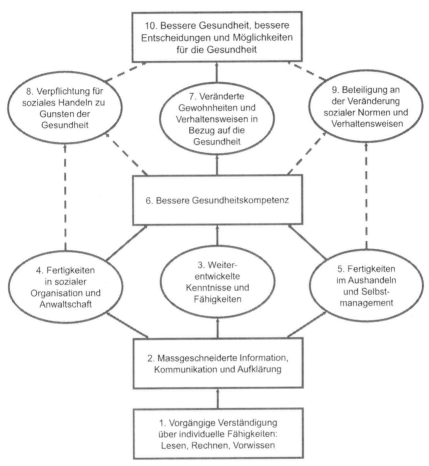

Abbildung 5 Modell der Gesundheitskompetenz als Potenzial nach Nutbeam (2008). Grafik nach Rödinger & Stutz Steiger (2009).

Die Basis des Modells bildet die funktionale Gesundheitskompetenz, wie sie aus dem Stufenmodell und dem klinischen Ansatz bekannt ist. Auf dieser Basis entwickeln sich weitere Fähigkeiten der Gesundheitskompetenz. Hier beschreibt das Modell explizit drei Bestimmungsfaktoren oder Komponenten: Das gesundheitsbezogene Wissen und die Befähigungen zum entsprechenden Handeln. Die Fähigkeit, sich sozial zu organisieren und für seine gesundheitsbezogenen Belange auf gesellschaftlicher Ebene einzutreten, darin zu partizipieren und eine größere Kontrolle über diese wahrzunehmen. Sowie die Fähigkeiten, gesundheitsrelevante Inhalte mit anderen zu verhandeln sowie Fähigkeiten zum Selbst-Management. Eine genauere Ausdifferenzierung dieser Fähigkeiten wird von Nutbeam (2008) nicht gegeben. Die unmittelbaren Resultate einer hohen Gesundheitskompetenz sind gesundheitsfördernde Verhaltensweisen und Gewohnheiten, ein höheres soziales Engagement bezüglich gesundheitsrelevanter Fragen sowie die aktive Beteiligung an der Gestaltung sozialer Normen und Werte (Nutbeam, 2008; Rödiger & Stutz Steiger, 2009). In der Folge kommt es zu einer besseren Gesundheit sowie zu einer Verbesserung der Entscheidungs- und Handlungsmöglichkeiten für die Gesundheit.

Beide Modelle von Nutbeam können als Prozessmodelle verstanden werden, in denen Rolle und Bedeutung der Gesundheitskompetenz für eine gute Gesundheit aus den beiden gegebenen Perspektiven dargestellt werden. Die Nennung einzelner Fähigkeiten und Fertigkeiten der Gesundheitskompetenz bleibt fragmentarisch bzw. beispielhaft. Die genannten Kompetenzen werden inhaltlich nicht systematisch eingeführt, nicht hinreichend konkret beschrieben noch explizit diskutiert. Empirische Daten zu den Modellen fehlen bisher gänzlich.

Fasst man die Struktur der Modelle von Nutbeam zusammen, lässt sich das Konstrukt der Gesundheitskompetenz unterteilen in Basisfertigkeiten, die durch den klinischen Ansatz der Gesundheitskompetenz beschrieben werden, und in weiterentwickelte Fertigkeiten, die vornehmlich durch die Inhalte der Gesundheitskompetenz im Sinne der Gesundheitsförderung abgebildet sind. Nimmt man noch die unmittelbaren Zielgrößen der Gesundheitskompetenz – also das Gesundheitsverhalten und die physische und psychische Gesundheit – hinzu, ergibt sich ein integriertes Modell der Gesundheitskompetenz (siehe Abbildung 6), das in schematischer Weise die beiden Modelle vereint.

Die hier dargestellten Modelle zur Gesundheitskompetenz geben einen umfassenden Einblick in die Konstruktion des Begriffs aus verschiedenen Perspektiven. Daneben sind eine Reihe weiterer Modelle zur Gesundheitskompetenz veröffentlicht worden, die ihrerseits den Begriff aus der jeweiligen Perspektive der Autoren bzw. der Autorengruppe ausformulieren. Dazu kann kritisch angemerkt werden, dass die Modelle zunehmend unverbunden nebeneinander stehen. Lange Zeit hat das Stufenmodell von Nutbeam (2000) eine hervorgehobene Rolle eingenommen, an der sich eine Reihe weiterer Arbeiten orientierte (Kickbusch et al., 2005; Maag, 2007). Neuere Arbeiten verlassen diesen konzeptuellen Rahmen und verzichten darauf, explizit Bezug auf das Stufenmodell von Nutbeam zu nehmen (z. B. Kriegesmann et al., 2005; Hamacher & Wittmann, 2005; Schulz & Nakamoto, 2005; Zarcadoolas, Pleasant & Greer, 2006). Zudem ist zu bemängeln, dass die empirische Datenbasis der Modelle zur Gesundheitskompetenz aus der Perspektive der Gesundheitsförderung sehr schwach ist. Es existieren zwar vereinzelt Befunde zu einzelnen Modellkomponenten (z. B. Steckelberg et al., 2008). Verlässliche empirische

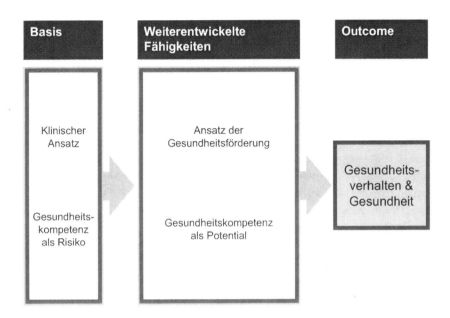

Abbildung 6 Integriertes Modell zur strukturellen Darstellung der Gesundheitskompetenz

Daten zu den Gesamtmodellen sind dem Autor jedoch nicht bekannt (s. a. Soellner et al., 2009). Anders stellt sich die Situation für den klinischen Ansatz dar, zu dem empirischer Befunde vorhanden sind.

1.3   Komponenten der Gesundheitskompetenz

Innerhalb der Modelle zur Gesundheitskompetenz werden Wissensinhalte sowie Fähigkeiten und Fertigkeiten der Gesundheitskompetenz benannt. Im Rahmen des klinischen Ansatzes sind diese deutlich herausgearbeitet und es findet sich eine inhaltliche Diskussion darüber, wie diese genau einzuordnen sind (Baker, 2006). Genannt werden dabei grundlegende gesundheitsbezogene Fähigkeiten im Lesen und Schreiben, gesundheitsbezogene Rechenfertigkeiten (z. B für die Anpassung einer Insulindosis an den aktuellen Bedarf bei Diabetes-Patienten) sowie entsprechende Fähigkeiten in der Kommunikation. All diese Fähigkeiten sind im klinischen Ansatz relativ eng auf ein Handeln im Gesundheitssystem bzw. als Patient bezogen.

Im Ansatz der Gesundheitsförderung ist diese Situation wesentlich unübersichtlicher. Dies liegt zu großen Teilen daran, dass die Autoren in der Regel den Fokus auf die Bedeutung der Gesundheitskompetenz innerhalb der Gesundheitsförderung oder Gesundheitsvorsorge legen und die hinter dem Begriff stehenden Fähigkeiten, Fertigkeiten und Wissensinhalte nicht explizit diskutieren. Hier fehlt es an einer systematischen Benennung oder Kategorisierung der entsprechenden Kompetenzkomponenten. Dennoch lassen sich aus den bisher dargestellten Modellen eine Reihe von Kompetenzen bzw. Kompetenzbereichen zusammentragen, die im Zusammenhang mit der Gesundheitskompetenz genannt werden.

Wie im klinischen Ansatz der Gesundheitskompetenz werden auch im Ansatz der Gesundheitsförderung grundlegende und auf die Gesundheit bezogene Kulturfertigkeiten wie das Lesen und Schreiben zu gesundheitsrelevanten Inhalten einbezogen, ebenso wie ein grundlegendes gesundheitsbezogenes Wissen und entsprechende Grundkenntnisse zur Gesundheit (z. B. Nutbeam, 2000, 2008). Dazu kommen soziale und kommunikative Fähigkeiten, die es dem Einzelnen ermöglichen, eine aktive Rolle im Gesundheitssystem zu übernehmen (Nutbeam, 2000), sowie die Fähigkeit, als kompetenter Partner gegenüber Fachpersonal aufzutreten.

Fähigkeiten im Umgang mit Gesundheitsinformationen – und insbesondere die Fähigkeit zum kritischen und reflexivem Umgang damit – werden wiederholt genannt (Nutbeam, 2000; Kickbusch et al., 2005). Dazu kommen Fähigkeiten, informiert gesundheitspolitisch zu handeln und sich für gesundheitsbezogene Belange sozial zu organisieren und auf gesellschaftlicher Ebene dafür einzutreten (Kickbusch et al., 2005). Erwähnt werden auch Fähigkeiten zum Selbstmanagement, ohne dass diese genauer ausgeführt sind (Kickbusch et al., 2005; Nutbeam, 2008). In den Modellen wird die Bedeutung der Handlungskompetenz betont, also die Bedeutung der Fähigkeit, ein dem Wissen und Zielen entsprechendes Gesundheitsverhalten umsetzen zu können und entsprechend zu handeln.

Die Modelle aus dem Kontext der Arbeitswelt (Kriegesmann et al., 2005; Hamacher & Wittmann, 2005) bringen dazu noch das motivationale Element der Handlungsbereitschaft ein, welches Werte, normative Einstellungen, Verantwortungsübernahme und Kontrollüberzeugungen umfasst. Daneben wird von den Autoren die Bedeutung relevanter Persönlichkeitseigenschaften hervorgehoben.

Diese Aufzählung der Wissensbestände, Fähigkeiten und Fertigkeiten der Gesundheitskompetenz geben einen vagen Einblick, über welche Befähigungen eine Person verfügen muss, um als gesundheitskompetent gesehen zu werden. Trotz der verschiedenen Kompetenzdimensionen, die hier aufgeführt sind, bleibt ein solcher Zusammentrag fragmentarisch. Zum einen stammen die Kompetenzen aus verschiedenen Quellen und unterscheiden sich wesentlich in ihrem Abstraktionsniveau. Die Sammlung ist weder systematisch erstellt worden noch liegen empirische Befunde dazu vor. Zudem bleibt die Beschreibung der benannten Kompetenzdimensionen, die oft von den Autoren nur beiläufig erwähnt werden, ungenau und ist insgesamt lückenhaft. Eine systematische und umfassende Klärung, welche Wissensbestände, Fähigkeiten und Fertigkeiten den Begriff der Gesundheitskompetenz ausmachen, fehlt (Soellner et al., 2009).

1.4 Messung der Gesundheitskompetenz

Die meisten Instrumente zur Erfassung der Gesundheitskompetenz stammen aus dem klinischen Ansatz und zielen auf die Erfassung der Lesefähigkeit im medizinischen Kontext oder auf spezifische Wissenskomponenten aus diesem Bereich (Sommerhalder, 2009; Soellner et al., 2009).

Zu den häufigsten eingesetzten Instrumenten, die zum Teil in groß angelegten Literacy-Studien in den USA und Kanada zum Einsatz kamen (Andrus & Roth, 2002; Maag, 2007), gehören der *Wide Range Achievement Test (WRAT)* (Wilkinson & Robertson, 2006) und der *Rapid Estimate of Adult Literacy in Medicine (REALM)* (Davis, Long, Jackson, Mayeaux, George, Murphy, & Crouch, 1993). Über die Erfassung der kontextspezifischen Lesefähigkeit hinaus geht der *Test of Funcitonal Health Literacy (TOFHLA)* (Parker, Baker, Williams & Nurss, 1995), der als Verständnistest konzipiert wurde und die Fähigkeit der Probanden untersucht, basale Gesundheitsinformationen zu verstehen und adäquat zu nutzen (Andrus & Roth, 2002; Soellner et al., 2009). Diese häufig eingesetzten und vielfach validierten Instrumente messen Gesundheitskompetenz im Sinne des klinischen Ansatzes und erfassen somit nur Teilbereiche der breiteren Konzeption des Begriffs (Nutbeam, 2000, 2008).

Der *Health Activity Literacy Scale (HALS)* (Rudd et al., 2004) geht inhaltlich einen Schritt weiter in Richtung des Ansatzes der Gesundheitsförderung und erfasst Aktivitäten, die sich auf fünf inhaltliche Bereiche aus dem Gesundheitskontext beziehen (Rudd et al., 2007): Gesundheitsförderung *(health promotion)*; Gesundheitsschutz *(health protection)*; Krankheitsvorsorge *(disease prevention)*; Gesundheitsvorsorge *(health care and maintenance)*; Umgang mit Gesundheitsinformationen *(systems navigation)*. Die Anwendung des Tests dauert bis zu einer Stunde. Baker (2006) merkt an, dass der Test, der bisher vornehmlich kommerziell vertrieben wird, für die Forschung besser zugänglich gemacht werden muss, um eine flächendeckende Anwendung und eine Überprüfung der psychometrischen Kennwerte zu ermöglichen. Nutbeam (2008) weist in diesem Kontext darauf hin, dass der *HALS*, trotz der Erfassung verschiedener Domains aus dem Bereich der Gesundheitsförderung, noch immer vornehmlich ein Instrument zur Erfassung der Lesefähigkeit ist und weniger auf Gesundheitskompetenz als eigenes, unabhängiges Konstrukt abzielt.

Der *Critical Health Competence-Test (CHC)* basiert auf dem Stufenmodell von

Nutbeam (2000) und erfasst die kritische Gesundheitskompetenz als oberste Stufe dieses Modells (Steckelberg et al., 2007). In einem Rash-skalierten Fragebogen werden an 72 Items vier Kompetenzbereiche erhoben: Verständnis medizinischer Konzepte; Literatursuche; Grundlagenstatistik; experimentelles Design und Sampling. Jedem dieser vier Kompetenzbereiche werden zusätzlich vier medizinische Inhaltsbereiche und vier Szenarien zugeordnet, womit sich ein 16-Felder-Schema ergibt. Die Reliabilität des Fragebogens hat sich in ersten empirischen Untersuchungen als gut erwiesen ($r = .91$). Eine Überprüfung der Generalisierbarkeit der Ergebnisse aus der in einem recht spezifischen Kontext erhobenen Untersuchung steht noch aus.

Im Rahmen von Untersuchungen in der Schweiz (Sommerhalder, 2009) wurde ein Kurzfragebogen zur Gesundheitskompetenz entwickelt, der mit je einem Item fünf Aspekte der Gesundheitskompetenz im alltäglichen Leben erfasst. Ausgangspunkt für die Entwicklung dieses Fragebogens bildet erneut das Stufenmodell von Nutbeam. Der Fragebogen erfasst mit der Fähigkeit, Gesundheitsinformationen zu verstehen, der Fähigkeit, sich mit anderen über Gesundheit und Krankheit auszutauschen und der Fähigkeit Gesundheitsinformationen kritisch zu beurteilen, die drei Stufen der Gesundheitskompetenz nach Nutbeam. Zusätzlich wird das subjektive Gesundheitswissen und die Fähigkeit, den Alltag gesundheitsfördernd zu gestalten mit je einem Item erfasst (Sommerhalder, 2009). Die Skala zeigt eine hohe interne Konsistenz der fünf Items (Cronbachs $\alpha = .85$). Die Operationalisierung dieser fünf Aspekte der Gesundheitskompetenz mit jeweils einem Item ist vor dem Komplexitätsgrad der beschriebenen Inhalte kritisch zu betrachten. Es ist fraglich, inwieweit die erhobenen Selbstauskünfte das beschriebene Konstrukt valide erfassen. Die Autorin merkt dazu an, dass sich die fünf Fragen an der Definition der Gesundheitskompetenz orientieren und es daher als plausibel angenommen werden kann, dass sie diese auch erfassen. Eine Validierung an einem Außenkriterium oder an vorhandenen Instrumenten zur Gesundheitskompetenz bzw. anhand inhaltlich relevanten Konstrukten aus der weiteren Forschung hat im Prozess der Fragebogenkonstruktion nicht stattgefunden.

Insgesamt kann festgestellt werden, dass zurzeit kein psychometrisch abgesichertes und allgemein akzeptiertes Instrument zur Erfassung der Gesundheitskompetenz zur Verfügung steht, wie sie aus dem Ansatz der Gesundheitsförderung definiert ist. Diese für die Forschung unbefriedigende Situation kann nach Soellner et al. (2009) als Folge der noch immer unklaren Begriffs- und Konstruktbildung verstanden werden: »Solange es an theoretisch verankerter oder empirisch fundierter Forschung zur Konstruktbildung mangelt, lassen sich keine inhaltlich übereinstimmenden Erhebungsinstrumente konstruieren« (Soellner et al., 2009, S. 112). Eine ähnliche Auffassung vertritt Baker (2006).

1.5   Zentrale empirische Befunde zur Gesundheitskompetenz

Die meisten empirischen Befunde stammen, wie schon die Instrumente zur Erfassung der Gesundheitskompetenz, aus dem klinischen Ansatz (Baker, 2006; Nutbeam, 2008; Sommerhalder, 2009). Die Befunde, meist aus dem angloamerikanischen Raum, wurden zum Teil an sehr großen Stichproben erhoben. Aus der Perspektive der Gesundheitsförderung wird durch sie jedoch nur ein kleiner Teilbereich des Konstrukts erfasst. Sie sind daher wenig aussagekräftig, was die Prävalenz und Relevanz dieser breiten Konzeption der Gesundheitskompetenz betrifft (Soellner et al., 2009).

Untersuchungen zur allgemeinen Lesekompetenz weisen darauf hin, dass viele Menschen, wenn sie mit den Anforderungen einer Informationsgesellschaft konfrontiert werden, nicht die notwendigen Kompetenzen besitzen, diese zu meistern. Nach der *NALS-Studie (National Adult Literacy Survey)* verfügt nur knapp über die Hälfte der US-amerikanischen Bevölkerung über eine ausreichende Lesefähigkeit (Kirsch, Jungeblut, Jerkins & Kolstadt, 2002). In Großbritannien hatten in einer Studie des *National Consumer Council* etwa 20 % der Befragten Probleme damit, einfache Gesundheitsinformationen zu verstehen (Sihota & Lennard, 2004) und für die Schweiz gehen Schätzungen davon aus, dass etwa 40 % der Bevölkerung über eine geringe funktionale Gesundheitskompetenz verfügt. Eine mangelnde Lesefähigkeit wirkt sich auf das Gesundheitsverhalten und die Gesundheit der Betroffenen aus (Rudd, Kirsch & Yamamoto, 2004). So nehmen Menschen mit geringen gesundheitsbezogenen Lese- und Schreibfähigkeiten beispielsweise seltener medizinische Vorsorgeuntersuchungen in Anspruch, müssen häufiger im Krankenhaus behandelt werden und zeigen insgesamt ein ungünstigeres Verhalten bei chronischen Erkrankungen. In der Folge verursachen sie signifikant höhere Kosten im Gesundheitssystem (Andrus & Roth, 2002; Kickbusch, Wait, Maag, McGuire & Banks, 2005).

Studien zur funktionalen Gesundheitskompetenz verweisen wiederholt auf die Bedeutung dieser für das Gesundheitsverhalten verschiedener Personengruppen (DeWalt, Berkam, Sheridan, Lohr & Pignone, 2004). Die funktionale Gesundheitskompetenz stellt sich dabei als unmittelbar bedeutsam für die Gesundheit und das Gesundheitsverhalten dar. So steht die Gesundheitskompetenz in mehreren Studien mit der selbst eingeschätzten Gesundheit, der erfassten Sterblichkeit (Mortalität) und Erkrankungsraten (Morbidität) in Zusammenhang (z. B. Baker, Wolf, Feinglass, Thompson, Gazmararian & Jenny, 2007; Sudore, Yaffe, Satterfield, Harris, Mehta, Simonsick et al., 2006; Wolf, Davisc, Arozullahbd, Penna, Arnoldc, Sugarc, & Bennettab, 2005). Eine niedrige gesundheitsbezogene Lese- und Schreibfähigkeit geht einher mit einem geringeren Wissen zu gesundheitsrelevanten Inhalten, längeren Liegezeiten in Krankenhäusern und einem herabgesetzten Krankheitsmanagement bei chronischen Erkrankungen wie z. B. Asthma, Krebs, Bluthochdruck oder HIV / AIDS (DeWalt et al., 2004). Ein Vergleich von Patienten mit niedriger vs. angemessener funktionaler Gesundheitskompetenz zeigte, dass Patienten mit niedriger Gesundheitskompetenz ein um das 1,5- bis 3-fach erhöhtes Risiko für ungünstige klinische Ergebnisse haben (DeWalt et al., 2004; Soellner et al., 2009).

Eine prospektive Korhortenstudie an über 3.200 Senioren in den USA konnte zeigen, dass eine funktionale Gesundheitskompetenz der zweitwichtigste Prädiktor für einen vorzeitigen Tod war (Baker, Wolf, Feinglass, Thompson, Gazmararian & Jenny, 2007). Eine ähnliche Untersuchung stellte fest, dass ältere Menschen mit niedriger funktionaler Gesundheitskompetenz ein zweifach erhöhtes Risiko für einen vorzeitigen Tod hatten (Sudore et al., 2006).

Befunde zur Gesundheitskompetenz aus Sicht der Gesundheitsförderung sind dagegen kaum vorhanden (Sommerhalder, 2009). Trotz der Empfehlung des *European Health Forum* in Gastein (EHFG), das den EU-Mitgliedsstaaten im Jahr 2005 großangelegte Studien zur Gesundheitskompetenz nahelegte, um die Bedeutung des Konstrukts für Europa genauer abschätzen zu können (EHFG, 2005), fehlen solche Untersuchungen bis heute weitgehend.

Eine Studie, die auf empirischen Daten basiert und Gesundheitskompetenz aus dem Blickwinkel der Gesundheitsförderung erfasst, wurde im Jahr 2006 in der Schweiz durchgeführt (Sommerhalder, 2009). Anhand von fünf Fragen wurden die drei Stufen der Gesundheitskompetenz sowie eine Selbsteinschätzung des eigenen Gesundheitswissens und der eigenen Fähigkeit, den Alltag gesundheitsfördernd zu gestalten, erhoben (siehe Kapitel 2.4). Die Ergebnisse zeigen, dass die Selbsteinschätzung der Gesundheitskompetenz in der Schweiz mehrheitlich positiv ausfällt. Mehr als die Hälfte der Befragten geben für sich selbst eine gute bis sehr gute Gesundheitskompetenz an. Tendenziell schwächer fällt diese Selbsteinschätzung bei älteren Menschen (> 64 Jahre) sowie bei Personen mit niedrigem Bildungsstand, niedrigem Einkommen und mit schlechtem Gesundheitsstand aus. Am stärksten ist dabei der Zusammenhang zwischen der Gesundheitskompetenz und dem Bildungsstand.

Aufgrund der fehlenden Validierung des Erhebungsinstruments und der knapp gehaltenen Operationalisierung sind diese Befunde jedoch äußerst vorsichtig zu interpretieren und weitere empirische Studien zur Gesundheitskompetenz sind notwendig.

1.6   Interventionsansätze

Die Bedeutung der Gesundheitskompetenz für die Gesundheit der Bevölkerung wird zunehmend von den Verantwortlichen in Politik und Gesellschaft erkannt, und Gesundheitskompetenz wird in verschiedenen Ländern in die Strategien und Ziele von Regierungen und Nichtregierungsorganisationen übernommen (Sommerhalder, 2009). So finden sich beispielsweise in der Schweiz, in Großbritannien und in Deutschland Initiativen, die eine systematische Förderung der gesundheitlichen Kompetenzen der Bürger anstreben (Sihota & Lennard, 2004; Stutz-Steiger & Eckert, 2007; Sommerhalder, 2009; siehe auch Bundesamt für Gesundheit BGA der Schweiz[2]).

Interventionen, die auf dem klinischen Forschungsansatz der Gesundheitskompetenz basieren, zielen vornehmlich auf die Förderung der funktionalen Gesundheitskompetenz ab (Mika, Kelly, Price, Franquiz & Villarreal, 2005; Schaefer, C. T., 2008; Herman, Youn, Espitia, Fu & Farshidi, 2009). In bildungspolitischen Maßnahmen geht es häufig darum, die gesundheitsbezogenen Lese- und Schreibfähigkeiten in der Bevölkerung zu verbessern (Baker, 2006). Zudem werden Maßnahmen ergriffen, die die Vermittlung von Gesundheitsinformationen verbessern. Dazu gehören beispielsweise Empfehlungen für die Gestaltung von Gesundheitsinformationen, die dazu anhalten, diese in einfachen, kurzen und aktiven Sätzen zu formulieren und verwendete Fachbegriffe zu erklären. Zentrale Verhaltensanweisungen an die Patienten sollten in Informationsmaterialien an den Anfang des Textes gesetzt werden und wichtige Informationen sollen zusätzlich grafisch hervorgehoben werden. Die Schriftgröße der Informationstexte sollte groß sein (Gesundheitsdepartement der USA[3]). Die Wirkung solcher Maßnahmen auf das Gesundheitswissen wurde wiederholt nachgewiesen (Coulter & Ellins, 2006).

Aus der Perspektive der Gesundheitsförderung dient das Stufenmodell von Nutbeam als Referenz für die meisten Maßnahmen zur Förderung der Gesundheitskompetenz (St Leger, 2001; Renkert & Nutbeam, 2001). Der Begriff der Gesundheitskompetenz wird dabei häufig mit dem in der Praxis der Gesundheitsförderung sehr präsenten Konzept des Empowerments in Verbindung gebracht (Nutbeam, 2000, 2008; Sommerhalder & Abel, 2007; Sommerhalder, 2009; Kickbusch et al., 2005). Empowerment strebt an, Menschen, Organisationen und Gemeinschafen mehr Einfluss und Kontrolle über die eigenen Angelegenheiten zu ermöglichen (Rappaport, 1987). Das Schlüsselkonzept im Empowerment besteht darin, den Fokus auf die Ressourcen der Menschen zu

---

2 URL: www.bag.admin.ch/themen/gesundheitspolitik/00388/02873/index.html?lang=de
3 www.health.gov/communication/literacy/plainlanguage/PlainLanguage.htm(Zugriff am 21. 10. 2009)

lenken und die Probleme und Erfahrungen der Menschen sowie ihr Wissen in den gesamten Prozess einzubinden. Es geht weniger um die Vermittlung von Informationen als mehr um die Förderung von Fähigkeiten und Kompetenzen. Insbesondere die Stärkung der individuellen Handlungsfähigkeit ist Ziel des Empowerments. In diesem Sinne sind Programme zur Förderung der Gesundheitskompetenz als Programme zum Empowerment bezogen auf die Gesundheit zu sehen. Das selbstständige Handeln für die Gesundheit ist aus der Perspektive der Gesundheitsförderung dabei sowohl auf die eigene individuelle Gesundheit bezogen als auch auf das Engagement im Hinblick auf soziale und politische Einflussnahmen zum Schutz der Gesundheit der Gruppe (Nutbeam, 2000, 2008; Sommerhalder & Abel, 2007). Entsprechende Programme finden sich auch zunehmend im Rahmen der Entwicklungshilfe (Schweizerisches Rotes Kreuz, 2009).

Klassische Maßnahmen der Gesundheitsbildung, die vornehmlich die Vermittlung relevanter Gesundheitsinformationen im Rahmen von Kampagnen betreibt, sind aus der Perspektive der Gesundheitsförderung nicht ausreichend, um die Gesundheitskompetenz der Menschen zu entwickeln (Sommerhalder, 2009). Stattdessen muss es ein Ziel sein, die Selbstwirksamkeit der Menschen in gesundheitlichen Belangen zu stärken und entsprechende Handlungskompetenzen aufzubauen (St Leger, 2001). In der Gesundheitsförderung bestehen entsprechende Ansätze, die auch zur Förderung der Gesundheitskompetenz geeignet sein könnten. Ein Beispiel dafür ist das Konzept der Gemeinwesenarbeit, das auf lokaler Ebene angesiedelt ist und dessen Maßnahmen auf die spezifische Subkulturen der Bevölkerung zugeschnitten sind, die durch normale Bildungsangebote und Aufklärungskampagnen nicht erreicht werden (Sommerhalder, 2009).

Aus der Perspektive des Empowerments rückt die Förderung der Gesundheitskompetenz selbstregulative Kompetenzen in den Fokus. Die Menschen sollen dazu ermächtigt werden, zu einem Handeln im Einklang mit ihren eigenen Bedürfnissen, Wünschen und Zielen zu kommen und eigenständig Verantwortung für ihr Verhalten zu übernehmen und ihre Umwelt entsprechend zu gestalten. Selbstregulation und Selbststeuerung sind immanenter Teil solcher Prozesse (Kuhl, 2001; Deci & Ryan, 2000).

1.7 Gesundheitskompetenz und Selbstregulation

Die Konzeption der Gesundheitskompetenz aus der Perspektive der Gesundheitsförderung, die unter dem Begriff eine Art Lebenskompetenz bezogen auf die Gesundheit versteht und ihn entsprechend im Alltag der Menschen verortet, legt die Bedeutung selbstregulativer Kompetenzen für das Konstrukt nahe. In einer hochkomplexen Lebensumwelt mit zunehmend vielen Freiheitsgraden im Gesundheitsverhalten, unzähligen gesundheitsrelevanten Entscheidungssituationen und Wahlmöglichkeiten sowie einem niedrigen Strukturierungsgrad relevanter Situationen ist zu erwarten, dass den Fähigkeiten des Einzelnen, sich selbst und seine unmittelbare Umwelt zu organisieren, innere Affekte und Motivationen aus sich heraus zu regulieren und sich aktiv auf die vielfältigen Situationen einstellen zu können, eine bedeutende Rolle zukommt. Auch innerhalb der auf den Kontext des Gesundheitswesens bezogenen klinischen Konzeption der Gesundheitskompetenz hat sich das Patientenbild in den letzten Jahren deutlich verändert (Rödiger & Stutz-Steiger, 2009). Anders als noch in den 1970er und 1980er Jahren werden den Patienten mehr Verantwortungs- und Entscheidungsspielräume eingeräumt. Zunehmend fordern die Akteure des Gesundheitssystems und die Systemstrukturen ein eigenständiges Krankheits- und Gesundheitsmanagement des Patienten, sodass auch in diesem, ursprünglich stark strukturierten Kontext die Bedeutung der Selbstregulation des Patienten immer deutlicher wird.

In bisherigen Arbeiten zur Gesundheitskompetenz spielen Theorien zur Selbstregulation und Selbststeuerung jedoch eine untergeordnete Rolle. Fehlt es allgemein an einer expliziten Definition und Konzeption der Fähigkeiten und Fertigkeiten der Gesundheitskompetenz, so trifft dies auf Kompetenzen der Selbstregulation und Selbststeuerung im Besonderen zu. Betrachtet man die vorliegenden Modelle der Gesundheitskompetenz (siehe Kapitel 2.2), fällt auf, dass selbstregulative, personenbezogene Kompetenzen oft ohne Erwähnung bleiben bzw. nur vereinzelt genannt werden.

Im Modell von Baker (2006) zum klinischen Ansatz der Gesundheitskompetenz, spielen personenbezogene Kompetenzen praktisch keine Rolle. Das Modell ist entsprechend der Konzeption der Gesundheitskompetenz im klinischen Ansatz ausgerichtet auf gesundheitsbezogene Lese- und Schreibfähigkeiten und auf einem entsprechenden Grundwissen zur Gesundheit. Einzig die Erwähnung der Selbstwirksamkeit und der Einstellungen zur Gesundheit als einem Resultat einer guten Gesundheitskompetenz lenkt den Blick auf die Person und ihre inneren Vorgänge.

Das Stufenmodell von Nutbeam, das unmittelbar auf der Definition der Gesundheitskompetenz der WHO aufbaut, impliziert stärker die Notwendigkeit selbstregulativer Kompetenzen. So werden in der zweiten Stufe der Gesundheitskompetenz, der kommunikativen und interaktiven Stufe, ein vom Vorwissen unabhängiges Handeln und Eigeninitiative in gesundheitsrelevanten Fragestellungen hinzugezählt – beides Prozesse, die einen hohen Grad an Selbstregulation erfordern. Entsprechend werden eine bessere Motivation für und ein höheres Selbstvertrauen zum Gesundheitsverhalten erwähnt (Nutbeam, 2000). Die dritte, höchste Stufe der Gesundheitskompetenz gibt dem Menschen eine noch größere Handlungsfreiheit, indem er vorgegebene Regeln und Normen in Frage stellt, eigene Schlüsse zieht und aktiv gestaltet. Ohne ein hohes Maß an Selbstregulation und Selbststeuerung sind solche Verhaltensweisen nicht vorstellbar. Somit sind Fähigkeiten zur Selbstregulation dem Modell immanent, ohne jedoch eigens erwähnt zu werden.

Auch die Ausformulierung der Handlungsbereiche der Gesundheitskompetenz, wie sie von Kickbusch vorgenommen wurde (Kickbusch, 2006b; Kickbusch & Maag, 2008), gibt vielfältige Ansatzpunkte für selbstregulative Prozesse, erneut ohne diese explizit zu benennen.

Die Modelle aus dem Handlungsfeld Arbeitswelt von Kriegesmann et al. (2005) und Hamacher und Wittmann (2005) unterscheiden die Gesundheitskompetenz grundsätzlich in Handlungsfähigkeit und Handlungsbereitschaft. Während die Handlungsfähigkeit als kognitives Wissen konzipiert wird, die auch spezielle Fertigkeiten umfasst, beschreibt die Handlungsbereitschaft die motivationale Basis für ein gesundheitsförderliches Verhalten. Dabei können Werte, normative Einstellungen, Verantwortungsübernahme und Kontrollüberzeugungen voneinander unterschieden werden (Hamacher & Wittmann, 2005). Somit zeigt dieses Modell eine größere Nähe zu personenbezogenen Kompetenzen, zur Selbstregulation und zu einem gesundheitsbezogenen Selbstmanagement, ohne jedoch der Verknüpfung zu Theorien der Selbstregulation und Selbststeuerung weiter nachzugehen. Fähigkeiten zum Selbstmanagement bleiben eine »black box« im Modell der Gesundheitskompetenz.

Fähigkeiten zum Selbstmanagement werden auch in den komplementären Modellen der Gesundheitskompetenz – dem Risiko-Modell und dem Chancen-Modell – von Nutbeam (2008) erwähnt, ohne weiter ausgeführt zu werden. Diese Modelle, die als eine Zusammenfassung der bisherigen Modelle und Forschungsarbeiten gesehen werden können, bleiben wie die gesamte Forschung unscharf im Hinblick auf die Fähigkeiten und Fertigkeiten der Gesundheitskompetenz ganz allgemein und insbesondere bezogen auf die Selbstregulation und Selbststeuerung.

Somit kann festgestellt werden, dass das Konstrukt der Gesundheitskompetenz – in der Konzeption und der Platzierung im Kontext moderner Lebenswelten – eine große Affinität zu Prozessen der Selbststeuerung und Selbstregulation zeigt. Entsprechend ist von einer hohen Relevanz selbstregulativer Prozesse für die Gesundheitskompetenz auszugehen. In bisherigen Modellen der Gesundheitskompetenz ist diese Beziehung nicht systematisch aufgegriffen und ausformuliert worden.

2   Selbstregulation und Selbststeuerung

In der psychologischen Literatur finden sich zahlreiche Forschungsansätze zur Selbstregulation (Schwarzer & Kuhl, 2006). Dabei werden die Bezeichnungen Selbstregulation, Selbstkontrolle und Selbststeuerung von vielen Autoren nur unscharf gegeneinander abgegrenzt und häufig synonym verwendet (Boekaerts, Pintrich & Zeidner, 2005; Baumeister & Vohs, 2007). Bisher kann nicht auf ein allgemein geteiltes Verständnis zur Selbstregulation zurückgegriffen werden und die große Menge domainspezifischer Arbeiten zur Selbstregulation, mit spezifischer Terminologie und Methodik erschwert eine einheitliche Betrachtung des Konstrukts (Boekaerts, Pintrich & Zeidner, 2005). Selbstregulation bleibt ein schwierig zu definierendes und ebenso schwierig zu operationalisierendes Konstrukt (ebd. S. 4). Fähigkeiten zur Selbstregulation stehen in einer engen Beziehung zur menschlichen Gesundheit (Kuhl, 2001; Ryan & Deci, 2000).

Ein Teil der Arbeiten zur Selbstregulation bezieht sich domainspezifisch direkt auf den Gesundheitsbereich und konzentriert sich dabei auf die Erforschung von Faktoren, welche eine Veränderung von Gesundheitsverhalten bewirken bzw. verhindern (für einen Überblick siehe Maes & Gebhardt, 2005). Das *health belief model* beispielsweise definiert motivationale und kognitive Determinanten des Gesundheitsverhaltens (Rostenstock, 1974). Dazu gehören Faktoren wie die Wahrnehmung einer gesundheitlichen Bedrohung, die Wahrnehmung der eigenen Verletzlichkeit sowie die Abschätzung der Wahrscheinlichkeit, dass man selbst von dieser Bedrohung betroffen wird. Das *health behavior goal model* (Maes & Gebhard, 2005) integriert verschiedene Theorien des Gesundheitsverhaltens in ein Gesamtmodell, welches Faktoren wie Zielstruktur, Phasen der Veränderung, emotionales und gesundheitsbezogenes Kosten-Nutzen-Verhältnis einer Verhaltensänderung, Wahrnehmung individueller Kapazitäten sowie persönliche und umweltbezogene Einflussfaktoren einbezieht. Die domainspezifischen Modelle der Selbstregulation begrenzen sich häufig auf relativ eng definierte Untersuchungsfelder, wie beispielsweise die Phasen der Veränderung des Gesundheitsverhaltens (Prochaska & DiClemente, 1997). Dabei wird häufig nur ein eingeschränkter Raum gesundheitsrelevanter Verhaltensweisen betrachtet.

Domainunspezifische Theorien der Selbstregulation sind breiter formuliert und stellen allgemeine Erklärungsmodelle zur intrapersonalen Selbststeuerung des Menschen zur Verfügung. Unter der Vielfalt der vorgelegten Theorien zur Selbstregulation mit ihren unterschiedlichen Definitionen und Forschungsansätzen (siehe Boekaerts, Pintrich & Zeidner, 2005; Baumeister & Vohs, 2007) stellen die Arbeiten aus dem Forscherkreis um Julius Kuhl ein inhaltlich valides und reliabel operationalisiertes Modell der Selbststeuerung zur Verfügung, das im Rahmen der *Persönlichkeits-System-Interaktionen-Theorie (PSI)* umfassend theoretisch eingebettet ist.

2.1　Selbststeuerung nach Kuhl

Aus den theoretischen Annahmen der *Persönlichkeits-System-Interaktionen-Theorie (PSI)* von Kuhl (Kuhl, 2001; Quirin & Kuhl, 2009) wurde eine umfassende Konzeption der Selbststeuerung erarbeitet. Nach Kuhl ist Selbststeuerung dabei als eine Art innere Führungszentrale zu sehen, die unter Einbezug vielfältiger Informationen aus allen Ebenen der Persönlichkeit im Interesse einer optimalen Zielerreichung und Selbstverwirklichung agiert (Kuhl, 2010). Die Selbststeuerung lässt sich in die Komponenten Selbstregulation und Selbstkontrolle unterteilen, die theoretisch deutlich voneinander abgegrenzt werden (Fröhlich & Kuhl, 2004).

2.1.1　Theorie der Persönlichkeits-System-Interaktionen

Die Theorie der Persönlichkeits-System-Interaktionen (PSI) bildet den konzeptionellen Rahmen für das Verständnis der Selbststeuerung nach Kuhl. Sie beschreibt das Erleben und Verhalten von Menschen über das Zusammenspiel psychischer Systeme (Kuhl, 2010). Zentral ist dabei die Interaktion von vier kognitiven Makrosystemen, die über positive und negative Affekte modelliert werden. Dabei bildet die detaillierte Beschreibung der Art und Weise, wie diese Affekte die kognitiven Makrosysteme aktivieren und hemmen, den Kern der Theorie (Quirin & Kuhl, 2009). Die PSI-Theorie verfolgt somit einen funktionalen Ansatz, der vornehmlich das »wie« von Prozessen analysiert. Dabei integriert die Theorie Befunde aus den Motivationstheorien, der Neurobiologie und untermauert und vernetzt die Theorie umfassend mit Ergebnissen aus weiteren Forschungsfeldern (Kuhl, 2001, 2010; Quirin & Kuhl, 2009).

Vier kognitive Makrosysteme
Die PSI definiert vier kognitive Makrosysteme, die in ihrer Funktion und Interaktion miteinander als die persönlichkeitsrelevanten Systeme des Menschen betrachtet werden (siehe Abbildung 7).
　Es wird zwischen zwei höheren und zwei niedrigeren Systemen unterschieden, die wiederum in jeweils ein linkshemisphärisches, linear verarbeitendes und ein rechtsseitiges, nichtlineares, parallel-verarbeitendes System unterschieden werden können (Kuhl, 2010). Die charakteristischen Merkmale und Aufgaben der vier kognitiven Metasysteme Intentionsgedächtnis, Intuitive Verhaltenssteuerung, Objekterkennungssystem und Extensionsgedächtnis sind:

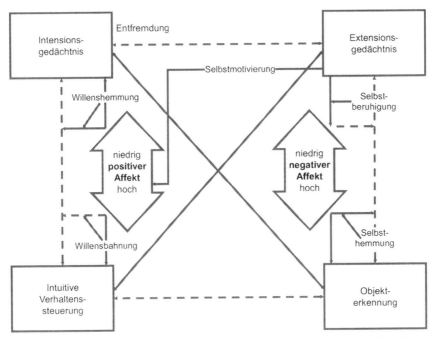

Abbildung 7 Schematische Abbildung wesentlicher Beziehungen zwischen den kognitiven Makrosystemen und ihrer Modulation durch positiven (»Belohnung«) und negativen (»Bestrafung«) Affekt (nach Kuhl, 2001).
Anmerkungen: = inhibitorische Verbindung; = bahnende Verbindung.

(1) *Intensionsgedächtnis (komplex, linkshemisphärisch-linear)*
Bildung und Aufrechterhaltung bewusster Absichten; stark mit dem analytischen Denken assoziiert; anstehende, nicht sofort ausführbare Handlungssequenzen werden gespeichert, bis die betreffende Handlung ausgeführt werden kann; dabei ist der Inhalt der Absicht bewusst zugänglich; das Intentionsgedächtnis hat eine primär hemmende Funktion, die eine unpassende oder verfrühte Ausführung von Handlungen verhindert.

(2) *Intuitive Verhaltenssteuerung (einfach, rechtshemisphärisch-parallel)*
Umsetzung von Intensionen in Handlungen; das System hat einen eher intuitiven Charakter; Handlungen werden automatisch, spontan ausgeführt, oft in Millisekunden (z. B. Blickkontakt, Lächeln); keine ständige, bewusste Kontrolle der Umsetzung.

(3) *Objekterkennungssystem (einfach, linkshemisphärisch-linear)*
Liefert Einzelerfahrungen; löst Einzelheiten (Objekte) aus ihrem Kontext und dient dem Wahrnehmen und (Wieder-)Erkennen von Objekten unabhängig vom Gesamtkontext; vor allem in negativen Gefühlslagen aktiv, da

das Objekterkennungssystem auf die Entdeckung von Inkongruenzen und
Fehlern aus ist.

(4) *Extensionsgedächtnis (komplex, rechtshemisphärisch-parallel)*
Ausgedehntes Netzwerk von Einzelerlebnissen und Erfahrungen, die ver-
arbeitet und in kognitiv-emotionalen Landkarten zusammengefügt wer-
den; Integration von kongruenten, positiven Erfahrungen mit inkongru-
enten negativen Erfahrungen; Sitz des Selbstsystems und des ganzheitlichen
Fühlens; enthält Informationen über eigene Bedürfnisse, Motive, Werte und
Emotionen; Berücksichtigung der Selbstaspekte; wichtige Ressource zur
Regulation von Emotionen.

Nach der PSI-Theorie entstehen Persönlichkeitsunterschiede aus einer indivi-
duell unterschiedlichen Dominanz der vier Systeme. Dominiert beispielsweise
das Objekterkennungssystem, dann verhalten sich Menschen eher fehlerorien-
tiert, sind auf Details versessen, sehen wenig das Ganze und neigen dazu, sich in
Einzelheiten zu verlieren. Vor allem Flexibilität und Situationsangemessenheit
des Zusammenspiels der vier Makrosysteme spielen eine wichtige Rolle für
innerpsychische Prozesse und Handlungsregulation. Je weniger eine Person auf
eine dieser vier Makrosysteme festgelegt ist und je freier und situationsange-
messener zwischen den Systemen gewechselt wird, umso angemessener kann sie
sich verhalten und so eine innere Kohärenz der Erfahrungen, Wünsche und
Bedürfnisse erreichen. Die Regulation dieses Wechselspiels zwischen den
Makrosystemen und den dazugehörigen Affekten ist eine wesentliche Funktion
der Selbststeuerung (Kuhl, 2001, 2010; Fröhlich & Kuhl, 2004).

2.1.2 Modulation der Interaktion der Makrosysteme durch positiven und negativen Affekt

Die vier Makrosysteme werden durch positiven und negativen Affekt gebahnt
bzw. gehemmt. Positiver und negativer Affekt sind dabei nicht auf einer gemeinsamen Dimension verortet, sondern stellen je eine eigene Dimension mit
zwei Polen dar, die funktional gesehen eine unterschiedliche Wirkung entfalten.

- Ein niedriger positiver Affekt (PA –) bahnt das Intentionsgedächtnis und
  verhindert so die Handlungsausführung (= Willenshemmung). Geplante
  Handlungen werden als Absichten gespeichert und zu einem späteren,
  günstigeren Zeitpunkt ausgeführt.
- Ein hoher positiver Affekt (PA +) bahnt die intuitive Verhaltenssteuerung
  und fördert dadurch die Ausführung eine Handlung (= Willensbahnung).
  Handlungen werden spontan und intuitiv in die Tat umgesetzt.
- Ein niedriger negativer Affekt (NA -) bahnt das Extensionsgedächtnis und
  ermöglicht eine Verarbeitung und Integration von Ereignissen unter Einbe-

zug der Gesamtheit an Erfahrungen, Werten, Bedürfnissen und Emotionen
(= Selbstberuhigung).
- Ein hoher negativer Affekt (NA +) bahnt das Objekterkennungssystem und
  erhöht so die Aufmerksamkeit auf Dissonanzen und Fehler (= Selbsthemmung). Objekte werden kontextunabhängig erkannt und analysiert.

Diese kurze Darstellung der vier Makrosysteme und ihrer Modulation durch
positive und negative Affekte lässt die Bedeutung des Zusammenspiels für die
Persönlichkeit und Selbstregulation eines Menschen deutlich werden. Dabei
wirken jeweils zwei der Makrosysteme antagonistisch aufeinander ein, was in
den beiden ersten Modulationsannahmen der PSI-Theorie deutlich wird. Die
erste Modulationsannahme besagt, dass positive Affekte die Hemmung zwischen dem Intentionsgedächtnis und dem intuitiven Verhaltensprogrammen
lösen und somit die intuitive Ausführung von Handlungsplänen ermöglichen.
Die *zweite Modulationsannahme* besagt, dass negative Affekte den Einfluss des
Extensionsgedächtnisses auf das Erleben und Verhalten hemmen und isolierte
Einzelempfindungen aus dem Objekterkennungssystem bahnen, was die Entdeckung von Inkongruenzen und Fehlern begünstigt (Fröhlich & Kuhl, 2004).
   Belastungen wie Frustration, Unkontrollierbarkeit oder das Nichterreichen
von Zielen wirken durch die Hemmung des positiven Affekts negativ auf das
Intentionsgedächtnis. In der Folge sind Menschen wenig handlungsorientiert
und das Analysieren, Planen und Denken stehen im Vordergrund. Dagegen
wirken Bedrohungen als das Ausmaß, mit dem aktuelle Lebensumstände den
negativen Affekt erhöhen, schwächend auf das Extensionsgedächtnis und somit
auf den Zugang zum Selbstsystem ein. In der Folge herrscht eine skeptisch-
misstrauische Haltung vor. Das Gefühl für die eigenen Bedürfnisse und Wünsche tritt in den Hintergrund. Diese beiden Stressformen, die einerseits auf der
Hemmung des positiven Affekts (= Belastungen) und andererseits auf eine
Erhöhung des negativen Affekts (= Bedrohung) beruhen, stehen in einer or-
thogonalen Beziehung zueinander, da positiver und negativer Affekt zwei voneinander unabhängige Dimensionen darstellen.

2.1.3 Selbststeuerung

Prozesse der Selbststeuerung nehmen innerhalb der PSI eine hervorgehobene
Stellung ein, da die Qualität dieser Prozesse entscheidend für die Persönlichkeitsentwicklung und Handlungsregulation des Menschen ist.
   Kuhl definiert Selbststeuerung als die Fähigkeit, Entscheidungen zu treffen,
eigene Ziele zu bilden und sie (auch gegen innere und äußere Widerstände)
umzusetzen (Kuhl 1998, 2001; Fröhlich & Kuhl, 2004). Dabei stehen die Pro-
zesshaftigkeit und die Dynamik der Selbststeuerung im Vordergrund der Be-

trachtung. Eine optimale Selbststeuerung entsteht aus einer situations- und zielangemessenen Interaktion der einzelnen Subfunktionen der Selbststeuerung und dem flexiblen Wechseln innerhalb der kognitiven Systeme.

Eine gelungene Selbststeuerung führt dazu, dass Ziele gebildet werden, die möglichst viele persönliche Bedürfnisse, Gefühle, Werte und Interessen der Person berücksichtigen und das diese Ziele angemessen umgesetzt werden (Deci & Ryan, 1991; Kuhl, 2010). Dazu gehören zum einen die Fähigkeit, Ziele zu formulieren, die den eigenen Bedürfnissen, Gefühlen, Werten und Interessen entsprechen und zum anderen die Fähigkeit, in der Umsetzung auftretende Schwierigkeiten und Hindernisse wahrzunehmen, zu verarbeiten und bei deren Bewältigung seine eigentlichen Ziele weiterzuverfolgen (Fröhlich & Kuhl, 2004).

Mit der Unterscheidung der Selbstregulation von der Selbstkontrolle liegen zwei theoretisch klar voneinander trennbare, jedoch eng miteinander interagierende Funktionseinheiten der Selbststeuerung vor, die sich jeweils in eine Reihe von Substrukturen aufgliedern lassen und sich in unterschiedlichen Situationen zu unterschiedlichen Zweckbündnissen zusammenschließen (Kuhl, 2001; Fröhlich & Kuhl, 2004).

2.1.4 Selbstregulation

Die Selbstregulation nach Kuhl bedingt, dass bei der Zielbildung möglichst viele persönliche Bedürfnisse, Gefühle, Werte und Interessen berücksichtigt werden. Solche Ziele sind selbstkongruent und gehen konform mit den eigenen Motiven und Werten (Fröhlich & Kuhl, 2004). Kuhl veranschaulicht diesen Prozess mit der Metapher eines demokratisch geführten Staates, dessen Oberhaupt die vielen Stimmen seiner Bürger in seinen Entscheidungen und Handlungen berücksichtigt. Gedanken, Emotionen, eigene und auch fremde Bedürfnisse und Werte werden wahrgenommen, um zu einer emotionalen und kognitiven Unterstützung des Handlungsziels zu kommen (Kuhl, 2010). Der Prozess der Selbstregulation beinhaltet somit die Integration konkurrierender Emotionen und Handlungstendenzen. Handlungen, die vom Selbstsystem getragen und im Modus der Selbstregulation ausgeführt werden, sollten in hohem Maße kongruent mit den tatsächlichen Zielen und Bedürfnissen des Handelnden sein (Kuhl, 2010) und sich entsprechend positiv auf das Wohlbefinden und die Gesundheit auswirken (Deci & Ryan, 2000).

Als Subkomponenten der Selbstregulation beschreibt Kuhl acht Fähigkeiten (siehe Fröhlich & Kuhl, 2004, S. 224):

(1) *Selbstbestimmung*
    Fähigkeit zur Auswahl und zum Verfolgen von Zielen, mit denen man sich identifiziert und die selbstkongruent sind; Ziele und innere Bedürfnisse entsprechen einander (siehe auch Ryan & Deci, 2000; Kasser, 2002)

(2) *Positive Selbstmotivierung*
Fähigkeit zur Steuerung seiner eigenen Motivationslage in einer gegebenen Situation, z. B. durch das bewusste Aufbauen einer positiven Motivationslage, um eine bevorstehende Aufgabe zu bewältigen

(3) *Stimmungsmanagement*
Fähigkeit, aus sich heraus eine positive Stimmung aufzubauen bzw. sich von einer negativen Stimmung zu lösen

(4) *Selbstaktivierung*
Fähigkeit sein Aktivitätsniveau situationsangemessen hochzufahren

(5) *Selbstberuhigung*
Fähigkeit, Anspannung und Nervosität aus sich heraus abzubauen

(6) *Entscheidungsfähigkeit*
Fähigkeit aus einem guten Gefühl heraus zügig Entscheidungen zu fällen und auf sein Bauchgefühl zu hören (siehe auch Gigerenzer, 2007)

(7) *Automatische zielbezogene Aufmerksamkeit*
Fähigkeit, in einer Tätigkeit aufzugehen (Csikszentmihalyi, 1995), die mit einer von selbst entstehenden hohen Konzentration einhergeht und die auch bei langwierigen und schwierigen Aufgaben das Ziel im Auge behält

(8) *Zielbezogene bewusste Aufmerksamkeit*
Fähigkeit, sich gezielt auf das zu konzentrieren, was gerade wichtig ist

2.1.5 Selbstkontrolle

Die Selbstkontrolle ist durch die innere Fokussierung auf die Zielerreichung charakterisiert. Dies kann angesichts konkurrierender selbstrelevanter Bedürfnisse, Gefühle, Wünsche und Interessen mit einer vorübergehenden Unterdrückung innerer Impulse einhergehen. In diesem Prozess kommen kognitive und affektive Anteile vor (nach Fröhlich & Kuhl, 2004, S. 225):

Kognitive Selbstkontrolle
(1) *Planungsfähigkeit*
Fähigkeit, vor einer Handlung Pläne zu machen und notwendige Einzelschritte festzulegen

(2) *Vergesslichkeitsvorbeugung*
Kompetenz, gezielt Erinnerungshilfen zu nutzen, um Handlungsziele nicht aus den Augen zu verlieren

(3) *Zielvergegenwärtigung*
Fähigkeit, noch nicht erledigte oder geplante Aktivitäten immer wieder ins Gedächtnis zu rufen und im Gegenzug die Angst davor, etwas Vorgenommenes zu vergessen

Affektive Selbstkontrolle

(1) *Misserfolgsbewältigung*

Fähigkeit, aus Fehlern zu lernen und sein Ziel auch nach Fehlern im Auge zu behalten und sich nicht lähmen zu lassen

(2) *Selbstdisziplin*

Fähigkeit, sich – wenn es nötig – ist zusammenzureißen und sich selbst unter Druck setzen zu können, um ein Ziel zu erreichen

(3) *Ängstliche Selbstmotivierung*

Fähigkeit, sich durch die Vorstellung negativer Konsequenzen einer Handlungsunterlassung selbst zu motivieren

Die Selbstkontrolle kann mit einer Hemmung der Selbstwahrnehmung und einem verminderten Zugang zum Selbstsystem, d. h. den gesammelten Lebenserfahrungen und den damit Vernetzten und Bedürfnissen, einhergehen. Diese (vorübergehend) gewünschte Unterdrückung des Selbst kann im negativen Fall zu einer rigorosen Verfolgung *selbstfremder* Ziele führen. Nur das dynamische Zusammenspiel der Selbstregulation, mit der intensiven Anbindung an das Selbst, und der Selbstkontrolle, die das Erreichen konkreter Handlungsziele befördert, gewährleistet eine optimale Selbststeuerung im Sinne der Person (Fröhlich & Kuhl, 2004; Kuhl, 2001, 2010).

Vorhandene Fähigkeiten zur Selbstregulation und Selbstkontrolle können in Anwesenheit von Bedrohungen und Belastungen gemindert werden. In der Terminologie der PSI-Theorie bezeichnen Bedrohungen den [...] »Gesamtstress der momentanen Lebenssituation und das Ausmaß, in dem gegenwärtige Lebensumstände den negativen Gefühlszustand erhöhen« (Fröhlich & Kuhl, 2004, S. 226). Belastungen werden als situative und die Person betreffende Faktoren wie Frustration, Verlust und unrealistische Ziele oder unlösbare Aufgaben gesehen, die in ihrer Konsequenz eine positive Affektlage schwächen oder verhindern.

Bedrohungen und Belastungen stören potenziell die Selbststeuerung, und Personen unterscheiden sich darin, wie gut ihre Fähigkeiten zur Selbststeuerung unter diesen Stressbedingungen erhalten bleiben. Daher werden neben den Komponenten der Selbstregulation und Selbstkontrolle im Konzept der Selbststeuerung zusätzlich zwei Komponenten beschrieben, welche die spezifische Fähigkeit zur Selbststeuerung unter Bedrohung und Belastung erfassen.

2.1.6 Selbsthemmung bei Bedrohung

Bedrohungen verringern den Zugang zum Selbstsystem, wo das Extentionsgedächtnis mit all seinen Erfahrungen und Ressourcen angesiedelt ist. Überschreitet der aus der Bedrohung entstehende negative Effekt anhaltend eine kritische Grenze, kommt es nach der PSI-Theorie zu einer Selbsthemmung, d. h. einem deutlich eingeschränkten Zugriff auf das Selbst. Da eine gelungene Selbstregulation jedoch auf diesen Zugang zum Selbstsystem angewiesen ist, führt eine unzureichende Gegenregulation zu einer Schwächung der selbstregulatorischen Kompetenz (Fröhlich & Kuhl, 2004).

Die mit Selbsthemmung bei Bedrohung bezeichnete Komponente der Selbststeuerung bezeichnet den Verlust der Fähigkeit zur Selbstregulation unter Bedrohung. Dazu gehören die folgenden Reaktionen, die hier in ihrer negativen Ausprägung wiedergegeben sind:
- Grübeln
- Negative Emotionalität
- Belastungsabhängige Lähmung und blockiertes Handeln
- Introjektionsneigung und die Übernahme fremder Ziele
- Zwanghafte Perseveration und die Unfähigkeit, zu aussichtsreicheren Handlungsoptionen zu wechseln
- Perzeptive Rigidität und die Unfähigkeit, in einer Situation die Perspektive zu wechseln
- Entfremdung mit mangelndem Zugang zu dem, was man eigentlich will
- Innere Fragmentierung, in der gegensätzlich scheinende Bedürfnisse nicht mehr in das Selbst integriert werden können (Fröhlich & Kuhl, 2004, S. 227)

2.1.7 Willenshemmung bei Belastung

Unter Belastung besteht die Gefahr, dass das zielorientierte Handeln der Selbstkontrolle nachlässt. Wer mehr oder weniger frustriert ist, an einer vorigen Aufgabe gescheitert ist, unrealistische Ziele verfolgt oder vor unlösbaren Aufgaben steht, erlebt keinen positiven Affekt und wird in der Folge Schwierigkeiten dabei haben, eigene Absichten umzusetzen (= Willenshemmung). Die Ausprägung, wie stark die Willenshemmung ist, die eine Person unter Belastung entwickelt, wird durch die Komponente Willenshemmung bei Belastung beschrieben.

Zu den negativen Reaktionen, die sich bei der Willenshemmung unter Belastung zeigen, gehören:
- Energiemangel und Lustlosigkeit
- Geringe Initiative
- Zögern
- Nichtumsetzen von Absichten, die unerledigt vor sich hergeschoben werden
- Konzentrationsschwäche und das Abschweifen der Gedanken
- Reduzierte Impulskontrolle und die damit einhergehende Unfähigkeit, Versuchungen und ablenkenden Impulsen zu widerstehen

– Fremdbestimmtheit in dem Sinne, dass Dinge erst dann ausgeführt werden, wenn man von anderen dazu aufgefordert wird; Handlungen werden nicht aus eigenem Antrieb umsetzt (Fröhlich & Kuhl, 2004).

Selbsthemmung bei Bedrohung und Willenshemmung bei Belastung sind nach der PSI-Theorie Faktoren, die auf die primären Komponenten der Selbststeuerung, nämlich der Selbstregulation und der Selbstkontrolle, einwirken und diese situationsbezogen modulieren. Eine hohe Selbsthemmung bei Bedrohung vermindert in einer bedrohlichen Situation die Selbstregulation und in der Folge die Fähigkeit, Handlungen auszuwählen, in der sich die eigenen Ziele und Werte widerspiegeln. Eine starke Willenshemmung bei Belastung schwächt die Selbstkontrolle in einer belastenden Situation und somit die Fähigkeit, die angestrebten Handlungen in dieser Situation umzusetzen.

2.1.8   Entwicklung der Selbststeuerung

Die wohl wichtigste Rolle im Prozess der Selbststeuerung kommt der Regulation der Affekte zu, da diese nach der PSI-Theorie das Zusammenspiel der verschiedenen kognitiven Funktionen des Menschen steuern (Kuhl, 2001). Die Prägung der individuellen Regulation der Affekte findet bereits in vorsprachlichen Entwicklungsstufen durch das emotionale Klima in der Interaktion mit den Bezugspersonen statt und bestimmt in einer Art Systemkonditionierung die weitere Persönlichkeitsentwicklung einer Person (Kuhl & Völker, 1998). Die Selbststeuerung entwickelt sich in einem kontinuierlichen Prozess, der in der frühen Kindheit beginnt und über die Lebensspanne anhält. Dabei ist Selbststeuerung als Ablösung der Fremdregulation der Bezugspersonen durch eine zunehmend eigenständige Selbstregulation gekennzeichnet.

Diese Konzeption geht davon aus, dass die frühe Regulation im Leben eines Menschen vornehmlich eine Fremdregulation ist. Diese wird durch die relevanten Bezugspersonen ausgeübt, welche wesentliche Aufgaben der bewussten Verhaltenssteuerung von außen übernehmen. Physiologische und emotionale Bedürfnisse werden vom Kind ausgedrückt. Den Bezugspersonen fällt die Aufgabe zu, diese Bedürfnisse und Verhaltensziele des Kindes zu erkennen und möglichst angemessen zu befriedigen. Entscheidenden Einfluss darauf, ob die Ablösung der Fremdregulation durch eine funktionale Selbstregulation gelingt, wird dabei den beiden Faktoren zeitliche Kontiguität (Nachbarschaft) und Kontingenz (Abhängigkeit) gegeben. »Je mehr das heranreifende Selbstsystem, das zunächst wegen der Hilflosigkeit des Kleinkindes in vielen Fragen der Bedürfnisbefriedigung nicht viel mehr als den Bedürfnis- bzw. Affektausdruck steuern kann, in zeitlicher Kontiguität von der fremdgesteuerten Bedürfnisbefriedigung und Affektregulation beantwortet wird, desto mehr lernt es, von sich aus (d. h. selbstgesteuert) Bedürfnisse und Affekte zu regulieren« (Fröhlich & Kuhl, 2004, S. 236). Je weniger spezifisch und spontan die Selbstäußerungen des Kindes von den relevanten Bezugspersonen beantwortet werden, umso unflexibler werden die affektiven Zustände einer Person im Erwachsenenalter tendenziell sein. Zusätzlich spielen das emotionale Klima und die Häufigkeit positiver und negativer affektiver Erfahrungen eine wichtige Rolle für die Entwicklung der Selbststeuerung eines Menschen (Kuhl, 2001; Fröhlich & Kuhl, 2004).

Trotz der frühen Prägung und Systemkonditionierung setzt sich der Prozess der kontinuierlichen Veränderung und Anpassung des Selbststeuerungssystems über die gesamte Lebensspanne fort und kann – beispielsweise durch Prozesse der Persönlichkeitsentwicklung oder therapeutische Interventionen – auch im Erwachsenenalter noch erfolgreich beeinflusst werden (Kuhl, 2001; Fröhlich & Kuhl, 2004).

2.2   Selbstbestimmung

Wenn Fähigkeiten zur Selbstregulation und Selbststeuerung eine substanzielle Rolle im Konzept der Gesundheitskompetenz einnehmen, stellt sich die Frage, wie diese von Seiten der Politik, der Gesundheitsförderung, der Anbieter im Gesundheitssystem oder von jedem Einzelnen selbst gezielt gefördert werden können. Durch welche Maßnahmen lassen sich die selbstregulativen Kompetenzen gestalten? Welche Rahmenbedingungen begünstigen oder hemmen eine gesundheitsförderliche Selbststeuerung? Was kann der Einzelne tun, um seine persönlichen Kompetenzen zur Selbstregulation zu entfalten?

Der Selbstbestimmungstheorie der Motivation (engl. *Self-Determination Theory – SDT*) stellt einen vielversprechenden Verständnisrahmen zur Förderung selbstregulativer Kompetenzen im Modell der Gesundheitskompetenz bereit.

Ausgangspunkt der Selbstbestimmungstheorie ist eine organistisch-dialektische Meta-Theorie, welche die grundlegende menschliche Tendenz nach Wachstum und Integrität postuliert. Diese steht in der Tradition humanistischer Psychologen (Maslow, 1943; Angyal, 1965; Rogers, 1963), ebenso wie entwicklungspsychologischer oder auch psychoanalytischer Theoretiker (Piaget, 1971; Werner, 1957; Freud, 1923; Meissner, 1981; White, 1963) und geht konform mit Befunden aus den Neurowissenschaften (Maturana & Varela, 1990). In einem Rekurs auf das aristotelische Menschenbild wird der Mensch in der organistisch-dialektischen Meta-Theorie als ein aktiver Organismus beschrieben, der immanente Wachstums- und Entwicklungstendenzen besitzt und danach strebt, gemachte Erfahrungen in ein kohärentes Selbst zu integrieren (Deci & Ryan,

2000, 2005; siehe auch Kuhl, 2001). Diese psychologischen Integrations- und Wachstumsprozesse finden nicht unter allen gegebenen Umständen statt, sondern hängen vornehmlich vom Grad der Befriedigung psychologischer Grundbedürfnisse (*basic needs*) nach Autonomie, Kompetenzerleben und Bezogenheit durch die soziale Umwelt ab. »To the extent that an aspect of the social context allows need fulfillment, it yields engagement, mastery and synthesis; whereas, to the extent that it thwarts need fulfillment, it diminishes the individual's motivation, growth, integrity, and well-being.« (Ryan & Deci, 2002, S. 9).

Zahlreiche Studien konnten den positiven Einfluss einer autonomen, selbstbestimmten Motivation auf gesundheitsfördernde Selbstregulation, Gesundheit und Wohlbefinden zeigen (Ryan & Deci, 2000). Einen zentralen Aspekt der Forschung zur Selbstbestimmungstheorie bildet die Untersuchung der Bestimmungsfaktoren einer gesundheitsfördernden Selbstregulation, in dessen Rahmen auch Ansätze zur Intervention im Bereich der Gesundheitsförderung entwickelt und verfolgt werden (Ryan & Deci, 2000; Ryan, Patrick, Deci & Williams, 2008; Vansteenkiste & Sheldon, 2006; Williams, 2002).

2.2.1 Konzept der *basic needs*

Aus der Vielzahl psychologischer Bedürfnisse, die in der Motivationspsychologie des letzten Jahrhunderts diskutiert wurden, erkennt die Selbstbestimmungstheorie drei als universelle, dem Menschen angeborene und für die psychische Gesundheit essentielle psychologische Grundbedürfnisse an. Die adäquate Befriedigung dieser drei Grundbedürfnisse bildet die Basis der Selbstregulationsprozesse, in deren Verlauf das eigene Verhalten in ein stimmiges Selbst überführt wird (Ryan & Deci, 2000). Die psychologischen Grundbedürfnisse sind nach der Selbstbestimmungstheorie angeboren und können nicht adäquat durch andere Bedürfnisbefriedigungen kompensiert werden. Dabei ist es zweitrangig, ob eine Person sich dieser Bedürfnisse bewusst ist oder nicht: »[...] *that whether or not people are explicitly conscious of needs as goal objects, the healthy human psyche ongoingly strives for these nutriments and, when possible, gravitates towards situations that provide them.*« (Deci & Ryan, 2002, S. 7). Die drei psychologischen Grundbedürfnisse der Selbstbestimmungstheorie sind das Bedürfnis nach Kompetenz, das Bedürfnis nach Nähe und Bezogenheit, und das Bedürfnis nach Autonomie.

2.2.2 Kompetenz

Das Bedürfnis, sich als kompetent zu erleben, drückt das Streben des Menschen nach der erfolgreichen Kontrolle seiner Lebensumwelt aus. Kompetenzerleben bezieht sich dabei auf ein Gefühl der Effektivität in der Interaktion mit der

Umwelt. Dieses Gefühl entsteht aus der Erfahrung heraus, die Umwelt aktiv gestalten zu können. Es treibt dazu an, sich eigenständig Herausforderungen zu suchen, die optimal zu den eigenen Fähigkeiten und Kapazitäten passen. So werden die eigenen Bewältigungsmöglichkeiten kontinuierlich geschult und erweitert. Das Bedürfnis nach Kompetenz ist somit keine einmal erworbene Fähigkeit oder Fertigkeit, sondern Ausdruck für das kontinuierliche Bedürfnis, die eigene Wirksamkeit und Effektivität in der Auseinandersetzung mit seiner Umwelt zu entwickeln. Zu schwere oder zu leichte Aufgaben laufen dem natürlichen Bedürfnis nach Kompetenzerleben zuwider, da sie keine Möglichkeit bieten, die eigenen Fähigkeiten zu trainieren und zu entwickeln (Deci & Ryan, 2000). Eine andauernde Frustration des Bedürfnisses nach Kompetenzerleben führt in eine zunehmende Passivität und Hilflosigkeit (Seligman & Isaacowitz, 2000).

2.2.3 Nähe und Bezogenheit

Das Bedürfnis nach Nähe und Bezogenheit sucht das Erleben der Verbundenheit zu anderen Menschen, ein Gefühl der Zugehörigkeit und der gegenseitigen Fürsorge. »To love and care and to be loved and cared for« (Ryan & Deci, 2000, S. 231). Bezogenheit steht für das Bestreben, ein integrierter Teil der sozialen Umwelt zu sein, mit anderen verbunden und von ihnen akzeptiert zu sein. Dabei geht es nicht um das Erlangen eines bestimmten Status oder anderer sozialer Vorteile, sondern um ein Gefühl, als ganze Person in der Beziehung mit anderen angenommen zu sein (Deci & Ryan, 2000; 2002).

Die Aneignung und Internalisierung kultureller, gruppenspezifischer Verhaltensweisen ist ganz wesentlich durch das Bedürfnis nach Nähe und Bezogenheit bedingt. Aus Sicht der organistisch-dialektischen Meta-Perspektive ist dieses Bedürfnis Ausdruck einer allgemeineren Tendenz sozialer Organismen, sich als Individuum in die Organisation der umgebenden sozialen Strukturen einzufügen und sich an ihnen auszurichten (Ryan, Kuhl & Deci, 1997).

2.2.4 Autonomie

Das Bedürfnis nach Autonomie bezeichnet die wahrgenommene Selbstbestimmtheit des Handelns (deCharms, 1968; Deci & Ryan, 1985) und ist Ausdruck einer Tendenz zur Selbstorganisation, die als eine der fundamentalsten Charakteristika lebender Organismen verstanden wird (Jacob, 1973; Deci & Ryan, 2000). Autonomie bedeutet, aus eigenem Interesse, eigenen Überzeugungen und Werten heraus zu handeln. Das autonome Verhalten ist Ausdruck des Selbst. Dabei spielt es keine Rolle, ob ein Verhalten durch äußere Anreize ausgelöst wird, wie dies bei der extrinsischen Motivation der Fall ist, oder ob es rein intrinsischer Natur ist (Deci & Ryan, 2002).

Die autonome Selbstregulation wird von Gefühlen der Integrität, Willenskraft und Vitalität begleitet (Ryan, 1993). Demgegenüber erleben Menschen nicht-autonomes Handeln als fremdbestimmt und ich-fern. Autonomie ist nicht zu verwechseln mit Unabhängigkeit oder Ungebundenheit. Ganz im Gegenteil kann sich eine Person im vollen Erleben seiner Autonomie unterordnen und in Regeln und Disziplinen einfügen, wenn er dies freiwillig und nach eigenem Verständnis tut. Reine Fügsamkeit oder Angepasstheit geht jedoch nicht mit dem Erleben von Autonomie einher (Deci & Ryan, 2002).

Die subjektiv wahrgenommene Befriedigung der *basic needs* zeigt über eine Vielzahl von Studien einen direkten Einfluss auf Wohlbefinden, Vitalität und andere Faktoren psychischer Gesundheit (Sheldon, Ryan & Reis, 1996; Reis, Sheldon, Gable, Roscoe & Ryan, 2000). Dieser Einfluss zeigt sich sowohl bei Zustandsmessungen (*state*) als auch bei Eigenschaftsmessungen (*trait*) der erlebten Bedürfnisbefriedigung.

Bei einer nicht hinreichenden Befriedigung der *basic needs* misslingt dagegen der Prozess der Internalisierung und somit die Integration gemachter Erfahrungen in ein kohärentes, spannungs- und widerspruchsfreies Selbst. Motivationsverlust, eine mangelnde Integration verschiedener Persönlichkeitsanteile und ein Ausweichen auf Ersatzhandlungen sind Beispiele negativer Folgen dieses Prozesses (Kasser & Ryan, 2001; Kasser, Ryan, Zax & Sameroff, 1995). Es kommt zu einem verminderten Wohlbefinden, das bis hin zu schweren psychischen und gesundheitlichen Beeinträchtigungen führen kann. Der Zusammenhang zwischen der Befriedigung der psychologischen Grundbedürfnisse mit Gesundheit und Wohlbefinden wurde in unterschiedlichen Lebenskontexten, wie beispielsweise Schule, Beruf und Familie, individualistischen und kollektivistischen Kulturen, nachgewiesen (Deci & Ryan, 2000; Ryan & Deci, 2000).

2.2.5 Motivation und Selbstregulation

Abhängig von dem Motiv, das einer Handlung zugrunde liegt, ändern sich die psychologischen Regulationsprozesse und das dazugehörige Erleben und Verhalten des Handelnden. Jemand der Überstunden macht, weil sein Chef dies erwartet und andernfalls Ärger und Sanktionen drohen, erlebt nach der Selbstbestimmungstheorie mehr inneren Druck, Stress oder innere Anspannung als jemand, der ohne äußeren Zwang, aus eigenem Interesse heraus und mit Begeisterung für seine Aufgaben ebenso lange Zeit mit seiner Arbeit verbringt (Lenartz, 2011). Die Quelle der Handlung wird im ersten Fall als external erlebt, im zweiten Fall erlebt sich der Handelnde selbst als Urheber seines Verhaltens. Untersuchungen zu den Folgen der verschiedenen Motivationsformen und der damit verbundenen Regulationsprozesse zeigen, dass authentisch motivierte Personen ein deutlich höheres Interesse, mehr Freude und ein höheres Selbstvertrauen entwickeln, höhere Leistung zeigen, kreativer und konstanter sind, über eine größere Vitalität verfügen und ein größeres Selbstwertgefühl und ein höheres Wohlbefinden erfahren (Deci & Ryan, 1991; Sheldon, Ryan, Rewsthorne & Ilardi, 1997; Nix, Ryan, Manly & Deci, 1999; Ryan, Deci & Grolnick, 1995; Ryan & Deci, 2000).

In der Selbstbestimmungstheorie wird zur Analyse dieser selbstregulatorischen Prozesse zwischen intrinsischer Motivation, vier Formen der extrinsischen Motivation sowie einem Zustand der Motivationslosigkeit unterschieden. Diese Regulationsprozesse lassen sich theoretisch, phänomenologisch und funktional voneinander abgrenzen und auf einer gemeinsamen Dimension der Selbst- und Fremdbestimmung einordnen (siehe Abbildung 8).

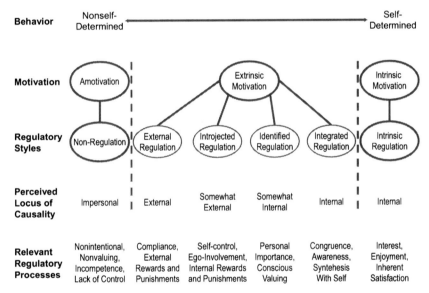

Abbildung 8 Das Selbstbestimmungs-Kontinuum (nach Ryan & Deci, 2000). Die Abbildung stellt die Formen der Motivation nach der Self-Determination-Theorie dar, den jeweiligen Regulationsstil, die subjektiv wahrgenommene Kausalität für das Verhalten und die damit einhergehenden Regulationsprozesse.

2.2.6   Intrinsische Motivation

Der Prototyp selbstbestimmter Regulation ist die intrinsische Motivation. Intrinsisch motivierte Handlungen werden aus der Befriedigung heraus getragen, die sich aus dem Verrichten der Handlung selbst ergibt (Deci & Ryan, 2000, 2005). Sie werden auch in Abwesenheit äußerer Anreize verfolgt und der Handelnde erlebt sich als Urheber seiner Handlung (deCharms, 1968). Die Handlung ist freiwillig, wird als kurzweilig und interessant erlebt und ist von positiven Emotionen wie Freude und Begeisterung begleitet. Intrinsische Handlungen befriedigen die psychologischen Grundbedürfnisse und begünstigen persönliches Wachstum, die Entwicklung von Bewältigungsfähigkeiten, Potenzialen und Talenten. Bedingungen, die eine Befriedigung der drei psychologischen Grundbedürfnisse unterlaufen, hemmen oder verhindern intrinsisches Verhalten (Deci & Ryan, 2000).

2.2.7   Extrinsische Motivation

Der Großteil der Handlungen im Leben eines Menschen ist nicht intrinsisch, sondern dient bestimmten Zwecken, ist zielgerichtet und damit extrinsischer Natur. Extrinsisch motivierte Handlungen werden ausgeführt, um etwas zu erreichen, und der instrumentelle Nutzen der Handlung ist das Abgrenzungsmerkmal zur intrinsischen Motivation (Deci & Ryan, 2002). Häufig wird die extrinsische Motivation in der Psychologie als ein einheitliches Konstrukt betrachtet. In der Selbstbestimmungstheorie wird dagegen eine Differenzierung der extrinsischen Motivation vorgenommen, die vier verschiedene Motivationstypen unterscheidet, und die Auskunft über die Art der Selbstregulation einer Person geben: externale Regulation, Introjektion, Identifikation und Integration.

Die *externale Regulation* kennzeichnet die am wenigsten selbstbestimmte Form der Regulation. Die primäre Motivation besteht darin, Belohnungen von anderen zu erlangen oder eine Bestrafung zu vermeiden. Das Verhalten soll äußeren Anforderungen, Bedingungen oder Vorgaben entsprechen und kann mit der operanten Konditionierung des Behaviorismus (Skinner, 1953) gleichgesetzt werden. Der Handelnde sieht die Ursache seiner Handlung im Außen und nicht bei sich selbst (deCharms, 1968).

Introjektion kann als die verinnerlichte Form der externalen Regulation verstanden werden, ohne dass dabei eine weitere Integration der Inhalte in die Persönlichkeitsstrukturen stattgefunden hat. Introjektion ist beschrieben als schlucken ohne zu verdauen (Perls, 1973). Das Verhalten folgt einem Druck oder Zwang, der nun aus dem Inneren kommt, z. B. über restriktive Normen oder Wertesysteme. Dabei gilt es, Gefühle von Schuld, Angst oder Scham zu vermeiden oder das Ego zu befriedigen (Deci & Ryan, 1993).

Identifizierte Regulation bezeichnet eine stärker selbstbestimmte Form der extrinsischen Motivation. Das Verhaltensziel wird vom Handelnden als wertvoll und wichtig erachtet und ist für ihn persönlich relevant. Mit der identifizierten Regulation liegt der wahrgenommene Ursprung des Verhaltens nun in der Person selbst. Externale Regulation wird hier transformiert zur wahren Selbstregulation. Dennoch kann eine identifizierte Regulation partiell von den übergeordneten Werten und Zielen einer Person abgespalten sein (Deci & Ryan, 2002).

Integrierte Regulation steht für die am meisten selbstbestimmte extrinsische Motivation. Sie kommt dann zustande, wenn die Regulation fest in das Netz persönlicher Werte, Ziele und Bedürfnisse einer Person integriert ist und sich diese in ihr widerspiegeln. Das Verhalten ist in das Selbst und die Persönlichkeit eingebettet. Die integrierte extrinsische Motivation teilt viele Eigenschaften mit intrinsischer Motivation. Im Unterschied zu dieser können extrensisch motiviert auch sehr unangenehme Aufgaben angegangen werden, die von keinem intrinsischen Belohnungswert getragen sind, wenn beispielsweise der Wert des Handlungsziels als hoch eingeschätzt wird (Deci & Ryan, 2000; 2002).

Nach der Selbstbestimmungstheorie ist die Entwicklung weg von heteronomer Kontrolle hin zu einer selbstbestimmten Regulation eine natürliche, dem Menschen immanente Tendenz. Jeder Mensch strebt danach, selbstbestimmt und in Einklang mit den inneren Zielen und Werten zu handeln. Inwieweit dieser Prozess gelingt, hängt zu großen Teilen von der Qualität der Befriedigung der grundlegenden psychologischen Bedürfnisse nach Autonomie, Kompetenz und Bezogenheit aus der sozialen Umwelt ab. Diese Bedürfnisbefriedigung schafft den psychologischen Rahmen für die inneren Integrationsprozesse (siehe auch Kuhl, 2010) und ist somit bestimmend für eine gesundheitsfördernde Selbstregulation (Ryan & Deci, 2000).

2.2.8 Ziele und Gesundheit

Das Konzept der psychologischen Bedürfnisse bietet einen Bezugsrahmen für Prozesse der Zielauswahl (Kasser & Ryan, 1993, 2002; Sheldon, Ryan, Deci & Kasser, 2004; Klusmann, Trautwein & Lüdtke, 2005). Nach der Selbstbestimmungstheorie sind es die zugrunde liegenden psychologischen Bedürfnisse, die Zielen ihre psychologische Potenz geben. Dabei wird zwischen intrinsischen und extrinsischen Zielen unterschieden (Kasser & Ryan, 1996).

Intrinsische Ziele spiegeln das innere Bestreben nach Entwicklung wider und fördern eine Befriedigung der psychologischen Grundbedürfnisse. Beispiele sind das Streben nach Selbstakzeptanz, sozialer Eingebundenheit oder nach der Verbesserung gesellschaftlicher Bedingungen (Klusman et al., 2005). Extrinsische Ziele zeigen dagegen keinen positiven Bezug zu den psychologischen Grundbedürfnissen oder stehen sogar in einer negativen Beziehung zu ihnen (Kasser & Ryan, 1993, 2002; Vansteenkiste, Neyrinck, Niemiec, Soenens, De Witte & Van den Broeck, 2007; Duriez, Vansteenkiste, Soenens & DeWitte, 2007). Sie sind stärker an äußerlichen Bezugspunkten orientiert als an inneren Prozessen. Typische Beispiele dafür sind Reichtum, äußerliche Attraktivität oder

Ruhm. Da diese Ziele in hohem Maße von der Meinung und dem Urteil anderer abhängig machen, neigen extrinsisch orientierte Menschen eher dazu, soziale Vergleichsprozesse anzustellen (Patrick, Neighbors & Knee, 2004) und einen bedingten Selbstwert zu entwickeln (Kernis, 2003). Beides wirkt sich negativ auf das Wohlbefinden und die psychische Gesundheit aus (Ryan & Deci, 2000).

Die Selbstbestimmungstheorie geht davon aus, dass eine Konzentration auf intrinsische Ziele mit einem höheren Wohlbefinden einhergeht, wohingegen eine Fokussierung auf extrinsische Ziele mit negativen Emotionen und psychischen Belastungen korreliert (Klusmann et al., 2005). Eine Vielzahl von Studien konnte diesen Zusammenhang nachweisen. So konnte gezeigt werden, dass eine hohe extrinsische Zielorientierung mit höheren Kennwerten von Angst und Depression und einer niedrigeren Ausprägung von Vitalität, Lebenszufriedenheit, Selbstverwirklichung, negativem Sozialverhalten und einer schlechteren psychischen Gesundheit einhergeht (Sheldon et al., 2004; Duriez, Vansteenkiste, Soenens & DeWitte, 2007). Langzeitstudien konnten zudem zeigen, dass das Erreichen intrinsischer Ziele mit einem erhöhten Wohlbefinden einhergeht, wohingegen das Erreichen extrinsischer Ziele keinen bedeutenden Einfluss auf das Wohlbefinden hat (Sheldon & Kasser, 1998).

Wie bereits im Konzept der psychologischen Grundbedürfnisse ist es auch im Hinblick auf die Zielauswahl nicht die bewusste Wertschätzung eines Ziels, welche dessen psychologische Wirksamkeit bedingt, sondern die Frage danach, inwieweit das Streben nach diesem Ziel zugrundeliegende psychologische Bedürfnisse befriedigt. Somit ist neben der häufig gestellten Frage, *warum* ich ein Ziel anstrebe, auch die Frage danach, *welches* Ziel ich anstrebe, psychologisch bedeutsam (Deci & Ryan, 2000).

Gesundheitsbezogene Ziele konnten in verschiedenen Studien nicht immer eindeutig der intrinsischen oder extrinsischen Kategorie zugeordnet werden (Klusmann et al., 2005). Dennoch laden sie in empirischen Arbeiten tendenziell eher auf einem intrinsischen Faktor. Dazu merken Deci und Ryan (1997) an, das Gesundheitsziele auch dazu dienen können, die Anerkennung und Bewunderung anderer Personen zu erlangen, was die relativ hohen Nebenladungen auf dem extrinsischen Faktor erklären kann (Klusmann et al., 2005).

Ein integratives Modell zu den Zusammenhängen zwischen Zielen, Wohlbefinden und körperlicher Gesundheit wurde von Miquelon und Vallerand vorgelegt (Miquelon & Vallerand, 2006, 2008). Dieses Modell postuliert, dass intrinsische Ziele sowohl das Glücklichsein, eine hedonistische Form des Wohlbefindens, als auch die Selbstverwirklichung, im eudaimonischen Sinne der Kern von Wohlbefinden (Ryan & Deci, 2001; Ryan, Huta & Deci, 2006), stärken. Dabei wird angenommen, dass die Selbstverwirklichung die physische Gesundheit fördert, da diese zu weniger Vermeidungsverhalten und adäquateren Coping-Strategien führt. In einer Reihe von empirischen Untersuchungen konnten erste empirische Hinweise dafür gefunden werden, dass intrinsische Ziele tatsächlich mit einer besseren Selbstverwirklichung und in der Folge weniger körperlichen Symptomen einhergehen (Miquelon & Vallerand, 2006, 2008).

2.2.9 Selbstbestimmung, Gesundheitsförderung und Gesundheitsverhalten

Im Gesundheitswesen nimmt die Behandlung von Krankheiten den größten Raum ein (Williams, 2002), und große Teile des Gesundheitssystems sind dabei nach wie vor auf die Behandlung akuter Beschwerden fokussiert (Koop, 1995). Motivierte Patienten, die aktiv Verantwortung für ihre Gesundheit übernehmen und eine gesundheitsförderliche Lebensweise umsetzen, würden die Qualität und auch die Länge ihres Lebens steigern und darüber hinaus dazu beitragen, die Kosten im Gesundheitswesen drastisch zu senken. »A clear gab exists between our collective knowledge of life enhancing and life extending treatments and the implementation of these treatments by both providers and patients« (Williams, 2002, S. 234).

Die Selbstbestimmungstheorie gibt einen theoretisch fundierten Handlungsrahmen, wie Patienten zu einer nachhaltigen gesundheitsbezogenen Selbstregulation im Sinne des Empowerment-Ansatzes geführt werden können. Durch den Prozess der Internalisierung werden Regeln, Werte und Ziele übernommen. Verhalten wird so von einer externalen Regulation, die über Regeln und Strafen funktioniert, überführt in eine interne Regulation, in der das Verhalten von der inneren Haltung des Patienten getragen wird. Das so von den Patienten übernommene Gesundheitsverhalten wird von Ängsten, Bedrohungen, Regeln und Strafen unabhängig. Es ist nachhaltig, wird subjektiv positiv bewertet und ist psychologisch befriedigend (Deci & Ryan, 2000).

Im Sinne der Ottawa-Charta der WHO (1998) sollte es das Ziel der Handelnden im Gesundheitswesen sein, solche Integrationsprozesse zu fördern. Durch ein Autonomie-unterstützendes Verhalten der Professionellen im Gesundheitswesen, das freiwilliges und eigenständiges Handeln der Menschen in einem Klima von Vertrauen und Bezogenheit ermöglicht, kann dieses Ziel erreicht werden (Williams, 2002). Autonomie-Unterstützung bedeutet für die Akteure im Gesundheitswesen: Die Perspektive der Patienten einbeziehen; relevante Informationen zur Verfügung stellen; Gelegenheiten für eigenen Entscheidungen geben; zum Treffen eigener Entscheidungen und zur Übernahme von Verantwortung für die eigene Gesundheit ermuntern; Ziele der Menschen berücksichtigen; zuhören, Fragen stellen und sich vor Urteilen und vorschnellen Meinungen hüten (Williams, 2002). Eine solche Haltung seitens der Gesundheitsdienstleister fördert die beschriebenen Integrationsprozesse seitens der

Patienten und führt so über eine selbstbestimmte Selbstregulation zu einem nachhaltigen Gesundheitsverhalten.

Diese Zusammenhänge sind im *SDT Health-Care Model* (Williams, 2002) und im *SDT-Model of Health Behavior Change* (Ryan et al., 2008, siehe Kapitel 10.2) zusammengefasst. Das *SDT Health-Care Modell* (siehe Abbildung 9) beschreibt neben der Autonomie-Unterstützung durch die Akteure im Gesundheitswesen die individuelle Ausprägung des Bedürfnisses nach Selbstbestimmung als eine Ressource autonomer Selbstregulation. Damit wird ausgedrückt, dass Personen, die ein starkes inneres Bestreben nach Autonomie und Selbstbestimmung haben, dieses auch häufiger verwirklichen können.

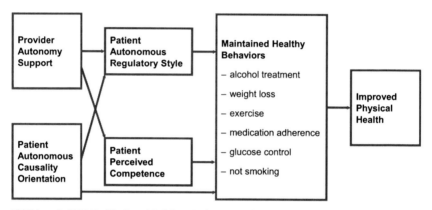

Abbildung 9 SDT Health-Care Model zu Patientenmotivation, Gesundheitsverhalten und Gesundheit (nach Williams, 2002)

Das Gesundheitsverhalten der Patienten wird nach dem Modell von dem jeweiligen Regulationsstil des Patienten, seiner wahrgenommenen Kompetenz sowie seiner individuellen Autonomieorientierung bestimmt. Eine gesteigerte Gesundheit ist wiederum die Folge des Gesundheitsverhaltens.

Empirische Untersuchungen und Interventionsstudien stützen die im *SDT Health-Care Modell* dargestellten Zusammenhänge. So konnten Langzeitstudien zeigen, dass SDT-basierte Interventionen die Compliance bei Alkoholentwöhnung verbessert und den Behandlungserfolg erhöhen (Ryan, Plant & O-Malley, 1995), den Body-Maß-Index bei schwer übergewichtigen Personen über einen Zeitraum von zwei Jahren positiv beeinflussen (Williams, Grow, Freedman, Ryan & Deci, 1996), die korrekte Einnahme von Medikamenten verbessert (Williams, Rodin, Ryan, Grolnick & Deci, 1998) und das die Qualität der selbst durchgeführten Kontrolle des Glukosespiegels bei Diabetes-Patienten zunimmt (Williams, Freedman & Deci, 1998).

Zusammengenommen bietet die Selbstbestimmungstheorie der Motivation mit den Konzepten der psychologischen Grundbedürfnisse, der Selbstregulation und Motivation und der Auswahl von Lebenszielen einen gut erforschten Ansatz zur Stärkung einer gesundheitsförderlichen Selbstregulation und Selbststeuerung und eines gesundheitsbewussten Verhaltens (Williams, 2002). Bezogen auf die Gesundheitskompetenz stellt die Selbstbestimmungstheorie einen praxisnahen und vielversprechenden Ansatz zur Förderung derselben zur Verfügung.

3   Forschungsziele

Aus der Verknüpfung der bisher dargestellten Inhalte zu Gesundheitskompetenz, Selbstregulation und Selbstbestimmung lassen sich die Fragestellungen für die anschließenden empirischen Untersuchungen bestimmen.

3.1   Modellbildung zur Gesundheitskompetenz

Die Analyse des Forschungsstands zur Gesundheitskompetenz zeigt, dass ein wesentlicher Schritt in der Konstruktbildung – aus der Perspektive der Gesundheitsförderung – noch nicht in einem befriedigenden Maß erfolgt ist (Soellner et al., 2009). Noch immer sind die Fähigkeiten und Fertigkeiten, die den Begriff der Gesundheitskompetenz determinieren und inhaltlich ausfüllen, nicht hinreichend benannt. Zudem kann die empirische Basis der bisherigen Modelle als unbefriedigend betrachtet werden. Zwar finden die hier vorgestellten Modelle in der Praxis einen großen Anklang (Schweizerisches Rotes Kreuz, 2009), bezüglich ihrer inhaltlichen Validität und Reliabilität sind sie jedoch nicht ausreichend gefestigt.

Diese Feststellung bildete den Ausgangspunkt für die weitere Forschungsarbeit, deren Leitfrage wie folgt ausformuliert werden kann (s. a. Soellner et al., 2010):

Über welche Fähigkeiten und Fertigkeiten muss jemand verfügen, um so handeln zu können, dass es sich positiv auf seine Gesundheit und sein Wohlbefinden auswirkt?

Die Beantwortung dieser Frage steht im Zentrum der nachfolgenden Modellbildung zur Gesundheitskompetenz.

An dieser Stelle sollen dazu noch zwei zentrale Begriffsbestimmungen vorgenommen werden, deren Klärungsbedarf sich aus der Frage nach den Fähigkeiten und Fertigkeiten hinter dem Konstrukt der Gesundheitskompetenz ergibt: Der Frage nach der anvisierten Zielgröße der Gesundheitskompetenz, d. h. der Definition dessen, was im Rahmen der Modellbildung unter Gesundheit verstanden wird. Und der Frage nach dem Suchraum der Modellbildung, also danach, wie die zu bestimmenden Fähigkeiten und Fertigkeiten definiert sind, die in die Modellbildung eingehen.

3.1.1 Gesundheit und Wohlbefinden

Aus der Perspektive der Gesundheitskompetenz stellt sich die Frage nach der angestrebten Zielgröße des Konstrukts: Wozu genau sollen die gesuchten Fähigkeiten und Fertigkeiten beitragen? Welche Gesundheit soll gefördert werden? Was ist das zentrale Zielkriterium? Eine klare Definition dieses Zielkriteriums ist für den gesamten Prozess der Modellbildung von fundamentaler Bedeutung.

Das biomedizinische Modell von Gesundheit und Krankheit wird häufig in Forschung und Politik verwendet und definiert Gesundheit vornehmlich über die Abwesenheit von Krankheit und Beschwerden (Franke, 2006). Dabei konzentriert sich dieser Ansatz jedoch vor allem auf Krankheit, indem Aspekte der Krankheit ohne den Einbezug gesundheitsdefinierender Faktoren betrachtet werden und der kranke Mensch allein als Träger der Krankheit betrachtet wird und nicht als Gesamtorganismus (Franke, 2006).

In Abgrenzung dazu hat die Weltgesundheitsorganisation (WHO) 1946 eine wegweisende Definition der Gesundheit vorgenommen, die diese explizit über das Freisein von Krankheit und Gebrechen erhebt und sie als Zustand des vollständigen körperlichen, geistigen und sozialen Wohlbefindens betrachtet (WHO, 1946). Trotz erheblicher Kritik an dieser Definition (Franke, 2006) ist sie weit verbreitet und einflussreich. In neueren Veröffentlichungen zur Gesundheit werden von der WHO zunehmend auch die gesellschaftlichen Rahmenbedingungen für eine gute Gesundheit hervorgehoben und die Gesundheit als wesentlicher Bestandteil des alltäglichen Lebens betrachtet (WHO, 1986). Somit steht in diesem Verständnis der Gesundheit weniger die medizinische Korrektur von einmal aufgetretenen Beschwerden im Vordergrund, sondern die Stärkung der Gesundheit und der sie erhaltenden Ressourcen in den verschiedenen Lebensbereichen auf der Basis eines aktiven, gesundheitsförderndem Handelns, die in den Strategien der Ottawa-Charta ihren bedeutendsten Ausdruck erhielt.

Im Sinne der WHO umfasst Gesundheit sowohl das Freisein von Krankheit und Gebrechen als auch ein körperliches, geistiges und soziales Wohlbefinden (WHO, 1946). Dabei wird davon ausgegangen, dass Gesundheit prozesshaft primär in der »alltäglichen Umwelt geschaffen und gelebt wird« (WHO, 1986). Ein solches Gesundheitsverständnis überwindet explizit den engen Rahmen eines klinischen Kontextes, nach dem Gesundheit im Kontakt des Einzelnen mit dem Gesundheitssystem und professionellen Gesundheitsdienstleistern gesehen wird (Nagel, 2008) und platziert die Forschung zur Gesundheitskompetenz mitten im Alltag der Menschen (Kickbusch et al., 2005). Gesundheitskompetenz

wird vor diesem Gesundheitsbegriff zu einer Schlüsselkompetenz für ein gesundes Leben, in welchem Tag für Tag eine Vielzahl von Entscheidungen und
Verhaltensweisen darüber entscheiden, ob eine gute Gesundheit hergestellt und
erhalten wird oder nicht.

3.1.2 Kompetenzen

Nach dieser Festlegung auf einen umfassenden und prozesshaften Gesundheitsbegriff im Sinne der WHO (1946, 1986) stellt sich als nächstes die Frage
nach dem Suchraum für die Fähigkeiten und Fertigkeiten der Gesundheitskompetenz. Dieser ergibt sich aus der Wahl des verwendeten Kompetenzbegriffs
und legt fest, was innerhalb und was außerhalb des Konstrukts liegt (Weinert,
2001, Baker, 2006).

Innerhalb der Psychologie und ihrer Nachbardisziplinen ist der Kompetenzbegriff in den letzten Jahren intensiv diskutiert worden (z. B. Csapó 2004;
Klieme, Funke, Leutner, Reimann & Wirth, 2001; Rychen & Salganik, 2001,
2003; Weinert, 2001). Weinert unterscheidet im Wesentlichen sechs Varianten
der Verwendung des Begriffs (Weinert, 2001):
(1) Kompetenzen als generelle kognitive Leistungsdispositionen, die Personen
    befähigen, sehr unterschiedliche Aufgaben zu bewältigen,
(2) Kompetenzen als kontextspezifische kognitive Leistungsdispositionen, die
    sich funktional auf bestimmte Klassen von Situationen und Anforderungen
    beziehen. Diese spezifischen Leistungsdispositionen lassen sich auch als
    Kenntnisse, Fertigkeiten oder Routinen charakterisieren,
(3) Kompetenzen im Sinne der für die Bewältigung von anspruchsvollen Auf-
    gaben nötigen motivationalen Orientierungen,
(4) Handlungskompetenz als eine Integration der drei erstgenannten Konzepte,
    bezogen auf die Anforderungen eines spezifischen Handlungsfeldes wie
    z. B. eines Berufes,
(5) Metakompetenzen als das Wissen, die Strategien oder die Motivationen,
    welche sowohl den Erwerb als auch die Anwendung spezifischer Kompe-
    tenzen erleichtert,
(6) Schlüsselkompetenzen als Kompetenzen im unter 2. Genannten funktio-
    nalen Sinn, die aber für einen relativ breiten Bereich von Situationen und
    Anforderungen relevant sind. Hierzu gehören z. B. muttersprachliche oder
    mathematische Kenntnisse (zitiert nach Hartig & Klieme, 2006, S. 128).

Eine Reihe aktueller Forschungsarbeiten betrachten Kompetenzen im Sinne der
zweiten Variante als kontextspezifische kognitive Leistungsdispositionen, die
sich funktional auf Situationen und Anforderungen in bestimmten Domänen
beziehen (Klieme & Leutner, 2006, S. 7). Dabei stellt die Kontextabhängigkeit

das wesentliche Charakteristikum dieser Definition dar (Hartig & Klieme, 2006). Kompetenzen werden funktional bestimmt und sind bereichsspezifisch auf einen begrenzten Sektor von Kontexten und Situationen bezogen.

In Abgrenzung zum Intelligenzkonzept geht die Konzeption des Kompetenzbegriffs mit der Lernbarkeit als einem wesentlichen Charakteristikum einher. Kompetenzen werden durch das Sammeln von Erfahrungen in konkreten Situationen über die Lebensspanne erworben (Hartig & Klieme, 2006). Dabei wird die kognitive Disposition des Kompetenzbegriffs betont, ohne dass die Bedeutung der motivationalen Orientierungen, Einstellungen, Tendenzen und Erwartungen, die Weinert in seiner einflussreichen Expertise zum Kompetenzbegriff beschrieben hat, negiert werden (Klieme & Leutner, 2006, S. 4–5; Hartig & Klieme, 2006, S. 130). Dieser Forschungsansatz bietet Vorteile für die individuelle Kompetenzmessung und die Modellierung konkreter Kompetenzniveaus, beispielsweise im schulischen Kontext.

Für die Modellbildung zur Gesundheitskompetenz hat ein solcher Kompetenzbegriff dagegen erhebliche Nachteile. Zum einen schränkt die vorab vorgenommene Eingrenzung auf ausschließlich kognitive Komponenten den Suchraum relevanter Fähigkeiten und Fertigkeiten für ein gesundheitskompetentes Verhalten stark ein. Gerade in dem gesundheitsbezogenen Kontext, der für den einzelnen Menschen mit einem erheblichen Bedrohungspotenzial verbunden sein kann, muss aber davon ausgegangen werden, dass motivationalen, affektiven und selbstregulativen Komponenten eine bedeutende Rolle zukommt (siehe Kapitel 2.7).

Auch die Eingrenzung auf einige wenig, spezifische und eng Umrissene Situationen steht mit den Zielen der Modellbildung zur Gesundheitskompetenz im Widerspruch, in der es darum geht, eine umfassende inhaltliche Konzeption der Gesundheitskompetenz zu erreichen. Ein im Rahmen enger, situationsspezifischer Kontexte definiertes Modell würde Gefahr laufen, für eine Vielzahl gesundheitsrelevanter Situationen und Anforderungen ohne Bedeutung zu sein. Stattdessen würde sie zu zahlreichen Submodellen der Gesundheitskompetenz führen, die mehr oder weniger unverbunden nebeneinander stünden (siehe auch Soellner et al., 2011).

Aus diesen Gründen werden Kompetenzen für die Modellbildung zur Gesundheitskompetenz zwar weiterhin als kontextspezifische kognitive Leistungsdispositionen gesehen, die sich funktional auf bestimmte Klassen von Situationen und Anforderungen beziehen lassen. Zusätzlich werden jedoch – im Sinne von Weinerts Varianten drei und sechs des Kompetenzbegriffs – auch motivationale Orientierungen einbezogen und eine Perspektive auf Ebene von Schlüsselkompetenzen gewählt (Weinert, 2001; siehe auch Rychen & Salganik, 2001, 2003). Die Reduktion auf einzelne, eng umrissene Situationen kann so vermieden werden. Stattdessen wird ein relativ breiter Suchraum relevanter Situationen und Anforderungen als

Referenzrahmen der Modellbildung herangezogen. Gesucht werden somit *alle* Fähigkeiten und Fertigkeiten, die man benötigt, um sein Leben über die verschiedenen Lebensbereiche – sowohl im Alltag als auch im Kontakt mit dem Gesundheitssystem – gesundheitsförderlich gestalten zu können.

Mit der Verwendung eines solch breiten Kompetenzbegriffs bewegt sich die Modellbildung zur Gesundheitskompetenz in einem sensiblen Spannungsfeld. Einerseits bleibt die prinzipiell vorhandene Forderung, Kompetenzen situationsspezifisch zu definieren, weiter bestehen. Andererseits besteht die Notwendigkeit, das Modell der Gesundheitskompetenz, im Sinne von Schlüsselkompetenzen zu entwickeln, die für eine Vielzahl von unterschiedlichen, gesundheitsbezogenen Situationen relevant sind. Ein Gesamtmodell der Gesundheitskompetenz soll letztlich auf eine heterogene Vielfalt gesundheitsrelevanter Situationen anwendbar und dennoch situations- und kontextspezifisch ausformulierbar sein. Das Konstrukt der Gesundheitskompetenz soll in einem dynamischen Wechselspiel zwischen den Strukturkomponenten des Modells und den jeweiligen situations- und kontextspezifischen Anforderungen betrachtet werden (Soellner et al., 2011). Daraus entsteht die Forderung eines immer wieder zu leistenden Rekurses der Strukturkomponenten des zu entwickelnden Modells auf spezifische Situations- und Kontextmerkmale.

Im Einzelnen wird dieser Rekurs hier nicht geführt werden können. Mit dem Ziel, ein Gesamtmodell der Gesundheitskompetenz zur Verfügung zu stellen und die innere Struktur des Konstrukts zu erforschen, soll dieses Modell einen fundierten Bezugsrahmen für eine situations- und kontextspezifische Ausformulierung geben. Dabei soll das Modell dem zukünftigen Nutzer alle relevanten Dimensionen zur Verfügung stellen und so die Grundlage für eine immer wieder neue, aber anhand des Modells strukturierte und vollständige situative Ausformulierung sein.

Mit diesen Festlegungen auf einen positiven Gesundheitsbegriff im Sinne der WHO und einem breiten Kompetenzbegriff, der auch affektive und motivationale Komponenten umfasst, ist der wesentliche Referenzrahmen für die weitere Modellbildung gesetzt.

3.1.3 Strukturmodell der Gesundheitskompetenz

Die Modellbildung zur Gesundheitskompetenz soll neben der Identifikation der Kompetenzkomponenten auch Auskunft über deren strukturelle Beziehungen zueinander geben:

- Wie sind die Kompetenzkomponenten im Kompetenzraum zueinander angeordnet?
- Welche Kompetenzen sind stärker miteinander assoziiert und welche sind unabhängig voneinander?

– Liegen alle Kompetenzen hierarchisch auf einer Ebene oder lassen sich theoretisch und empirisch vor- und nachgeordnete Beziehungen der Kompetenzkomponenten untereinander herleiten und belegen?

Das zu entwickelnde Strukturmodell der Gesundheitskompetenz soll Auskunft über solche Fragen geben und die postulieren Beziehungen empirisch prüfen.

3.2   Gesundheitskompetenz und Gesundheit

Das Konstrukt der Gesundheitskompetenz gilt als wichtige Voraussetzung für ein gesundheitsförderliches Verhalten und in der Folge für den Erhalt und die Förderung einer guten Gesundheit. Als Kompetenz für die Gesundheit ist die positive Beziehung der Gesundheitskompetenz mit der physischen und psychischen Gesundheit ein definierendes Merkmal des Konstrukts. Trotz der vielfältigen Einflussfaktoren, die auf die Gesundheit eines Menschen einwirken, ist zu erwarten, dass eine hohe Gesundheitskompetenz mit einer besseren Gesundheit und einem höheren Wohlbefinden assoziiert ist. Aus Sicht der Modellbildung zur Gesundheitskompetenz ist die Überprüfung dieses Zusammenhangs ein wesentliches Kriterium für die Validität der vorgenommenen Modellbildung und ihrer Operationalisierung.

Theoretisch wird der Einfluss der Gesundheitskompetenz auf die Gesundheit über das Gesundheitsverhalten vermittelt. Auch diese Beziehung wird perspektivisch betrachtet.

3.3   Ansatzpunkte zur Förderung der Gesundheitskompetenz

Bezieht man Prozesse der Selbstregulation und Selbststeuerung in das Modell der Gesundheitskompetenz mit ein, stellt sich die Frage, wie diese optimal gefördert werden können. Wie lässt sich eine gesundheitsförderliche Selbstregulation unterstützen? Welche Faktoren beeinflussen und fördern sie und was unterminiert Prozesse der Selbstregulation, die zu Gesundheit und Wohlbefinden beitragen?

Der Beantwortung dieser Frage wird perspektivisch nachgegangen. Der empirisch gestützte Verweis auf Ansatzpunkte der Förderung der Gesundheitskompetenz dient dazu, erste Hinweise darauf zu liefern, wie sich die selbstregulativen Komponenten der Gesundheitskompetenz fördern lassen. Dies geschieht aus der Perspektive der Selbstbestimmungstheorie der Motivation, die einen vielversprechenden Rahmen zur Beantwortung dieser Fragestellung gibt.

Teil II: Modellbildung

Die empirisch fundierte Modellbildung zur Gesundheitskompetenz wird systematisch verfolgt. Dabei werden die folgenden Phasen durchlaufen:
- Expertengestützte Entwicklung eines theoretischen Modells der Gesundheitskompetenz (Kapitel 5)
- Exploratorische Prüfung der Modellkomponenten (Kapitel 6.1 und 6.1)
- Konfirmatorische Prüfung der Modellkomponenten und der Modellstruktur (Kapitel 6.2.4 und 6.3)
- Kreuzvalidierung der finalen Modellstruktur (Kapitel 6.4)

In diesem Forschungsprozess findet ein iterativer Austausch zwischen theoretischen Erörterungen und Einsichten und den empirischen Befunden statt. Die Ergebnisse der Expertenerhebung dienen als Basis für die Modellbildung. Diese werden – unter Einbezug weiterer Experten aus dem Gesundheitsbereich – operationalisiert und so einer empirischen Überprüfung zugänglich gemacht. Die Ergebnisse der empirischen Studien vertiefen das Verständnis des untersuchten Konstrukts und dessen theoretischer Einbettung und beeinflussen so im Sinne Jöreskog's modell-generierenden Ansatz (Jöreskog, 1993) die Theoriebildung zur Gesundheitskompetenz.

4 Entwicklung eines theoretischen Modells der Gesundheitskompetenz

Startpunkt für die Modellentwicklung bildet die systematische expertengestützte Entwicklung eines theoretischen Modells der Gesundheitskompetenz (Soellner et al., 2011). Die strukturierte Expertenbefragung erfolgt dabei anhand der Methode des Concept Mappings, die in einem schrittweisen Prozess qualitative und quantitative Methoden der Datenerhebung und Datenauswertung miteinander verknüpft (Trochim, 1989; Kane & Trochim, 2006).

4.1   Entwicklung einer Arbeitsdefinition

Mit dem anvisierten Ziel, die Kompetenzdimensionen hinter dem Begriff der
Gesundheitskompetenz zu identifizieren, und bei der gegebenen Vielfalt vorhandener Definitionen und Modellen zur Gesundheitskompetenz (siehe Kapitel 0), wurde eine Arbeitsdefinition entwickelt, die der weiteren Modellbildung
zugrunde liegt:

> Gesundheitskompetenz umfasst die Gesamtheit der Fähigkeiten und Fertigkeiten, über
> die jemand verfügen muss, um im Alltag und im Umgang mit dem Gesundheitssystem
> so handeln zu können, dass es sich positiv auf seine Gesundheit und sein Wohlbefinden
> auswirkt. (siehe auch Soellner et al., 2011)

Diese Arbeitsdefinition fußt inhaltlich auf der WHO-Definition zur Gesundheitskompetenz (WHO, 1998) und platziert diese im Sinne der Gesundheitsförderung explizit im Alltag der Menschen, ohne dabei den Einfluss des Gesundheitswesens auf die Gesundheit zu negieren. Gesundheitskompetenz wird
als eine domainspezifische, situationsübergreifende Lebenskompetenz oder
Schlüsselkompetenz für eine gesundheitsförderliche Lebensführung konzipiert
(Rychen & Salganik, 2003), die in einer Vielzahl heterogener Situationen und
Anforderungen bedeutsam ist (Kickbusch et al., 2005). Durch das Hervorheben
des Wohlbefindens als Teil der Gesundheit verweist die gewählte Arbeitsdefinition auf ein positives Gesundheitsverständnis, welches unter Gesundheit mehr
versteht als die bloße Abwesenheit von Krankheiten und Beschwerden (WHO,
1946).

Zusätzlich löst sich diese Arbeitsdefinition von einer Konzeption der Gesundheitskompetenz, die – wie noch bei Nutbeam (2000) – stark durch den
Literacy-Begriff geprägt ist. Sie betont in Einklang mit neueren Definitionen die
Bedeutung des gesundheitsrelevanten Handelns (Spycher, 2009; Rödiger &
Stutz Steiger, 2009). Damit rückt der Kompetenzbegriff in den Fokus der Betrachtung und mit ihm die Rolle der Fähigkeiten und Fertigkeiten, die für ein
entsprechendes Handeln notwendig sind. Gesundheitskompetenz wird nicht auf
eine domainspezifische Informationsverarbeitung beschränkt (Baker, 2006).

Die gewählte Arbeitsdefinition, die Gesundheitskompetenz als eine domainspezifische Handlungskompetenz im Alltag versteht, verdeutlicht in ihrem
Bezug zum eigenständigen Handeln und zur Eigenverantwortung implizit auch
die Rolle selbstregulativer Kompetenzen, die in bisherigen Modellen der Gesundheitskompetenz vernachlässigt wurde.

4.2   Expertenbefragung

Ausgehend von der Arbeitsdefinition wurde die Entwicklung des theoretischen Modells der Gesundheitskompetenz anhand der Methode des *Concept Mappings* (Trochim, 1989) unter systematischem Einbezug von Experten vorgenommen (Soellner et al, 2011). Dieses Vorgehen ermöglicht einen systematischen, schrittweisen Prozess, in dem neben qualitativen Erhebungsmethoden quantitative Methoden der Datenauswertung eingesetzt werden (Trochim, 1989; Kane & Trochim, 2007). Eine Besonderheit dieses Mixed-Method-Ansatzes ist die Möglichkeit, die Ergebnisse in einer zwei- oder dreidimensionalen Karte, dem sogenannten Concep Map, grafisch abzubilden und so neben inhaltlichen Komponenten auch strukturelle Bezüge zwischen diesen sichtbar zu machen.

Im Prozess der Datenerhebung, Strukturierung und Analyse umfasst Concept Mapping vier Kernphasen (Kane & Trochim, 2007):
(1) Brainstorming-Phase
(2) Sortieraufgabe und Rating
(3) Multidimensionales Skalieren
(4) Hierarchische Clusteranalyse

Die Teilnahme der Experten an der Befragung erfolgte online und wurde mit Hilfe der Concept Mapping-Software *CS Global Version 4.0* der Firma Concept Systems[4] und SPSS 19 realisiert.

Teilnehmer
Als Experten wurden Wissenschaftler und Praktizierende aus dem Gesundheitsbereich sowie die Antragssteller des Schwerpunktprogramms 1293 zur Teilnahme an der Studie eingeladen. Von den etwa 250 angesprochenen Personen nahmen 99 am Brainstorming teil, 27 an der Sortieraufgabe und 20 an der Ratingaufgabe. Mediziner, Psychologen, und Pädagogen stellen den überwiegenden Anteil der Befragten. Mehr als die Hälfte der Befragten war zum Zeitpunkt der Erhebung in der Wissenschaft tätig, zwischen 20 % und 25 % in der Patientenversorgung. Dabei variieren die genauen Prozentwerte in den drei Phasen der Datenerhebung (Brainstorming, Sortieraufgabe und Rating) etwas.

---

4 www.conceptsystems.com

4.3   Phasen des Concept Mapping

Im Folgenden wird die Expertenbefragung anhand der vier Phasen des Concept Mappings dargestellt.

4.3.1 Brainstorming

Im Brainstorming werden Expertenaussagen zur Gesundheitskompetenz gesammelt. Die für das Brainstorming verwendete Fokusfrage ergibt sich unmittelbar aus der gewählten Arbeitsdefinition:

> Über welche Fähigkeiten und Fertigkeiten muss jemand verfügen, um im Alltag und im Umgang mit dem Gesundheitssystem so handeln zu können, dass es sich positiv auf seine Gesundheit und sein Wohlbefinden auswirkt?

Zu dieser Fokusfrage generierten die teilnehmenden Experten 382 Einzelaussagen zu Fähigkeiten und Fertigkeiten der Gesundheitskompetenz, die das Rohmaterial für die weitere Modellbildung darstellt.

4.3.2 Sortieraufgabe und Rating

Den nächsten Schritt im Concept Mapping stellt das Sortieren der gesammelten Aussagen zur Gesundheitskompetenz durch die teilnehmenden Experten dar. Vor diesem Schritt müssen die generierten Aussagen editiert, von Redundanzen befreit und auf ein handhabbares Maß von etwa 100 Aussagen reduziert werden (Kane & Trochim, 2007). In Konsens der Arbeitsgruppe um Soellner und Rudinger ($N = 4$) wurde der Datensatz unter Bewahrung der Inhalte und ohne eine weitere Überarbeitung der Einzelaussagen (d. h. unter Verzicht auf eine sprachliche Überarbeitung) auf einen Satz von 105 Aussagen reduziert. Diese wurde in der Sortieraufgabe den teilnehmenden Experten ($N = 27$), die aus der gleichen Grundgesamtheit des Brainstormings rekrutiert wurden, vorgelegt. Die Aufgabenstellung für die Experten bestand darin, alle Aussagen nach inhaltlichen Gesichtspunkten zu sinnvollen Kategorien oder Stapeln zu ordnen.

In einem weiteren Schritt waren alle 105 Aussagen von einer weiteren Expertengruppe der gleichen Grundgesamtheit ($N = 20$) nach ihrer Bedeutung in Bezug auf die Fokusfrage zu beurteilen.

4.3.3 Multidimensionales Skalieren

Das Multidimensionale Skalieren (MDS) leitet über in die Phase der quantitativen Datenaufbereitung und Datenanalyse. Dazu wird in einem ersten Schritt für jede Sortierung eines Experten eine Matrix erstellt. Die Matrix-Zellen der Itempaare, die von einem Experten in den gleichen Stapel sortiert wurden, werden mit einer 1 ausgefüllt. Eine 0 in einer Zelle zeigt an, dass die entsprechenden Items von dieser Person unterschiedlichen Stapeln zugeordnet wurden. Aus der Aggregation der Matrizen der einzelnen Teilnehmer wird eine Gesamtmatrix erstellt, die für die weitere, quantitative Datenanalyse verwendet wird (siehe Abbildung 10 und Tabelle 1). Hohe Werte in den über die Experten aggregierten Zellen zeigen eine große Ähnlichkeit zwischen den Aussagen an. Niedrige Werte stehen für eine geringe Ähnlichkeit der Aussagen aus Sicht der Experten. Bei 27 beteiligten Experten in der Sortierphase stellt der Minimalwert 0 die niedrigste Ähnlichkeit und der Maximalwert 27 die größtmögliche Ähnlichkeit dar.

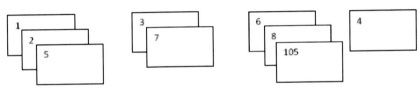

Abbildung 10 Beispielhafte Stapel einer Sortierung durch einen Experten. (Die Zahlen stehen für die Nummerierung der 105 Expertenaussagen.)

Tabelle 1
Total Square Similarity Matrix: Aufsummierung der Expertenstapel in der aggregierten Matrix (nach Soellner et al., 2011).

Item	1	2	3	4	5	6	7	8	...	105
1	-	0	1	2	2	0	3	2	...	2
2		-	6	1	4	9	4	5	...	4
3			-	0	8	6	8	5	...	4
4				-	0	4	0	4	...	0
5					-	2	13	6	...	15
6						-	5	9	...	3
7							-	7	...	19
8								-	...	6
...	...	...	...	...	...	...	...	...	...	...
105	2	4	4	0	15	3	19	6	...	27

Anmerkung: Hohe Werte implizieren eine große Ähnlichkeit zwischen den Aussagen, niedrige Werte eine geringe Ähnlichkeit, $N = 27$.

Die Überführung der Sortierergebnisse in eine aggregierte Matrix markiert im Concept Mapping den Schritt von der qualitativ orientierten Datenerhebung hin zur quantitativen Datenanalyse (Kane & Trochim, 2007). Die Ähnlichkeiten zwischen den Aussagen werden in der grafischen Darstellung der MDS-Ergebnisse durch Abstände zwischen zwei Punkten in einem zwei- oder mehrdimensionalen Raum abgebildet. Diese Darstellung ist vergleichbar mit den verschiedenen Punkten auf einer Landkarte, an der man ablesen kann, wie die Orte voneinander entfernt sind (Kane & Trochim, 2007; Borg & Staufenbiel, 2007). Je größer die Zahl einer Zelle der aggregierten Matrix, umso höher ist die Ähnlichkeit der entsprechenden Itempaare, und umso näher liegen diese in der graphischen Darstellung beieinander.

4.3.4 Hierarchische Clusteranalyse

In einer hierarchischen Clusteranalyse werden die Aussagen der Experten schrittweise zu inhaltlich homogenen Cluster zusammengefasst (Backhaus, Erichson, Plinke & Weiber, 2006; Kane & Trochim, 2007). Die Anzahl der Cluster wird nach inhaltlichen Kriterien festgelegt. Modellbildung zur Gesundheitskompetenz ergab eine 3-dimensionale MDS-Lösung mit 9-Clustern. Diese stellt die günstigste Balance zwischen der Sparsamkeit des Modells und der Inhaltsdifferenzierung der Cluster. Eine geringere Clusterzahl hätte zu einem relevanten Informationsverlust geführt. Die Beibehaltung einer größeren Anzahl an Clustern beinhaltet dagegen keinen Informationsgewinn. Die grafische Darstellung der Ergebnisse zeigt Abbildung 11.

Die Abbildung zeigt die gebildeten Cluster und stellt ihre Beziehung zueinander dar. Diese Beziehungen ergeben sich aus den Ähnlichkeiten der Aussagen innerhalb der einzelnen Cluster im Verhältnis zu den Aussagen innerhalb der anderen Cluster (Trochim, 1989) und können dementsprechend inhaltlich interpretiert werden (Borg & Staufenbiel, 2007).

Die Cluster repräsentieren die zentralen Inhaltskomponenten oder -dimensionen der Gesundheitskompetenz, wie sie sich aus der Befragung der Experten ergeben. Die Benennung der Cluster geschieht anhand der enthaltenen Aussagen. Bei der Betrachtung der einzelnen Expertenaussagen ist zu berücksichtigen, dass diese in Bezug zur Fokusfrage geäußert wurden und entsprechend inhaltlich auf diese zu beziehen sind.

Die neun Cluster für die weitere Modellbildung zur Gesundheitskompetenz sind:
(1) Fähigkeit zu Selbstregulation und Selbstdisziplin
(2) Fähigkeit zur Selbstwahrnehmung, z. B. im Hinblick auf eigene Bedürfnisse und Gefühle

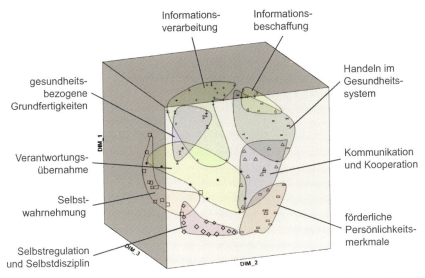

Abbildung 11 Dreidimensionales Concept Map der 9-Cluster-Lösung (nach Soellner et al., 2011). Die einzelnen Felder kennzeichnen die identifizierten Kompetenzdimensionen zur Gesundheitskompetenz.

(3) Fähigkeit zur Verantwortungsübernahme für die eigene Gesundheit bzw. die Fähigkeit, Gesundheit als ein aktiv herzustellendes Ziel verstehen zu können

(4) Fähigkeit zur Kommunikation und Kooperation über gesundheitsrelevante Inhalte

(5) Fähigkeit, sich gesundheitsrelevante Informationen beschaffen zu können

(6) Grundlegendes Gesundheitswissen und die Fähigkeit, gesundheitsrelevante Informationen angemessen verstehen und interpretieren zu können

(7) Fähigkeit, innerhalb des Gesundheitssystems handeln zu können und über das dazu notwendige Systemwissen zu verfügen

(8) Gesundheitsbezogene Grundfertigkeiten, insbesondere die Fähigkeit gesundheitsrelevante Texte lesen und verstehen zu können (literacy) sowie gesundheitsrelevante mathematische Grundfertigkeiten (numeracy)

(9) Förderliche Persönlichkeitsmerkmale (z. B. Offenheit, Neugier)

Jedem dieser Cluster sind Expertenaussagen zugeordnet, die die einzelnen Cluster inhaltlich definieren und Auskunft über die dem Cluster zugehörigen Kompetenzen geben. Im Folgenden werden die definierten Kompetenzdimensionen anhand prototypischer Beschreibung von Personen, die über eine hohe Ausprägung der jeweiligen Kompetenzen verfügt. Diese Beschreibungen enthalten jeweils die den Dimensionen zugeordneten Expertenaussagen.

(1) *Selbstregulation und Selbstdisziplin*

Zu den Begriffen Selbstregulation und Selbstkontrolle findet sich eine Vielzahl von Theorien und Definitionen (Boekaerts, Pintrich & Zeidner, 2005). Im Rahmen der Modellbildung zur Gesundheitskompetenz wird die Bedeutung der Selbstregulation und Selbstkontrolle aus den einzelnen, im Cluster enthaltenen Aussagen hergeleitet. Aus diesen Aussagen lässt sich die Beschreibung einer Person mit einer gut ausgeprägten Fähigkeit zur Selbstregulation und Selbstkontrolle entwickeln, welche die von den Experten genannten Komponenten in ein kohärentes Gesamtbild überführt[5].

> Personen mit hoher Selbstkontrolle sind diszipliniert (103). Sie können ihre Impulse und Bedürfnisse kontrollieren (15) und besitzen die Fähigkeit zum Belohnungsaufschub (2). Sie können sich über ihre eigenen Probleme stellen (13). Zu einer hohen Fähigkeit zur Selbstregulation (46) gehört die Fähigkeit, sich entspannen zu können (9), seine Erwartungshaltung regulieren zu können (95), sich selbst schützen zu können (40) und die Fähigkeit, sich auf seine eigenen Einschätzungen verlassen zu können (71) sowie – bezogen auf die Gesundheit – Geduld, sich um diese zu kümmern (20). Das führt dazu, dass man mit Stress und mit frustrierenden Erlebnissen umgehen kann (79), eine Balance zwischen Arbeit und Erholung findet (6) und weiß, dass man nicht immer funktionieren muss (69).

Mit dieser Beschreibung der Selbstregulation und Selbstdisziplin als Komponente der Gesundheitskompetenz wurde unmittelbar aus der Expertenbefragung eine Konzeption entwickelt, die die inhaltliche Interpretation des Clusters prägt und bestimmt. Aus der Betrachtung der einzelnen Aussagen lassen sich deutlich die beiden Hauptkomponenten des Konstrukts, die Fähigkeit zur Selbstregulation und die Fähigkeit zur Selbstdisziplin oder Selbstkontrolle herauslesen. Diese Unterscheidung geht konform mit der Konzeption der Selbststeuerung, wie sie beispielsweise von Kuhl vorgelegt wurde (Kuhl, 2001, 2009; Fröhlich & Kuhl, 2004).

(2) *Selbstwahrnehmung*

Selbstwahrnehmung spielt in vielen Theorien zur Selbstregulation eine wichtige Rolle (z. B. Kuhl, 2001; Deci & Ryan, 2000; Brown & Ryan, 2003, 2004; Zimmerman, 2005; Carver & Scheier, 1981). Eine gut ausgeprägte Fähigkeit zur Selbstwahrnehmung und das Wissen über innere Prozesse, eigene Wünsche,

---

5 Die Zahlen in den Klammern kennzeichnen die jeweilige Aussagennummer aus dem Brainstorming.

Bedürfnisse und Ziele unterstützt das Gelingen selbstregulatorischer Prozesse (Kuhl, 2001, 2010; Brown & Ryan, 2004). Eine gesunde Selbstregulation fußt auf einem sensiblen und verlässlichen Zugang zum inneren Erleben. Je vollständiger eine Person darüber informiert ist, was in ihrem Inneren vorgeht, um so gesünder, adaptiver und stimmiger mit den eigenen Werten und Zielen kann sie sich verhalten (Kuhl, 2010; Brown & Ryan, 2004; Carver & Scheier, 1981).

Personen mit hoher Selbstwahrnehmung im Sinne des Modells zur Gesundheitskompetenz können anhand der Expertenaussagen wie folgt beschrieben werden.

> Personen mit guter Selbstwahrnehmung (89) verfügen über ein hohes Körperbewusstsein (37) und einen introspektiven Zugang zu den eigenen Bedürfnissen und Gefühlen (55). Aufgrund dieser Fähigkeit entwickeln sie eine realistische Selbsteinschätzung der eigenen Stärken und Schwächen (51). Sie sind sensibel für die Funktionsweise der eigenen Gesundheit (4) und begreifen die psychische Gesundheit als untrennbar verbunden mit der physischen Gesundheit (10). Sie nehmen einen Zusammenhang zwischen dem eigenen Verhalten und der eigenen Gesundheit war (42) und können sich selbst reflektieren (43). Durch den guten Zugang zum eigenen Körper und zur eigenen Psyche lernen sie, diese ernst zu nehmen (21) und verfügen daher im Fall einer Erkrankung über eine gute Krankheitseinsicht und -akzeptanz (92). Sie können sich selbst und den eigenen Körper akzeptieren und wertschätzen (70) und achten bei sich und anderen auf die Ressourcen zur Lebensbewältigung, besonders in kritischen Situationen (94). Sie können das richtige Maß zwischen Autonomie und Compliance einhalten (8).

Selbstwahrnehmung wird durch die Expertenaussagen umfassend umschrieben und enthält Aspekte der Wahrnehmung der Körperempfindungen ebenso wie von Emotionen und Gefühlen. Eine hohe Selbstwahrnehmung geht nach dieser Beschreibung mit einer hohen Selbstakzeptanz und Einsichtsfähigkeit sowie mit einer Rücksichtnahme auf die eigenen körperlichen und psychischen Ressourcen einher.

(3)   *Verantwortungsübernahme für die eigene Gesundheit*
Die Fähigkeit, Gesundheit als ein Ziel zu verstehen, um das man sich aktiv bemühen muss und somit bewusst die Verantwortung für seine Gesundheit zu übernehmen, ist eine wichtige Voraussetzung für gesundheitskompetentes Verhalten. Aus Sicht selbstregulatorischer Prozesse ist die Zielbildung und Zieldefinition ein entscheidendes Element der Selbstregulation (Zimmerman,

2005; Kuhl, 2001, 2010; Carver & Schleier, 2005) und bestimmt Verhalten entscheidend mit (Kasser & Ryan, 1996). In der Modellbildung der Gesundheitskompetenz stellt die Verantwortungsübernahme für die eigene Gesundheit eine essenzielle Komponente der Gesundheitskompetenz dar, von der ein wesentlicher Einfluss auf das Gesamtmodell erwartet wird.

Eine Person, die bewusst Verantwortung für ihre Gesundheit übernimmt, lässt sich anhand der Expertenaussagen wie folgt charakterisierten:

> Personen mit der Fähigkeit, Verantwortung für ihre Gesundheit zu übernehmen, verstehen Gesundheit als ein aktiv herzustellendes Ziel (38). Sie übernehmen Eigenverantwortung für ihre Gesundheit und ihr Wohlbefinden (75). Sie handeln vorausschauend (59) und sind der Überzeugung, selbst etwas bezüglich ihrer Gesundheit bewirken zu können (56) und können Anforderungen durch gesundheitliche Beeinträchtigungen bewältigen (27). Sie können sich auch abgrenzen gegenüber Krankheitssuggestionen von anderen (17), die Angemessenheit vorhandener Normen einschätzen und sind nötigenfalls in der Lage, sich eigene Normen zu setzen (62). Sie können selbst entscheiden, wann ein Arztbesuch angemessen ist und wann nicht (44).

Den Kern der Beschreibung bildet die aktive Verantwortungsübernahme für die eigene Gesundheit mit dem Bewusstsein, dass Gesundheit nicht etwas Gegebenes ist, sondern dass man sich aktiv um eine gute Gesundheit bemühen muss. Wesentliche Elemente dieser Beschreibung bilden die Überzeugung und die Fähigkeit, dies auch zu können, sowie das Treffen selbstständiger und selbstbestimmter Gesundheitsentscheidungen.

Alle drei bisher dargestellten Cluster der Expertenbefragung beschreiben Kompetenzen, die in einem engen Bezug zur Selbstregulation einer Person stehen und als personenbezogene Kompetenzen vor allem für den Umgang mit der eigenen Person bedeutsam sind.

(4) *Kommunikation und Kooperation*
Kommunikation über gesundheitsrelevante Themen und die Kooperation in gesundheitlichen Fragestellungen kennzeichnet dieses Cluster der Expertenbefragung. Personen, die in hohem Maße über die Fähigkeit zur gesundheitsrelevanten Kommunikation und Kooperation verfügen, können über die Expertenaussagen beschrieben werden:

> Personen mit einer hoch ausgeprägten sozialen Kompetenz (58) in gesundheitsrelevanten Bereichen verfügen neben Einfühlungsvermögen und einer Sensibilität gegenüber anderen Menschen (47) über die Bereitschaft zur Kommunikation über Gesundheit (39) und die Fähigkeit zur Pflege von Beziehungen (90). Sie verfügen dementsprechend über ein soziales Netzwerk und sind fähig, partnerschaftliches Vertrauen zu entwickeln (23). Sie können sowohl über sich und ihre gesundheitlichen Belange sprechen (78) als auch anderen zuhören (91). Dank ihres Verhandlungsgeschicks (16) und ihres konstruktiven Umgangs mit Konflikten können sie sich ggf. auch gegenüber Experten, Autoritäten und Institutionen durchsetzen (25). Sie können Aufgaben und Anforderungen delegieren (57) und sind fähig zur Teamarbeit (7).

(5)   *Informationsbeschaffung*

Die Fähigkeit, sich gesundheitsrelevante Informationen zu beschaffen ist Teil der Definition der Gesundheitskompetenz der WHO (1998) und eine wesentliche Voraussetzung für ein informiertes Gesundheitshandeln. Personen mit einer hohen Ausprägung dieser Fähigkeiten sind anhand der Expertenaussagen beschreibbar:

> Personen mit der Fähigkeit zur Beschaffung gesundheitsrelevanter Informationen sind in der Lage, mit unterschiedlichen Gesundheitsdienstleistern Kontakt aufzunehmen (98), um sich bei Bedarf (unabhängige) Informationen zu einer Fragestellung zu besorgen (97). Sie sind im Umgang mit Medien wie dem Internet oder dem Telefon gewandt (63). Sie können kompetent Fragen stellen, um die gesuchten Informationen zu erhalten und diese dann für ihre informierte Entscheidung nutzen (1). Aktuellen Informationen aus dem Gesundheitswesen stehen sie aufgeschlossen gegenüber (77).

(6)   *Informationsverarbeitung*

Die Fähigkeit zur Verarbeitung gesundheitsrelevanter Informationen ist wie deren Beschaffung ein wesentliches Element der Gesundheitskompetenz, welches in den verschiedenen theoretischen Modellen zur Gesundheitskompetenz Eingang gefunden hat. Die prototypische Beschreibung von Personen mit dieser Fähigkeit anhand der Expertenaussagen lautet:

Personen mit der Fähigkeit gesundheitsrelevante Informationen kompetent zu verarbeiten können diese sachbezogen erfassen und in ihr eigenes Verständnis integrieren, selbst wenn diese komplex und widersprüchlich sind (11). Sie besitzen ein Verständnis biologischer Prozesse und Körperfunktionen (76) sowie grundlegendes Wissen zur körperlichen und psychischen Gesundheit und Krankheit (18). Damit geht auch ein gutes medizinisches Allgemeinwissen einher (18). Dieses ermöglicht es, gesundheitsbezogene Informationen zu verstehen und so Wissen über gesundheitsrelevantes Verhalten und eine gesunde Lebensführung zu erwerben (101). Dabei ist es jedoch auch notwendig, gesundheitsrelevante Informationen kritisch hinterfragen (33) und bewerten zu können (74). Die Person besitzt demnach neben einer guten allgemeinen Urteilsfähigkeit (93) auch ein Verständnis wissenschaftsbasierter Informationen (35), wie z. B. die Fähigkeit, den Informationsgehalt von Studien bewerten zu können (22) und die Fähigkeit zur differenzierten Betrachtung dieser Informationen. Die Fähigkeiten zur gesundheitsbezogenen Informationsverarbeitung helfen der Person dabei, Wichtiges von Unwichtigem zu unterscheiden (28), gesundheitliche Risiken angemessen einzuschätzen (96) und die Chancen und Limitierungen medizinischer und gesundheitswissenschaftlicher Forschung (84) sowie von Risikoinformationen durch Ärzte, Industrie, Medien und Politik (24) ebenso wie die Bedeutung gesundheitsförderlicher Maßnahmen (14) zu reflektieren (73, 48). Dazu gehört auch die Fähigkeit, Aussagen von Personen des Gesundheitssystems auf die Schlüssigkeit mit der eigenen Logik und dem eigenen Befinden zu überprüfen (99). So bildet sich ein Wissen über gesundheitsrelevantes Verhalten und eine gesunde Lebensführung aus (85).

(7) *Handeln im Gesundheitssystem*
Neben Fähigkeiten in der Beschaffung und Bewertung von Gesundheitsinformationen kommt dem Handeln innerhalb des Gesundheitssystems eine wesentliche Bedeutung für die Gesundheitskompetenz zu. Die Experten nennen dazu folgende gesundheitsrelevante Fähigkeiten, über die Personen mit dieser Fähigkeit wie folgt charakterisiert werden können:

Personen, die im Umgang mit dem Gesundheitssystem erfolgreich sind, verfügen zuvorderst über notwendige Systemkenntnisse und ein entsprechendes Wissen zu Grundstrukturen des Gesundheitssystems (61, 31, 50). Sie sind in der Lage, die eigenen Rechte und Möglichkeiten im Gesundheitssystem zu wahren und in Anspruch zu nehmen (88). Sie besitzen eigene Erfahrungen im Umgang mit dem Gesundheitssystem und den beteiligten Personen (49). Dabei wissen sie um vorhandene Ressourcen und können diese Nutzen (45) – wie z. B. Angebote zur Beratung und Vorsorge (104) –, sind aber ebenso in der Lage die Grenzen der Leistungen des Systems zu erkennen und zu akzeptieren (30). Die Fähigkeit zum kritischen Hinterfragen von gesundheitsbezogenen Informationen, deren Quellen und etwaigen Hintergrundinteressen beteiligter Institutionen (34, 68) sind im Umgang mit dem System ebenso wichtig, wie die Übersetzung der erhaltenen Informationen in entsprechende Handlungen (29). Nicht zuletzt gehört aber auch die Fähigkeit dazu, sich dort, wo es notwendig ist, von den Vorgaben des Systems distanzieren zu können (67).

(8)   *Gesundheitsbezogene Grundfertigkeiten*
Gesundheitsbezogene Grundfertigkeiten bilden den Kern des klinischen Ansatzes zur Gesundheitskompetenz (siehe Kapitel 2.1.1). Auch in der Expertenbefragung wurden entsprechende Fähigkeiten und Fertigkeiten benannt. Gebündelt können sie wie folgt beschrieben werden:

Personen, die über notwendige Grundfertigkeiten bezogen auf gesundheitsrelevantes Verhalten verfügen, haben eine gute Allgemeinbildung (54). Sie besitzen mathematische Grundfertigkeiten (32), beherrschen die Landessprache und können ausreichend gut lesen und schreiben (105). Zu den gesundheitsbezogenen Grundfertigkeiten gehören auch Fähigkeiten im Ausdruck und in der Erfassung gesundheitsbezogener verbaler Inhalte (52) und die Kenntnis von Ausdrücken, die den Körper beschreiben (72). So können sie innere Zustände, das eigene Befinden und die eigenen Bedürfnisse gut beschreiben (65) und körperliche Erlebnisse sprachlich ausdrücken (26)

Bei der Betrachtung dieser Kompetenzdimension fällt die inhaltliche Passung zur Konzeption der funktionalen Gesundheitskompetenz auf. Die mathematischen Grundfertigkeiten, die für das Verstehen von Dosierungsanweisungen oder die selbstständige Anpassung einer Dosierung durch die Patienten notwendig sind, werden als Teilkonzept der funktionalen Gesundheitskompetenz unter dem Begriff der *health numeracy* betrachtet (Davis, Wolf, Bass, Tilson & Neuberger, 2006; Peters, Hibbard, Slovic & Dieckmann, 2007).

(9) *Förderliche Persönlichkeitsmerkmale*
Von den Experten wurden Persönlichkeitseigenschaften benannt, die mit der
Gesundheitskompetenz assoziiert sind. In einer entsprechenden Personenbe-
schreibung zeichnet sich das folgende Bild:

> Personen, die über Persönlichkeitsmerkmale verfügen, die sich förderlich
> auf die Gesundheitskompetenz auswirken, zeichnen sich durch ein gutes
> Selbstvertrauen (36), Gelassenheit (100) und Optimismus (53) aus. Sie
> besitzen eine hohe Problemlösefähigkeit (87), zeigen Eigeninitiative (83),
> eine hohe Gestaltungskompetenz (3) sowie Beharrlichkeit und Ausdauer
> (64). Sie treten selbstsicher und selbstbewusst auf (12), sind tolerant (66),
> offen (102) und neugierig (80).

Die Durchsicht der einzelnen Aussagen der Experten zeigt, dass diese nicht als
eindeutig ausformulierte und punktgenaue Beschreibungen von Fähigkeiten
und Fertigkeiten genommen werden können. Als Resultat eines Brainstorming-
Prozesses sind sie per Definition mehr konstruierend und produktiv als defi-
nierend und trennscharf. Einzelne Aussagen sind zum Teil unscharf formuliert
und mehrdeutig und zeigen ein unterschiedliches Abstraktionsniveau. Sie
müssen demnach als Rohmaterial verstanden werden, in dem jede einzelne
Aussage für sich einen Beitrag zum Verständnis des Konstrukts leistet, welches
sich jedoch erst in der Betrachtung der Gesamtheit der Aussagen zu einer stabilen und verlässlichen Informationsquelle entwickelt. In der Zusammenfassung in Clustern erhalten die Einzelaussagen ihre konstruierende Bedeutung
und geben ein dichtes und lebendiges Bild der Fähigkeiten und Fertigkeiten ab,
die das Konstrukt der Gesundheitskompetenz determinieren. So gesehen bilden
die gesammelten Expertenaussagen einen Pool an Informationen, aus der sich in
der weiteren Analyse fundierte Informationen über das Konstrukt gewinnen
lassen.

Ratingergebnisse
Zieht man zu diesen Clusterbeschreibungen die Resultate der Ratingaufgabe
hinzu, gewinnt man Einblick in die Bedeutung, welche die Experten den einzelnen Aussagen, und zusammengefasst den Clustern der resultierenden Kompetenzdimensionen, zugeschrieben haben. Die Mittelwerte der Cluster liegen bei
einem Gesamtmittel von 3.72 ($SD = .56$) deutlich über dem mittleren Wert einer
5-stufigen Likert-Skala. Alle Cluster können somit als relevant für das Konstrukt
eingestuft werden.
   Den Items innerhalb des Clusters Selbstwahrnehmung wird von den Experten

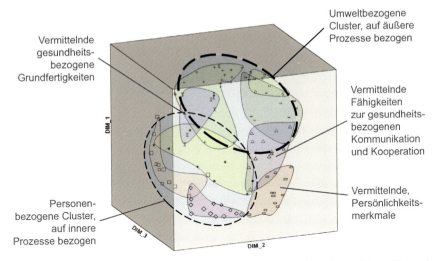

Abbildung 12 Regionen im Cluster Map. Die gestrichelte Umrandung kennzeichnet die zwei zentralen Regionen im Cluster Map »Umweltbezogene Cluster« und »Personenbezogene Cluster«. Zwischen diesen beiden Hauptregionen stehen Vermittelnde gesundheitsbezogene Grundfertigkeiten, Fähigkeiten zur gesundheitsbezogenen Kommunikation und Kooperation sowie vermittelnde Persönlichkeitsmerkmale.

insgesamt die höchste Wichtigkeit zugeschrieben ($M = 4.16$, $SD = .22^{6}$) gefolgt von den Items zur Verantwortungsübernahme ($M = 4.01$, $SD = .48$). Die Items im Cluster Selbstregulation und Selbstdisziplin werden ebenso als überdurchschnittlich wichtig erachtet ($M = 3.75$, $SD = .52$). Eine relativ niedrige Bedeutung wurde den Items in den Clustern Kommunikation und Kooperation ($M = 3.33$, $SD = .56$) sowie der Fähigkeit zum Handeln im Gesundheitssystem ($M = 3.44$, $SD = .53$) zugeschrieben. Dabei liegen auch die Mittelwerte dieser Cluster deutlich über dem mittleren Wert der Skala.

Beziehung der Cluster zueinander
Im Concept Mapping ist die Untersuchung der Position der Cluster zueinander ein wichtiger Schritt (Kane & Trochim, 2007). Die Lage der Cluster innerhalb der dreidimensionalen Cluster Map gibt Auskunft über deren Ähnlichkeitsbeziehungen zueinander (siehe Abbildung 12). So können Regionen und Bereiche erkannt werden (Kane & Trochim, 2007; Borg & Staufenbiel, 2007).

Betrachtet man zunächst alleine die drei mit der Selbstregulation assoziierten Cluster (Selbstregulation und Selbstkontrolle; Selbstwahrnehmung; Verantwortungsübernahme) fällt auf, dass sie unmittelbar nebeneinander liegen (linker unterer Bereich im Würfel). Alle drei Cluster sind auf die Person bzw. auf

---

6 M = Mittelwert; SD = Streuung

Prozesse innerhalb der Person bezogen. Aufgrund dieser räumlichen Nähe und der inhaltlichen Ähnlichkeit können sie zu einer gemeinsamen Region zusammengefasst werden. Auf der diametral entgegengesetzten Seite des Würfels finden sich die Cluster Informationsbeschaffung, Informationsverarbeitung und Handeln im Gesundheitssystem. Diese lassen sich in einer systembezogenen Region zusammenfassen, die auf den Umgang mit gesundheitsrelevanten Informationen und mit dem Gesundheitssystem abzielt. Sie beschreiben somit Fähigkeiten im Umgang mit Faktoren, die außerhalb der Person liegen.

Zwischen den personenbezogenen und den umwelt-/systembezogenen Kompetenzdimensionen, etwa in der Mitte des Würfels liegend, finden sich die Cluster Kommunikation und Kooperation, gesundheitsbezogene Grundfertigkeiten und förderliche Persönlichkeitsmerkmale. Anhand ihrer Lage im Concept Map können diese als vermittelnde Fähigkeiten zwischen den beiden identifizierten Regionen betrachtet werden. In einer ersten These kann gemutmaßt werden, dass sie zwischen den nach inneren gerichteten, selbstregulativen Komponenten und den nach außen gerichteten Komponenten der Gesundheitskompetenzen vermitteln.

Eine solche Interpretation ist inhaltlich gehaltvoll. Wenn man die Innenwelt einer Person mit Kuhl (2010) als Steuerungszentrale versteht und die nach außen gerichteten Kompetenzkomponenten des Modells als Kontaktfläche zum Handeln innerhalb der sozialen und gesellschaftlichen Umwelt, dann können Fähigkeiten zur Kommunikation und Kooperation sowie gesundheitsbezogene Grundfertigkeiten als zwischen diesen beiden Bereichen vermittelnd verstanden werden. Dabei weisen die gesundheitsbezogenen Grundfertigkeiten einen direkten Bezug zur Kommunikation und Kooperation auf, da sprachliche Fähigkeiten sowie Lese- und Schreibfertigkeiten quasi die Vorrausetzung für eine gelungene Kommunikation und Kooperation innerhalb der Gesellschaft und seines sozialen Umfeldes sind. Somit können die beiden Cluster, nach der Logik des 3-dimensionalen Würfels, als vermittelnde Komponenten des Modells interpretiert werden.

Förderliche Persönlichkeitsmerkmale könnten eine ähnliche Rolle spielen. Das Expertencluster beinhaltet Eigenschaften wie Extraversion, Offenheit oder Neugier, die in der Persönlichkeit verankert sind und sowohl das Erleben (personenbezogene Kompetenzen des Modells) als auch das Verhalten (systembezogene Kompetenzen des Modells) der Menschen beeinflussen.

Zu diesem Zeitpunkt der Modellbildung sind diese Interpretationen noch als erste heuristische Annäherung an die Beziehung der Kompetenzkomponenten untereinander zu sehen, die im weiteren Prozess der Modellbildung zu schärfen sind.

4.4 Theoretisches Modell der Komponenten der Gesundheitskompetenz

Auf der Basis der theoretischen Vorarbeiten, der Expertenbefragung und inhaltlicher Überlegungen wird in einem nächsten Schritt ein erstes theoretisches Modell der Gesundheitskompetenz erarbeitet. Dazu werden die neun Komponenten der Expertenbefragung aus theoretischer Sicht konzeptionell eingeordnet.

Bevor die neun Komponenten in das resultierende Gesundheitskompetenzmodell überführt werden können, muss die Frage gestellt werden, ob all diese Komponenten tatsächlich Teil eines Kompetenzmodells der Gesundheit darstellen. Dazu muss noch einmal vor Augen geführt werden, dass die Aussagen der Experten in einem Brainstorming gesammelt wurden, in dem den Experten keine Definition vorlag, was Kompetenzen sind und was genau den Suchraum für die angefragten Fähigkeiten und Fertigkeiten ausmacht (siehe auch Kapitel 4.1.2). Somit muss ein Abgleich zwischen den Ergebnissen der Befragung und der theoretischen Konzeption des Modells der Gesundheitskompetenz vorgenommen werden, der insbesondere den zugrundeliegenden Kompetenzbegriff in die inhaltlichen Erwägungen einbezieht.

Kompetenzen werden als domainspezifische, primär kognitive Leistungsdispositionen gesehen, die sich funktional auf gesundheitsrelevante Situationen und Anforderungen beziehen und die motivationale Komponenten umfassen. Dabei ist zu berücksichtigen, dass nicht alle höheren kognitiven Prozesse bewusst ablaufen (Kuhl, 2010; Boekaerts, Pintrich & Zeidner, 2005; Weinert, 2001).

Nach dieser Definition sind die Expertencluster Informationsbeschaffung, Informationsverarbeitung, Handeln im Gesundheitssystem, Kommunikation und Kooperationen sowie gesundheitsbezogene Grundfertigkeiten eindeutig als Kompetenzen im Sinne der Modellbildung zu betrachten. Gleiches gilt für die Cluster Selbstregulation und Selbstkontrolle sowie Selbstwahrnehmung, die als kognitive Prozesse im Sinne der vorgelegten Definition zu betrachten sind und entsprechende Kompetenzen im Modell der Gesundheitskompetenz darstellen.

Weniger eindeutig ist die Analyse der beiden verbleibenden Cluster Verantwortungsübernahme für die eigene Gesundheit und förderliche Persönlichkeitsmerkmale. Das Cluster Verantwortungsübernahme wird anhand der Expertenaussagen gesehen als Fähigkeit, bewusst Verantwortung für seine Gesundheit zu übernehmen und diese als ein aktiv herzustellendes Ziel zu betrachten. Damit verbunden sind ein vorausschauendes Handeln und eine positive Selbstwirksamkeitserwartung bezüglich der eigenen Handlungsmöglichkeiten. Somit bildet das Cluster primär kognitive Fähigkeiten ab, die auch motivationale Anteile umfassen. In der Argumentation, dass es die kognitiven Erkenntnisse und Einsichten der Person sind, die die Motivation für ein gesundheitsförderliches Verhalten bestimmt, und dass diese kognitiven Prozesse erlernbare Fähigkeiten und Kompetenzen abbilden, die sich motivational auswirken, wird das Expertencluster der Fähigkeit zur aktiven Verantwortungsübernahme für die eigene Gesundheit in das Kompetenzmodell der Gesundheitskompetenz aufgenommen.

Anders stellt sich die Situation für das Cluster förderliche Persönlichkeitsmerkmale dar. Innerhalb dieses Clusters finden sich Merkmale wie Optimismus, Offenheit, Neugier, Toleranz u. a., die stark in der Persönlichkeit einer Person verankert sind und nicht als Kompetenzen im Sinne der vorgelegen Definition betrachtet werden. Sie sind vielmehr Eigenschaften, die die Entwicklung der übrigen Kompetenzdimensionen förderlich beeinflussen bzw. als positive Bedingungsfaktoren für die Entwicklung dieser verstanden werden können. So kann beispielsweise angenommen werden, dass sich das Persönlichkeitsmerkmal Offenheit positiv auf das Explorationsverhalten im Gesundheitssystem, auf die Fähigkeit zu Kommunikation und Kooperation oder auch auf die Fähigkeit zur Selbstwahrnehmung der eigenen, zum Teil sehr unterschiedlichen Emotionen und Bedürfnisse, auswirkt. Innerhalb eines Kompetenzmodells sind die von den Experten benannten förderlichen Persönlichkeitsmerkmale daher eher als positive Bedingungsfaktoren zu sehen denn als eigenständige Kompetenzkomponenten. Ihre Anwesenheit wirkt sich positiv auf die übrigen Komponenten des Modells aus.

In den bisherigen Überlegungen ausgespart ist die Rolle des gesundheitsrelevanten Wissens. Im Rahmen der Expertenbefragung sind eine Vielzahl von Wissensinhalten zur Gesundheitskompetenz genannt worden, die in der vorgenommenen Analyse jedoch kein eigenständiges Cluster bilden. Stattdessen verteilen sich die von den Experten genannten Wissensinhalte auf die verschiedenen Cluster. Aus einer theoretischen Perspektive und vor dem verwendeten Kompetenzbegriff ist das relevante Gesundheitswissen jedoch getrennt von den Fähigkeiten und Fertigkeiten der Gesundheitskompetenz zu sehen (Hartig & Klieme, 2006). Die Integration bzw. Abgrenzung von Wissen zum Kompetenzbegriff wird in der Literatur kontrovers diskutiert. Je nach Kompetenzbegriff ist Wissen ein Teil der Kompetenz oder eine Voraussetzung dafür (Gnahs, 2007). Für die weitere Modellbildung der Gesundheitskompetenz wird das gesundheitsrelevante Grundwissen entsprechend dem klinischen Ansatz der Gesundheitskompetenz (Baker, 2006) als eine eigenständige Komponente der Gesundheitskompetenz konzipiert, die Teil des Gesamtbegriffs ist.

Somit enthält das entwickelte theoretische Modell der Gesundheitskompetenz als Ergebnis der Expertenbefragung acht Kompetenzkomponenten, die die Fähigkeiten und Fertigkeiten das Konstrukt abbilden und zusammen mit dem grundlegenden gesundheitsrelevanten Wissen den Begriff der Gesundheitskompetenz determinieren (siehe Abbildung 13).

Betrachtet man diese acht Komponenten der Gesundheitskompetenz sowie

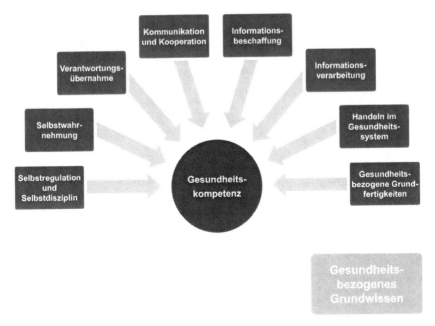

Abbildung 13 Komponenten der Gesundheitskompetenz

damit assoziierte Persönlichkeitsmerkmale im Licht der Theorien zur Gesundheitskompetenz und bezieht dazu die Hinweise auf Beziehungen der Kompetenzkomponenten zueinander mit ein, wie sie sich aus der Expertenbefragung andeuten, lässt sich folgendes Referenzmodell der Gesundheitskompetenz entwickeln (siehe Abbildung 14).

Dieses Referenzmodell basiert auf der Zusammenfassung des aktuellen Forschungsstands zur Gesundheitskompetenz, wie sie in Kapitel 2.2 insbesondere in Bezug auf Nutbeams Artikel aus dem Jahre 2008 vorgenommen wurde und ordnet die Ergebnisse der Expertenbefragung dem Modell zu.

Auf der Ebene der Basisfertigkeiten, die in der Struktur von Nutbeam (2008) durch die klinische Konzeption der Gesundheitskompetenz bestimmt ist, werden die Komponenten gesundheitsbezogene Basisfertigkeiten und gesundheitsbezogenes Grundwissen zugeordnet. Diese Zuordnung entspricht dem klinischen Forschungsparadigma der Gesundheitskompetenz und ist theoretisch und empirisch gut untersucht (Baker, 2006). Zusätzlich werden die für die Gesundheitskompetenz förderlichen Persönlichkeitsmerkmale aus der Expertenbefragung an dieser Stelle des Modells platziert. Dabei bilden diese Persönlichkeitsmerkmale wie vorab beschrieben keine eigene Kompetenzdimension, was in Abbildung 14 durch die gestrichelte Linie symbolisiert wird, werden jedoch als wesentliche Voraussetzung zur Ausbildung der weiterentwickelten

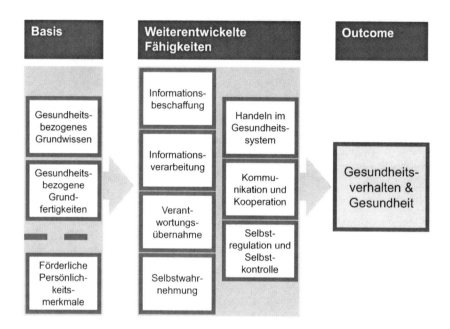

Abbildung 14 Referenzmodell der Gesundheitskompetenz nach Abschluss der Expertenbefragung. Die gestrichelte Linie weist darauf hin, dass die von den Experten genannten förderlichen Persönlichkeitsmerkmale zwar mit dem Modell der Gesundheitskompetenz assoziiert sind, jedoch kein direkter Bestandteil des Modells sind.

Fähigkeiten des Konstrukts betrachtet (s. auch Kiegesmann et al., 2005; Hamacher & Wittmann, 2005).

Der Grund für die Aufnahme der förderlichen Persönlichkeitsmerkmale in Abbildung 14 liegt darin, dass sie funktional betrachtet für die Ausbildung der weiterentwickelten Fähigkeiten der Gesundheitskompetenz wesentlich sind. Auf der Basis der Expertenbefragung wird somit eine wichtige Voraussetzung für die Ausbildung der weiterentwickelten Fähigkeiten der Gesundheitskompetenz identifiziert. Die Zuordnung der förderlichen Persönlichkeitsmerkmale zur Gesundheitskompetenz ist jedoch nur bedingt möglich, da förderliche Persönlichkeitsmerkmale, wie im vorausgegangenen Abschnitt erörtert wurde, an sich keine Kompetenzen darstellen und sie somit kein originärer Bestandteil eines Kompetenzmodells an sich sind.

Die weiterentwickelten Fähigkeiten zur Gesundheitskompetenz bilden nach dem Ansatz der Gesundheitsförderung den Kern des Konstrukts (Nutbeam, 2008). In bisherigen Arbeiten zur Gesundheitskompetenz wurde jeweils nur angedeutet, welche Fähigkeiten und Fertigkeiten hierunter zu verstehen sind (siehe Kapitel 2.3). Mit der Expertenbefragung und der darauf fußenden Modellbildung wird erstmals explizit und systematisch definiert, welche Kompetenzen diese weiterentwickelten Fähigkeiten der Gesundheitskompetenz umfassen. Somit wird die Voraussetzung für die empirische Untersuchung dieser Kompetenzen im Konstrukt der Gesundheitskompetenz geschaffen (Soellner et al., 2009). Zu den weiterentwickelten Fähigkeiten der Gesundheitskompetenz werden aufgrund der Expertenbefragung und der theoretischen Arbeiten die Fähigkeit zur Beschaffung gesundheitsrelevanter Informationen, die Fähigkeit zur Verarbeitung derselben und die Fähigkeit, sich innerhalb des Gesundheitssystems zu orientieren und zu handeln gezählt. Dazu kommen Fähigkeiten zur gesundheitsbezogenen Kommunikation und Kooperation und die drei personenbezogenen Fähigkeitskomponenten Selbstwahrnehmung, aktive Verantwortungsübernahme für die Gesundheit sowie Selbstregulation und Selbstkontrolle.

Als Resultat einer guten Gesundheitskompetenz benennt das Modell ein verbessertes Gesundheitsverhalten und eine bessere körperliche und psychische Gesundheit.

Betrachtet man hypothetisch das Rauchen von Zigaretten oder anderen Tabakwaren als problematisches Gesundheitsverhalten, können folgende Annahmen über eine hoch gesundheitskompetente Person getroffen werden[7]. Im Kontakt mit dem Rauchen wird diese Person sofort oder über die Zeit wahrnehmen, dass Wohlbefinden und Leistungsfähigkeit abnehmen und Symptome wie Husten, Kurzatmigkeit, Infektanfälligkeit und andere zunehmen (Selbstwahrnehmung). Diese Person wird in der Lage sein, sich Informationen über die gesundheitlichen Folgen des Rauchens zu beschaffen (Informationsbeschaffung) und diese realistisch und in Bezug auf sich selbst zu bewerten (Informationsverarbeitung). Dabei helfen ihr ausreichende Grundfertigkeiten im Lesen gesundheitsbezogener Artikel (gesundheitsbezogene Basisfertigkeiten) und das Verstehen von Begriffen und Fachwörtern zur Gesundheit und zum eigenen Körper (gesundheitsbezogenes Basiswissen). Im Zweifelsfall wird sie den Arzt aufsuchen (Handeln im Gesundheitssystem) und notwendige Fragen klären (Kommunikation und Kooperation). Diese Person wird sich so über die Bedeutung des Rauchens für die eigene Gesundheit bewusst und entwickelt ein Verantwortungsgefühl und eine Motivation, nicht zu rauchen (Verantwortungsübernahme). Sie hat die notwendige Selbstdisziplin, dem entstandenen inneren und äußeren Druck zu rauchen nicht nachzugeben und ausreichende Selbstregulationskompetenzen, um mit aufsteigenden unangenehmen Empfindungen umgehen zu können (Selbstregulation und Selbstdisziplin).

---

7 Für das Beispiel soll zur Veranschaulichung einmal angenommen werden, dass diese Person vorher nicht mit Tabakwaren zu tun hatte und quasi ohne Vorwissen und unvoreingenommen mit dieser Genussdroge konfrontiert wird.

Dieses stark konstruierte Beispiel soll die Bedeutung der Gesundheitskompetenz für das Gesundheitsverhalten und in der Folge für die körperliche und
geistige Gesundheit veranschaulichen. Es ließe sich beliebig auf andere gesundheitsrelevante Verhaltensweisen übertragen. Trotz dieser Ausführungen ist
es jedoch wichtig, die einzelnen Komponenten der Gesundheitskompetenz nicht
mit Gesundheitsverhalten gleichzusetzen. Gesundheitskompetenz ermöglicht
Gesundheitsverhalten, determiniert es jedoch nicht zwangsläufig. Im Lebens-
geschehen der Menschen können vielfältige Einflussfaktoren und Gründe bestehen, trotz vorhandener Kompetenzen ein bestimmtes Gesundheitsverhalten
nicht zu zeigen.

Die Gleichsetzung von Gesundheitskompetenz und Gesundheitsverhalten ist
noch aus einem zweiten Grund unzulässig. Das theoretische Modell zeigt auf,
dass es nicht die eine Gesundheitskompetenz gibt, sondern dass sich die
Kompetenz für ein Gesundheitsverhalten aus einer Reihe von Fähigkeiten und
Fertigkeiten zusammensetzt (siehe auch Nutbeam, 1998). Jeder Einzelne verfügt
über eine individuelle Konstellation dieser Fähigkeiten und Fertigkeiten. Zusätzlich kann angenommen werden, dass diese über die Zeit (Tagesform, individuelle Entwicklung etc.) variieren. Gerade diese Variabilität zwischen und
innerhalb von Personen verdeutlicht die diagnostische und handlungsleitende
Bedeutung der Gesundheitskompetenz für die Akteure rund um das Thema
Gesundheit. Welche Kompetenz muss – im individuellen Fall oder bezogen auf
eine Zielgruppe – gestärkt werden, um Personen zu einem gesundheitsförderlichem Verhalten zu ermächtigen?

5   Empirische Modellentwicklung

Im weiteren Verlauf der Modellentwicklung werden die Kompetenzkomponenten der Gesundheitskompetenz empirisch untersucht. Dabei geht es um die
Frage, ob sich die theoretisch postulierten Kompetenzdimensionen empirisch
bestätigen lassen. Im Fokus stehen dabei die weiterentwickelten Fähigkeiten, die
in bisherigen Arbeiten zur Gesundheitskompetenz nicht systematisch untersucht wurden (siehe Abbildung 15).

Die Basisfertigkeiten der Gesundheitskompetenz sind im klinischen Ansatz
gut erforscht und werden an dieser Stelle nicht ausführlich in die weiteren Untersuchungen einbezogen. Lediglich in der ersten Studie sind Aspekte dieser
Basiskompetenzen operationalisiert und in einem Test abgefragt worden. Auf
einige zentrale Befunde dazu wird im Ergebnisteil der Studie I kurz eingegangen
(siehe unten).

Neben der Identifikation der Komponenten des Modells werden deren
strukturelle Beziehungen zueinander untersucht und in ein Strukturmodell der

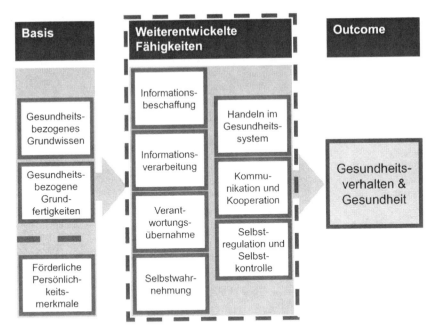

Abbildung 15 Weiterentwickelte Fähigkeiten (gestrichelte Umrandung) als Zielbereich der Modellbildung zur Gesundheitskompetenz.

Gesundheitskompetenz überführt (siehe Kapitel 4.1.3). Die Modellbildung schreitet dabei in einem wechselseitigen Prozess zwischen Theorie und Empirie fort. Ausgehend von dem theoretischen Modell wirken die Befunde der empirischen Untersuchungen auf die Theoriebildung und weitere Ausformulierung des Modells ein. Das Modell wird unter Hinzunahme theoretischer Arbeiten und Argumentationen anhand der empirischen Befunde geschärft. Nach entsprechender Operationalisierung der vorgenommenen Änderungen wird das Modell zur Gesundheitskompetenz erneut einer theoretischen Überprüfung zugeführt. Dieser Prozess wiederholt sich im Laufe der Modellbildung mehrfach. Zuletzt wird im Rahmen der Modellbildung eine Kreuzvalidierung des Strukturmodells zur Gesundheitskompetenz an einer unabhängigen Stichprobe vorgenommen.

Die empirische Basis für diesen Prozess bilden vier Studien (Tabelle 2). Studien I und II wurden im Rahmen des beschriebenen DFG-Kooperationsprojekts der Freien Universität Berlin und der Rheinischen Friedrich-Wilhelms-Universität Bonn erhoben. Zielgruppe des am Bildungswesen orientierten Projektes waren Schülerinnen und Schüler verschiedener Altersstufen (Soellner & Rudinger, 2007) von denen hier allein die Untersuchungen der 12./13. Klassenstufen mit Schülerinnen und Schülern im Alter um das 18. Lebensjahr einbezogen werden. Bei den befragten Schülerinnen und Schülern handelt es sich ausschließlich um Gymnasiasten. Die Studien III und IV wurden zusätzlich an Erwachsenen im Alter über 20 Jahren erhoben. Insgesamt werden für die Modellbildung die Daten von 1173 Teilnehmer ausgewertet.

Tabelle 2
Überblick zu Teilnehmern und Stichprobengröße der Datenerhebungen zur Gesundheitskompetenz

Studie	Teilnehmer	N
Studie I	Gymnasiasten der 12./13. Klassenstufe	282
Studie II	Gymnasiasten der 12. Klassenstufe	327
Studie III	Erwachsene (> 20 Jahre)	227
Studie VI	Erwachsene (> 20 Jahre)	337
Gesamt		1173

5.1   Studie I

Ziel der Studie I ist es, die im theoretischen Modell postulierten Komponenten oder Kompetenzdimensionen der Gesundheitskompetenz empirisch zu explorieren. Lassen sich die weiterentwickelten Fähigkeiten und Fertigkeiten zur Gesundheitskompetenz in einer empirischen Stichprobe abbilden? Lassen sich die theoretischen Dimensionen des Modells voneinander unterscheiden? Konvergiert das Expertenmodell mit dem Antwortverhalten der Teilnehmer? Fällt den selbstregulativen Komponenten des Modells empirisch die gleiche Bedeutung zu, wie sie sich aus der Expertenbefragung ergeben hat?

Zur empirischen Untersuchung dieser Fragen wurde ein erster Fragebogen zur Gesundheitskompetenz entwickelt, mit dessen Hilfe die folgenden Hypothesen untersucht wurden:

(1) Das theoretische Modell der Gesundheitskompetenz und die empirische Ergebnisse zu diesem Modell konvergieren. Die einzelnen Dimensionen des theoretischen Modells lassen sich empirisch in der untersuchten Stichprobe abbilden.

(2) Die selbstregulativen Komponenten des theoretischen Modells lassen sich empirisch abbilden. Sie machen einen substanziellen Bestandteil der Gesundheitskompetenz aus.

5.1.1   Methodische Aspekte in Studie I

Teilnehmer
An der Untersuchung nahmen insgesamt 282 Schülerinnen und Schüler der 12. ($N = 236$) und 13. ($N = 46$) Klassenstufen aus drei Gymnasien teil. Das Durchschnittsalter lag zum Zeitpunkt der Erhebung zwischen 17 und 18 Jahren (Mittelwert = 17,83; Median = 18, $SD = .81$; Minimum = 17, Maximum = 21),

die Geschlechter sind in der Stichprobe gleichhäufig vertreten. Der größte Teil der Teilnehmer ist in Deutschland geboren (89,7 %) und spricht zu Hause überwiegend Deutsch (94,7 %).

Fragebogen

Das Erhebungsinstrument der Studie I ist ein Fragebogen zur Gesundheitskompetenz, der auf der Basis des theoretischen Modells entwickelt wurde. Die Operationalisierung war so angelegt, dass die inhaltliche Vielfalt der in den Clustern enthaltenen Expertenaussagen weitestgehend erhalten werden sollte. Gleichzeitig soll das Modell einer ökonomischen und psychometrisch akzeptablen Messung zugänglich gemacht werden und die Kompetenzkomponenten repräsentativ abbilden.

Unter Einbezug von Experten aus dem Gesundheitsbereich (Ärzte, Psychologen, Pädagogen, Sporttherapeuten) wurde ein Fragebogen entwickelt, der aus zwei Teilen besteht.

Der erste Teil erfasst die sieben weiterentwickelten Fähigkeiten zur Gesundheitskompetenz über insgesamt 70 Items, die anhand einer 4-stufigen Likert-Skala mit den Antwortkategorien »trifft überhaupt nicht zu«, »trifft eher nicht zu«, »trifft eher zu« und »trifft genau zu« erhoben werden. Sie bilden den Pool für die spätere Skalenbildung, in die die geeignetsten vier bis fünf Items pro Kompetenzdimension übernommen werden.

Der Wissenstest im zweiten Teil des Fragebogens enthält grundlegende Fragen zum Gesundheitssystem. Gesundheitsbezogene Grundfertigkeiten werden ebenfalls über einen kurzen Test erfasst. Dabei wird entsprechend den Expertenaussagen aus der Modellbildung und der Literatur zur klinischen Gesundheitskompetenz zwischen gesundheitsbezogener Lesefähigkeit und gesundheitsbezogener Rechenfertigkeit unterschieden (Parker, Baker, Williams & Nurss, 1995).

Datenanalyse

Zur Auswahl eines finalen Itemsatzes werden neben inhaltlichen Kriterien die Itemmittelwerte (M) mit ihrer jeweiligen Streuung (SD) sowie – als Maß für die konvergente Validität – die Korrelationen (r) der Items innerhalb einer Skala betrachtet. Zudem wird die Reliabilität eines Tests erfasst. Sie ist definiert als der Anteil der Varianz der wahren Testwerte an der Varianz der beobachteten Testwerte und gibt an, inwieweit die Items einer Skala homogene Merkmale erfassen. Reliabilitäten um $\alpha = .70$ sind im Rahmen der hier angestrebten Modellbildung erstrebenswert. Die Trennschärfe (r_{it}) zeigt an, wie gut ein Item einer Skala diese repräsentiert (Bühner, 2004). Trennschärfen $< .30$ gelten als niedrig, Trennschärfen zwischen .30 und .50 werden als mittlere Trennschärfen betrachtet und Trennschärfen > .50 gelten als hohe Trennschärfen (Bühner, 2004; Bortz 2005).

Zur Beantwortung der Frage, ob sich die weiterentwickelten Fähigkeiten zur Gesundheitskompetenz aus dem theoretischen Modell empirisch replizieren lassen, wird aus dem Gesamtfragebogen zuerst ein Satz geeigneter Items extrahiert. Die Auswahl erfolgt anhand der Gesamtbetrachtung der folgenden Kriterien (siehe dazu auch Bühner, 2004):

(1) Analyse der Item- und Skalenkennwerte:
    Mittelwerte, Streuung und Trennschärfe auf Itemebene sowie der Einfluss der Items auf die Skalenreliabilitäten

(2) Inhaltliche Gesichtspunkte:
    Alle Items wurden daraufhin untersucht, ob sie einen eigenständigen Anteil der Kompetenzdimension repräsentieren und trotz eventuell *schwächerer* Itemkennwerte in die Skala einzubeziehen sind.

(3) Faktorenstruktur der Skalen in der Faktorenanalyse:
    Faktorladungen der Items auf der jeweiligen Kompetenzdimension unter Berücksichtigung eventuell vorhandener Nebenladungen

(4) Angestrebte Skalenlänge:
    Für jede Skala sind vier bis fünf Items auszuwählen.

Exploratorische Faktorenanalysen (EFA) können dazu eingesetzt werden, um das Ausmaß zu bestimmen, in dem Items die ihnen zugedachten latenten Variablen oder Faktoren erfassen (Bühner, 2004; Byrne, 2005). Im Gegensatz zu konfirmatorischen Faktorenanalysen kommen sie vor allem dann zum Einsatz, wenn die Beziehung zwischen den Items und den Faktoren unbekannt oder unsicher ist (Byrne, 2005). Das ist insbesondere bei der Entwicklungsphase neuer Messinstrumente der Fall. Die Bestimmung der Faktoren erfolgt dabei datengeleitet (siehe Bühner, 2004).

Die Faktorenanalyse soll im Folgenden die Zusammenhänge zwischen den Items zur Gesundheitskompetenz auf die darunter liegenden latenten Variablen zurückführen. Die Hauptachsenanalyse (Principle Axis Factor Analysis, PAF) ist hier die passende Methode (Bühner, 2004). Dabei lässt das theoretische Modell der Gesundheitskompetenz Korrelationen zwischen den Kompetenzkomponenten erwarten, was in der Faktorenanalyse durch die oblimine Rotation ermöglicht wird. Zur Bestimmung der Zahl der zu extrahierenden Faktoren sind theoretische Überlegungen vorrangig, da rein statistische Kriterien wie der Scree-Test nach Cattell und die Orientierung am Eigenwert (Eigenwert > 1) alleine nicht in der Lage sind, die Anzahl relevanter Faktoren zuverlässig festzustellen. Die hier verwendete Operationalisierung des theoretischen Modells der Gesundheitskompetenz postuliert sieben Kompetenzdimensionen.

5.1.2 Ergebnisse

Weiterentwickelte Fähigkeiten der Gesundheitskompetenz
Aus den ursprünglichen 70 Items zur Erfassung der weiterentwickelten Fähigkeiten werden über diese Prozedur 27 Items für die weitere Analyse ausgewählt. Diese bilden sechs der ursprünglich sieben Faktoren der Gesundheitskompetenz ab: Selbstregulation und Selbstkontrolle (3 Items), Selbstwahrnehmung (5 Items), Verantwortungsübernahme (5 Items), Kommunikation und Kooperation (5 Items), Informationsverarbeitung (4 Items) sowie Informationsbeschaffung und Handeln im Gesundheitssystem (5 Items) ab.

Item- und Skalenanalyse der ausgewählten Items
Die Item- und Skalen-Kennwerte der ausgewählten Items sind für alle sechs Kompetenzdimensionen in Tabelle 3 wiedergegeben. Die Reliabilität der Skalen liegen zwischen $r = .45$ (Informationsverarbeitung) und $r = .84$ (Verantwortungsübernahme). Die Skalen zur Erfassung der selbstregulativen Komponenten der Gesundheitskompetenz zeigen hinsichtlich ihrer psychometrischen Kennwerte deutliche Unterschiede. Die Skala Verantwortungsübernahme für die eigene Gesundheit weist mit einem α von .84 die günstigste Skalenreliabilität auf. Selbstwahrnehmung liegt mit α = .64 in einem akzeptablen Bereich. Dahingegen zeigt Skala Selbstregulation und Selbstkontrolle mit α = .51 eine eher niedrige Skalenreliabilität (Bortz, 2005).

Faktorenanalyse über die Item-Auswahl
Mit dem ausgewählten Itemsatz wird eine oblimine Hauptachsenanalyse gerechnet, bei der eine 6-Faktoren-Lösung vorgegeben ist. Der KMO-Koeffizient zeigte befriedigende Kennwerte (KMO = .77). Der Scree-Test nach Cattell deutet auf eine 6-Faktoren-Lösung hin und die sechs Skalen des Modells erklären zusammen 49.89 % der Gesamtvarianz im Datensatz.

Tabelle 3
Item- und Skalenkennwerte der Itemauswahl in Studie I

	M	SD	r_{it}
Selbstregulation und Selbstkontrolle (3 Items, Cronbachs α = .51)	2.79	.66	–
Wenn ich mich einmal geärgert habe, trage ich meinen Ärger lange mit mir herum.	2.61	.78	.34
Mir fällt es schwer zwischendurch mal abzuschalten und Pausen zu machen.	2.95	1.04	.31
Ich kann mit Stress schlecht umgehen.	2.81	.93	.34
Selbstwahrnehmung (5 Items, Cronbachs α = .64)	**3.16**	**.48**	–
Ich weiß, wo meine Stärken und Schwächen liegen.	3.31	.69	.43
Wenn ich mich mal unwohl fühle, weiß ich meist genau, warum.	2.80	.84	.33

(Fortsetzung)

Ich weiß, welche Herausforderungen ich mir zumuten kann und welche nicht.	3.28	.69	.44
Ich kann meine Gefühle und Bedürfnisse deutlich wahrnehmen.	3.22	.76	.44
Ich merke, wenn ich mich in einer Situation körperlich verspanne.	3.17	.75	.34
Verantwortungsübernahme für die eigene Gesundheit (5 Items, Cronbachs α = .84)	2.90	.63	–
Ich achte sehr auf meine Gesundheit.	2.83	.79	.65
Ich finde es wichtig, mich um meine Gesundheit zu kümmern.	3.14	.81	.64
Ich übernehme bewusst Verantwortung für meine Gesundheit.	2.90	.78	.67
Ich nehme Rücksicht auf meinen Körper.	2.71	.80	.59
Ich achte bewusst auf meine Gesundheit, z. B. indem ich mich ausgewogen ernähre oder indem ich darauf achte, mich genug zu bewegen.	2.65	.98	.65
Kommunikation und Kooperation (5 Items, Cronbachs α = .76)	**3.00**	**.60**	–
Ich kann Hilfe von anderen annehmen, wenn es mir mal nicht so gut geht.	3.23	.82	.43
Wenn es mir nicht gut geht, achte ich darauf, dass das keiner merkt.	2.53	.87	.58
Wenn ich gesundheitliche Probleme habe, ziehe ich mich zurück und erzähle keinem davon.	3.19	.85	.61
Meine Probleme gehen keinen anderen etwas an.	2.85	.88	.52
Es belastet mich, mit anderen über Gesundheitsprobleme zu sprechen.	3.18	.80	.52
Informationsbeschaffung und *Handeln im Gesundheitssystem* (5 Items, Cronbachs α = .66)	*2.83*	*.58*	–
Ich weiß, an wen oder wohin ich mich wenden kann, wenn ich etwas zum Thema Gesundheit herausfinden möchte.	3.15	.89	.40
Wenn ich ganz auf mich gestellt, Informationen zu Gesundheitsthemen besorgen muss, fühle ich mich überfordert.	3.11	.86	.39
Ich sehe mich in der Lage, für meine Rechte und Interessen auch gegenüber meinem Arzt einzustehen.	3.15	.74	.36
Ich weiß, wie das Gesundheitssystem in Deutschland funktioniert.	2.26	.89	.44
Ich weiß nicht, wie ich klären kann, ob mir eine Leistung von einer Krankenkasse zusteht oder nicht.	2.48	1.05	.48
Informationsverarbeitung (4 Items, Cronbachs α = .45)	*2.92*	*.49*	–
Gesundheitsinformationen aus dem Fernsehen oder aus Zeitungen können auch falsch sein.	3.38	.68	.23
Ich glaube nicht, dass Empfehlungen von Ärzten immer richtig sind.	2.78	.82	.27
Was mir ein Arzt zur Gesundheit sagt, hinterfrage ich nicht weiter.	2.87	.83	.26
Ich mache mir Gedanken über die Verlässlichkeit von Gesundheitsinformationen.	2.64	.85	.25
Gesundheitsinformationen aus dem Fernsehen oder aus Zeitungen können auch falsch sein.	3.38	.68	.23

Anmerkung: N = 282

Die Analyse der Strukturmatrix (Tabelle 4) zeigt, dass alle Items auf dem ihnen zugedachten Faktor laden und dabei relativ niedrige Nebenladungen aufweisen. Die Faktorladungen liegen meist im Bereich > .60. Vier Items zeigen niedrigere Faktorladungen (zwischen .54 und .59). Die Items der Skalen Informationsbeschaffung und Umgang mit dem Gesundheitssystem fallen in eine gemeinsame Skala.

Tabelle 4
Ladungsmuster der Items zur Erfassung der Gesundheitskompetenz der Strukturmatrix aus Hauptachsenanalyse mit obliminer Rotation; Ladungen > .30 sind fett gedruckt, die sechs identifizierten Faktoren sind grau unterlegt.

	SR	SW	ZIEL	KOM	IB	IV
sr1	**.72**	-.08	.08	.22	.09	.17
sr2	**.59**	-.16	.11	.28	.05	-.08
sr7	**.74**	-.17	-.03	.02	.18	.08
sw3	.10	**-.66**	-.15	.07	.27	-.09
sw4	.21	**-.62**	-.09	.05	-.10	.06
sw5	.19	**-.65**	-.16	.23	.19	-.04
sw7	-.04	**-.68**	-.19	.28	-.05	.06
sw9	.04	**-.57**	-.15	.10	.17	.10
ziel1	.03	-.13	**-.78**	.07	-.00	.04
ziel4	-.10	-.17	**-.78**	.13	-.12	.01
ziel6	-.12	-.23	**-.81**	.07	.15	-.04
ziel8	-.04	-.21	**-.73**	.16	-.08	-.05
ziel11	-.18	-.14	**-.78**	-.08	.17	.05
kom2	.23	-.18	-.10	**.60**	-.01	.05
kom5	.13	-.11	-.05	**.75**	.08	.01
kom6	.15	-.12	-.06	**.78**	.21	.03
kom7	-.01	-.10	-.12	**.72**	-.05	.10
kom8	.20	-.27	.02	**.69**	.09	.06
ib1	-.03	-.05	-.11	.07	**.63**	.05
ib5	.25	-.12	.07	-.01	**.67**	-.04
sys3	.10	-.19	-.10	.10	**.54**	.32
sys4	.08	-.14	.10	.01	**.64**	.11
sys9	.11	-.06	-.04	.15	**.70**	.21
iv1	.09	.02	.06	.10	.10	**.49**
iv5	.05	.08	.03	-.06	.00	**.67**
iv6	.17	-.13	.10	.09	.24	**.56**
iv8	-.26	-.16	-.27	.04	.09	**.60**

Anmerkung: N = 282; sr = Selbstregulation; sk = Selbstkontrolle; sw = Selbstwahrnehmung; ziel = Verantwortungsübernahme; kom = Kommunikation und Kooperation; ib = Informationsbeschaffung; sys = Umgang mit dem Gesundheitssystem; iv = Informationsverarbeitung. Großbuchstaben kennzeichnen die Bezeichnung auf Skalenebene.

Somit lassen sich in Studie I statt der sieben Kompetenzdimensionen des theoretischen Modells der Gesundheitskompetenz nur sechs Kompetenzdimensionen empirisch abbilden. Die Skalen Informationsbeschaffung und Handeln im Gesundheitssystem fallen empirisch zusammen.

Die Untersuchung der Korrelationen zwischen den einzelnen Faktoren geben erste Hinweise auf Beziehungen zwischen den Skalen. Die höchsten Korrelationen bestehen dabei zwischen den Skalen Selbstwahrnehmung und Verantwortungsübernahme mit $r = .20$. Auch alle übrigen InterskalenKorrelationen zeigen einen positiven Zusammenhang der Kompetenzdimensionen miteinander an.

Basisfertigkeiten

Die befragten Schülerinnen und Schülern erreichten bei der Beantwortung der Wissensfragen zum Gesundheitssystem und der Testaufgaben zu gesundheitsbezogenen Lese- und Rechenfertigkeiten durchweg hohe Quoten richtiger Antworten.

Im Wissenstest liegt der Prozentsatz richtiger Antworten bei 7 der 13 vorgelegten Fragen über 90 %. Nur zwei Fragen wurden von weniger als der Hälfte der Schülerinnen und Schüler richtig beantwortet. Beide Fragen zielen auf die Organisation der Krankenversicherung in Deutschland ab:

- Frage 7: Wodurch werden die privaten Krankenkassen hauptsächlich finanziert? (36,4 % richtige Antworten)
- Frage 8: Gibt es in Deutschland eine Versicherungspflicht für die Krankenversicherung? (20,3 % richtige Antworten)

Ähnlich stellt sich die Situation für die Beantwortung der Fragen zum gesundheitsbezogenen Lesetest (Fragen zu einem vorgegebenen Text zu einer weitestgehend unbekannten Stoffwechselerkrankung, der Erythropoetische Protoporphyrie) und dem gesundheitsbezogenen Rechentests (Tabellen mit Gesundheitsstatistiken interpretieren, gesundheitsrelevante Graphiken verstehen) dar. Praktisch alle Aufgaben wurden von den Schülern ohne größere Schwierigkeiten gelöst und nur bei drei Fragen lag die Quote der richtigen Antworten unter 90 %.

Insgesamt kann festgehalten werden, dass die teilnehmenden Gymnasiasten die vorgelegten Fragen ohne größere Schwierigkeiten beantworten konnten. Die niedrigere Erfolgsquote in der Beantwortung der beiden Wissensfragen zur Organisation der Krankenkassen in Deutschland kann vermutlich auf die Tatsache zurückgeführt werden, dass Schülerinnen und Schüler im Alter von 17 bis 21 Jahren in der Regeln über wenig eigene Erfahrung mit den Krankenkassen verfügen und keine eigenen Entscheidungen diesbezüglich treffen. Es wäre zu erwarten, dass in älteren Stichproben die Quote der richtigen Antworten deutlich höher liegt.

5.1.3 Zusammenfassung und Schlussfolgerung

Das Ziel der ersten empirischen Untersuchung zum theoretischen Modell der Gesundheitskompetenz ist die Identifikation der postulierten Modellkomponenten. Die zentrale Analysemethode in Studie I ist die explorative Faktorenanalyse über die weiterentwickelten Fähigkeiten der Gesundheitskompetenz. Die Ergebnisse der Faktorenanalyse über einen Satz von 27 sorgfältig ausgewählten Items ergibt eine 6-Faktorenlösung, bei der die Kompetenzdimensionen Informationsbeschaffung und Handeln im Gesundheitssystem entgegen der ursprünglich getrennten Konstruktion der Skalen zusammenfallen. Hier kommt zu einer Abweichung der empirischen Befunde vom theoretischen Kompetenzmodell. Dies wird erklärbar, wenn man das Cluster zum Handeln im Gesundheitssystem aus der Expertenbefragung genauer betrachtet. Es lässt sich feststellen, dass viele der dort genannten Aussagen primär Wissensinhalte repräsentieren. Viele der übrigen Expertenaussagen in diesem Cluster zeigen einen starken Bezug zur Informationsbeschaffung im Gesundheitssystem. Aus diesem Grund wird der empirisch vorgefundene Zusammenschluss der beiden Cluster für die weiteren Analysen beibehalten.

Die sechs resultierenden Kompetenzkomponenten der Gesundheitskompetenz enthalten die Skalen Selbstregulation und Selbstkontrolle, Selbstwahrnehmung, Verantwortungsübernahme für die Gesundheit, Kommunikation und Kooperation, Informationsbeschaffung im Gesundheitssystem sowie Informationsverarbeitung.

Die erste Hypothese der Studie 1 postuliert das Konvergieren des theoretischen Modells der Gesundheitskompetenz mit den empirischen Befunden. Diese Hypothese kann anhand der vorliegenden Ergebnisse beibehalten werden. Trotz des geschilderten Zusammenfalls zweier Kompetenzdimensionen bilden die empirischen Ergebnisse das theoretische Modell der Gesundheitskompetenz und die darin postulierten Kompetenzdimensionen gut ab. Entsprechend kann auch die zweite Hypothese aufrechterhalten werden, die die Bedeutung der selbstregulativen, personenbezogenen Komponenten des Modells postuliert. Alle drei auf die Person bezogenen Modellkomponenten, Selbstregulation und Selbststeuerung, Selbstwahrnehmung, sowie Verantwortungsübernahme für die eigene Gesundheit, ließen sich in den empirischen Analysen bestätigen.

Als problematisch muss in Studie I die Qualität der Operationalisierung einzelner Skalen beurteilt werden. Vor allem die Skalen Informationsverarbeitung und Selbstregulation und Selbstkontrolle können nicht überzeugen. Für letztere fanden lediglich drei im finalen Itemsatz Verwendung. Niedrig fallen die Reliabilität der Skala sowie die Korrelationen der Items untereinander aus. Auch für die Skala Informationsverarbeitung sind Skalenkennwerte ungünstig. Alle übrigen Skalen zeigen dagegen befriedigende bis gute Item- und Skalenkennwerte, wobei auch hier noch Verbesserungspotenziale vorhanden sind. Für die weitere Modellbildung zeigt sich somit ein deutlicher Bedarf, die Operationalisierung einzelner Kompetenzdimensionen zum Teil grundlegend zu überarbeiten.

Trotz dieser Kritik an der Operationalisierung einzelner Skalen liefern die Ergebnisse insgesamt einen ersten empirischen Nachweis der Kompetenzdimensionen der Gesundheitskompetenz und geben einen vielversprechenden Bezugspunkt für die weitere Modellentwicklung.

5.2   Studie II

Die zweite empirische Studie zur Gesundheitskompetenz schließt unmittelbar an den Ergebnissen der ersten Studie an und verfolgt in zwei Substichproben A und B die folgenden Ziele:

(1)   Verbesserung der Skalenkennwerte des Erhebungsinstruments zur Gesundheitskompetenz
Die Skalen Selbstregulation und Selbstkontrolle sowie Informationsverarbeitung weisen in der ersten Studie unbefriedigende Skalenkennwerte aus. Diese sollen in Studie II durch eine teilweise Neukonstruktion der Skalen und das Hinzuziehen neuer Items verbessert werden. Die Skala zur Erfassung der Selbstregulation und Selbstkontrolle wird dabei von Grund auf neu konzipiert. Auch die übrigen Skalen zur Erfassung der Gesundheitskompetenz werden inhaltlich und sprachlich überarbeitet.

(2)   Exploratorische Replikation der Befunde der ersten Studie (Substichprobe A)
Die Überarbeitung der Skalen zur Gesundheitskompetenz macht eine erneute exploratorische Analyse sinnvoll und soll die Frage klären, ob sich mit den überarbeiteten Items in einer neuen Stichprobe die Dimensionen der Gesundheitskompetenz empirisch nachweisen lassen.

(3)   Konfirmatorische Analysen und Modellbildung (Substichprobe B), im Besonderen Analyse der strukturellen Beziehungen der Gesundheitskompetenzdimensionen untereinander
Wenn die Dimensionen der Gesundheitskompetenz exploratorisch erneut identifizierbar sind, ist ein nächster Schritt im Prozess der Modellbildung die Berechnung konfirmatorischer Analysen. Dazu werden Annahmen über strukturelle Beziehungen der Skalen untereinander getroffen, in ein Modell gefasst und einer konfirmatorischen Modellprüfung unterzogen.

5.2.1 Methode

Zielgruppe der Untersuchung sind erneut Jugendliche und junge Erwachsene im Alter zwischen 17 und 21 Jahren. Die Erhebung fand an Gymnasien statt. Teilgenommen haben ausschließlich Schülerinnen und Schüler der 12. Klassenstufe. Die Datenerhebung fand im Rahmen der laufenden Kurse statt. Für die Erhebung wurde eine Schulstunde von 45 Minuten angesetzt. Die Teilnahme war für die Schülerinnen und Schüler freiwillig.

Fragebogen
Der Fragebogen zur Erfassung der Gesundheitskompetenz enthält in der zweiten Fassung 39 Items. Im Vergleich zur ersten Studie wurden folgenden inhaltlichen Änderungen in der Operationalisierung der Gesundheitskompetenz vorgenommen.

Skala Selbstregulation und Selbstkontrolle
Die grundlegende Überarbeitung und Neukonzeption dieser Skala zur Gesundheitskompetenz geht mit einer Reanalyse der Clusterinhalte der Expertenbefragung einher. Die Untersuchung der Expertenaussagen verdeutlicht, dass diese sich in einen Anteil Selbstregulation und einen Anteil Selbstkontrolle unterteilen lassen. Eine solche Unterteilung ist aus der Literatur zur Selbststeuerung bekannt (Fröhlich & Kuhl, 2004). Diese Unterteilung verspricht eine methodisch reliable Erfassung der beiden Subkomponenten des Clusters. Nach Kuhl (2001, 2010) erfüllen Selbstregulation und Selbstkontrolle unterschiedliche psychologische Funktionen (siehe Kapitel 3.1). Sie aktivieren unterschiedliche Hirnregionen und kommen typischerweise in verschiedenen Prozessstufen der Zielauswahl und -umsetzung zum Einsatz. Prozesse der Selbstregulation kommen insbesondere in Phasen der Zielfindung oder Zielbildung vor, in denen es vornehmlich darum geht, möglichst viele Aspekte des Selbst in den Planungsprozess einzubeziehen. Selbstkontrolle ist demgegenüber typischerweise notwendig, wenn ein einmal gefasstes Ziel gegen innere und äußere Widerstände umgesetzt werden soll. Dazu gehört auch die teilweise Ausblendung alternativer innerer Impulse und Handlungstendenzen. Für die weitere Modellentwicklung wird diese Unterscheidung zwischen Selbstregulation und Selbstkontrolle übernommen (siehe Tabelle 5). Aus ihr ergeben sich Implikationen für die Entwicklung der strukturellen Beziehungen zwischen Selbstregulation, Selbstkontrolle und Selbstwahrnehmung.

Tabelle 5
Operationalisierung von Selbstregulation und Selbstkontrolle in getrennten Subskalen

Skala Selbstregulation
sr1 Nach einem anstrengenden Tag fällt es mir schwer, mich zu entspannen.
sr2 Mir fällt es schwer, zwischendurch abzuschalten und Pausen zu machen.
sr3 Ich kann aufgestauten Stress und innere Anspannung gut wieder abbauen.
sr4 Ich kann gut zwischen Phasen hoher Konzentration und Phasen der Entspannung wechseln.
sr5 Ich kann mit Stress schlecht umgehen.
Skala Selbstkontrolle
sk1 Wenn ich etwas geplant habe, setze ich das in der Regel auch um.
sk2 Ich behalte meine Vorhaben im Auge und lasse mich nicht leicht davon abbringen.
sk3 Ich kann verhindern, dass meine Gedanken ständig von einer Aufgabe abschweifen.
sk4 Wenn ich etwas erreichen möchte, habe ich viel Disziplin bei der Umsetzung.
sk5 Wenn ich bei einer Handlung abgelenkt werde, komme ich schnell wieder zu dieser zurück.

Anmerkung: sr = Selbstregulation; sk = Selbstkontrolle

Skala Informationsverarbeitung

Die Skala Informationsverarbeitung wird in Studie II ebenfalls von Grund auf neu gestaltet. Dabei ist – verglichen mit den Items der Studie I – ein höheres Abstraktionsniveau der Items realisiert worden. Typische Beispiele dafür sind Item 2 *(Auch komplexe Darstellungen zum Thema Gesundheit kann ich gut nachvollziehen.)* und Item 4 *(Es fällt mir leicht, Zusammenhänge in Gesundheitsfragen zu verstehen.)*

Weitere Änderungen in Studie II

In der Skala Selbstwahrnehmung wird ein Item der Studie I (Ich kann meine Gefühle und Bedürfnisse deutlich wahrnehmen.) in zwei separate Items geteilt (Ich kann meine Gefühle deutlich wahrnehmen; Ich kann meine Bedürfnisse gut wahrnehmen.) und ein neues Item hinzugefügt. Der Skala Kommunikation und Kooperation wird in Studie II ebenfalls ein neues Item hinzugefügt.

Datenanalyse

Für die Berechnung exploratorischer und konfirmatorischer Analysen wird der Datensatz der Studie II randomisiert und in zwei nahezu gleich große Substichproben unterteilt (Satz A: $N = 157$; Satz B: $N = 170$).

Exploratorische Analysen

Der exploratorische Teil der Analysen unterscheidet sich in der Auswahl der Methode und im Vorgehen nicht von Studie I. Mit dem Ziel der Itemselektion und Skalenreplikation werden Item- und Skalenanalysen durchgeführt und

exploratorische Faktorenanalysen (Methode: oblime Hauptachsenanalyse) gerechnet.

Konfirmatorische Analysen
Aus den Ergebnissen der Expertenbefragung und den exploratorischen Analysen in Studie I und II wird ein Strukturmodell der Gesundheitskompetenz entwickelt, das Aussagen über die Beziehung der einzelnen Kompetenzdimensionen der Gesundheitskompetenz enthält. Diese werden im Rahmen der konfirmatorischen Analysen untersucht. Für alle konfirmatorischen Analysen wird die
Statistiksoftware Mplus 5.1[8] verwendet.

Konfirmatorische Faktorenanalysen (CFA) und Strukturgleichungsmodelle
(SEM) überprüfen eine vorab festgelegte und vorgegebene Beziehungsstruktur
zwischen latenten und manifesten Variablen. Die zu überprüfende Struktur wird
dabei aus vorausgegangenen theoretischen und empirischen Analysen abgeleitet
(Byrne, 2005). Die Beziehung zwischen den manifesten Variablen (Indikatoren)
Y_i und den latenten Variablen (Faktoren) η_j wird über *Messmodelle* definiert, die
Beziehung zwischen latenten Variablen über *Strukturmodelle*. Dabei kann man
die Modelle als generalisierte (multivariate) Regressionsmodelle auffassen
(Geiser, 2010) (siehe Abbildung 16).

Im Rahmen der konfirmatorischen Analysen werden die sogenannten freien
Parameter durch ein eingangs spezifiziertes Modell geschätzt. Der Vergleich
zwischen den so geschätzten Daten und den empirisch vorhandenen Daten
ermöglicht es abzuschätzen, inwieweit die Struktur des theoretischen Modells
durch die empirischen Daten gestützt wird und entsprechend abgebildet werden
kann. Dabei wird die vom Modell implizierte Kovarianzmatrix mit der empirischen Kovarianzmatrix verglichen und der Unterschied zwischen den beiden
auf Signifikanz geprüft (Backhaus et al., 2006). Es existieren eine Reihe unterschiedlicher Schätzmethoden, die je nach Fragestellung, Datenqualität, Stichprobengröße, Zielsetzung und weiteren Kriterien ausgewählt werden.

Kriterien zur Beurteilung der Modellpassung im Rahmen konfirmatorischer
Analysen
Die Beurteilung der Güte eines Modells im Rahmen von Strukturgleichungsmodellen und konfirmatorischen Faktorenanalysen hat einen entscheidenden
Einfluss auf die Entwicklung der theoretischen Modelle. Lassen sich diese Modelle nicht hinreichend gut an die empirischen Daten anpassen oder – in einem
rein konfirmatorischen Vorgehen – nicht an den empirischen Daten replizieren,
werden sie verworfen, da sie offensichtlich nicht in der Lage sind, die empirische
Realität hinreichend gut vorherzusagen.

---

8 www.statmodel.com

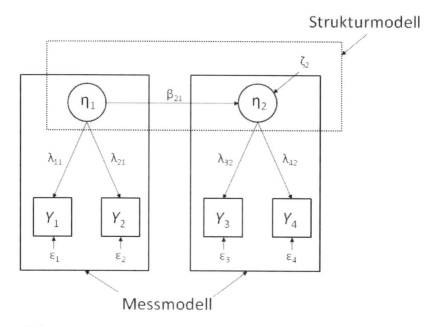

Abbildung 16 Beispiel eines linearen Strukturgleichungsmodell nach Geiser (2010). Die latenten Variablen (η_1 und η_2) werden durch jeweils zwei Indikatoren (Y_1 und Y_2 für η_1; Y_3 und Y_4 für η_2) gemessen. Die Parameter λ_{11} bis λ_{42} sind Faktorladungen. Die Variablen ε_1 bis ε_4 bezeichnen die Fehlervariablen der Indikatoren. Im Strukturmodell wird die latente Regression des Faktors η_2 auf η_1 geschätzt, wobei β_{21} den entsprechenden Regressionskoeffizienten und ζ_2 eine latente Residualvariable indizieren.

Zur Überprüfung der Modellpassung steht eine Vielzahl von Fit-Indizes zur Verfügung. Die Frage, welche dieser Fit-Indizes maßgeblich für die Beurteilung eines Modells sind, wird kontrovers diskutiert (Hu & Bentler, 1999; Schermelleh-Engel & Moosbrugger, 2003). Einigkeit besteht weitestgehend darin, dass der χ^2-Test, aufgrund seiner Sensibilität für Verletzungen der multivariaten Normalverteilung und seiner Abhängigkeit von der Stichprobengröße, nicht als einziges Kriterium für die Beurteilung der Modellgüte herangezogen werden sollte (Hu & Bentler, 1999; Hu, Bentler & Kano, 1992; Schermelleh-Engel & Moosbrugger, 2003). Stattdessen wird der Vergleich verschiedener Fit-Indizes zur Beurteilung der Modellgüte empfohlen (Bollen & Long, 1993; Hu & Bentler, 1999). Häufig herangezogene Indizes sind neben dem χ^2-Test der Quotient aus χ^2 geteilt durch seine Freiheitsgrade (χ^2 / df), der *Root Mean Square Error of Approximation* (RMSEA), der *Standardized Root Mean Square Residual* (SRMR) und der *Comparative Fit Index* (CFI).

Der χ^2-Test beurteilt die Nullhypothese, dass die empirische Kovarianz-Matrix der modelltheoretischen Kovarianzmatrix entspricht (Backhaus et al.,

2006). Die Berechnung des χ^2-Tests ist dabei an verschiedene Voraussetzungen geknüpft: die multivariate Normalverteilung aller beobachteten Variablen, die Schätzungen auf Basis der Kovarianz-Matrix der Stichprobe und ein *passender* Stichprobenumfang. In der praktischen Anwendung sind diese Voraussetzungen häufig nicht erfüllt und der χ^2-Test reagiert empfindlich auf Verletzungen dieser Voraussetzungen. Er muss daher mit Vorsicht interpretiert werden (Backhaus et al., 2006; Schermelleh-Engel & Moosbrugger, 2003).

Der *Root Mean Square Error of Approximation* (RMSEA) ersetzt die Null-Hypothese des χ^2-Tests durch die Annahme eines »close fit« (Browne & Cudeck, 1993) und ist somit ein Maß für die hinreichende Passung des Modells (Schermelleh-Engel & Moosbrugger, 2003). Es wird geprüft, ob das Modell die Realität hinreichend gut approximiert (Backhaus et al., 2006). Der *Standardized Root Mean Square Residual* (SRMR) betrachtet mit den quadrierten Residuen die verbleibenden Unterschiede zwischen den Kovarianzmatrix der Population und der des Modells (Bentler, 1995). Der *Comparative Fit Index* (CFI) vergleicht das zu testende Modell mit einem Basismodell, das als »Independence model« als besonders schlecht angepasstes Modell gilt. Dieses steht im Kontrast zum saturierten Modell mit perfekter Passung. Das zu testende Modell liegt nun zwischen den beiden Referenzmodellen. Beurteilt wird beim CFI die Annäherung zum saturierten Modell.

Tabelle 6 gibt einen Überblick über »Daumenregeln« zur Beurteilung der Modellgüte, wie sie sich in der Forschung etabliert haben (Schermelleh-Engel & Moosbrugger, 2003). Trotz dieser Empfehlungen bleibt die Frage nach den geeigneten Indizes zur Beurteilung der Modellpassung ein schwieriger Sachverhalt. Dies gilt insbesondere in Situationen, in denen verschiedene Indizes zu einer unterschiedlichen Beurteilung der Modellgüte führen.

Hu und Bentler (1998, 1999) empfehlen nach umfassenden Untersuchungen eine Kombination aus SRMR und CFI oder RMSEA für eine verlässliche Beurteilung der Modellpassung: »A combinational rule with RMSEA > .06 and SRMR > .09 (or .10) resulted in the least sum of Type I and Type II error rates« (Hu & Bentler, 1999, S. 28ff).

Tabelle 6
Empfehlungen für die Modellprüfung: Some Rules of Thumb (nach Schermelleh-Engel & Moosbrugger, 2003).

Fit Measure	Good Fit	Acceptable Fit
χ^2	$0 \leq \chi^2 \leq 2df$	$2df < \chi^2 \leq 3df$
p value	$.05 < p \leq 1.00$	$.01 \leq p \leq .05$
χ^2 / df	$0 \leq \chi^2 / df \leq 2$	$2 < \chi^2 / df \leq 3$
RMSEA	$0 \leq RMSEA \leq .05$	$.05 < RMSEA \leq .08$
p value for test of close fit (RMSEA < .05)	$.10 < p \leq 1.00$	$.05 \leq p \leq .10$

(Fortsetzung)

Confidence interval (CI)	close to RMSEA, left boundary of CI = .00	Close to RMSEA
SRMR	$0 \leq$ SRMR $\leq .05$	$.05 \leq$ SRMR $\leq .10$
NFI	$.95 \leq$ NFI ≤ 1.00	$.90 \leq$ NFI $< .95$
NNFI	$.97 \leq$ NNFI ≤ 1.00	$.95 \leq$ NNFI $< .97$
CFI	$.97 \leq$ CFI ≤ 1.00	$.95 \leq$ CFI $< .97$
GFI	$.95 \leq$ GFI ≤ 1.00	$.90 \leq$ GFI $< .95$
AGFI	$.90 \leq$ AGFI ≤ 1.00, close to GFI	$.85 \leq$ AGFI $< .90$, close to GFI
AIC	smaller than AIC for comparison model	
CAIC	smaller than CAIC for comparison model	
ECVI	smaller than ECVI for comparison model	

Anmerkung: AGFI = Adjusted Goodness-of-Fit-Index, AIC = Akaike Information Criterion, CAIC = Consistent AIC, CFI = Comparative Fit Index, ECVI = Expected Cross Calidation Index, GFI = Goodness-of-Fit-Index, NFI = Normed Fit Index, NNFI = Nonnormed Fit Index, RMSEA = Root Mean Square Error of Approximation, SRMR = Standardized Root Mean Square Residual.

Modifikation von Modellen

Nach Jöreskog (1993) können in der Modellbildung drei Situationen unterschieden werden: 1) In einem rein konfirmatorischen Vorgehen wird ein Modell allein anhand statistischer Ergebnisse akzeptiert oder verworfen. 2) Im Prozess der Modellmodifikation wird ein Ausgangsmodell schrittweise und theoriegeleitet anhand der empirischen Daten modifiziert. 3) Beim Modellvergleich existieren verschiedene alternative oder konkurrierende Modelle, die gegeneinander getestet werden.

Im Prozess der Modellmodifikation (2) besteht die Möglichkeit, dieses Modell auf der Basis der empirischen Daten und theoretischer Überlegungen unter Einbezug statistische Hinweise (Modifikationsindizes) so anzupassen, dass eine optimale Modellpassung und gleichzeitig ein theoretisch stimmiges Modell entwickelt wird. In einem solchen Prozess kann schrittweise ein zunehmend elaborierteres Modell gewonnen werden. Eine wesentliche Problematik dieses Vorgehens liegt darin, dass das resultierende Modell im ungünstigen Fall an bestimmte Spezifika der untersuchten Stichprobe angepasst wird, ohne eine Gültigkeit für die Gesamtpopulation zu besitzen (Schermelleh-Engel & Moosbrugger, 2003). Aus diesem Grund ist es notwendig, dass modifizierte Modelle einer Kreuzvalidierung unterzogen werden, also an weiteren, unabhängigen Stichproben überprüft werden.

Item-Parcelling
Unter Item-Parcelling wird das Zusammenfassen von mindestens zwei oder mehreren Items in Itemgruppen verstanden. Dabei werden über die zusammengefassten Items Summen- oder Mittelwerte gebildet. Diese Item-Parcel können als Indikatoren für die latenten Variablen in exploratorischen Faktorenanalysen oder Strukturgleichungsmodellen verwendet werden (Bandalos & Finney, 2001; Bandalos, 2002).

Über das Item-Parcelling kann zwei häufig vorkommenden Problemen der Analyse mittels Strukturgleichungsmodellen begegnet werden:

(1) Verhältnis Stichprobengröße zur Anzahl der Items:
   Das Verhältnis der Anzahl der Teilnehmer zu den zu schätzenden Parametern wird durch das Item-Parceling verbessert. Die Anzahl der zu schätzenden Parameter wird durch das Item-Parceling verringert. Somit wird das Verhältnis zwischen Versuchspersonenzahl und Parametern günstiger.

(2) Fehlende Normalverteilung:
   Eine fehlende Normalverteilung der Items kann zu verzerrten Schätzungen und unkorrekten Gütemaßen für den Modellfit führen. Durch das Item-Parceling werden relativ grobstufige kategoriale Items in feiner abgestufte Indikatoren überführt, die sich einer Normalverteilung annähern. Das verbessert in der Folge die Schätzung der Modellgüte (Bandalos, 2002).

Teilnehmer
In Studie II wurden insgesamt 327 Gymnasiasten der 12. Klassenstufe erhoben. Die Teilnehmer waren zum Zeitpunkt der Datenerhebung im Durchschnitt 18 Jahre alt (Mittelwert $= 18.1$; $SD = .58$; Median $= 18$, Minimum $= 16$; Maximum $= 21$). Der Anteil weiblicher Teilnehmer überwiegt in Studie II, da eines der teilnehmenden Gymnasien ein Mädchengymnasium ist. Der Großteil der Teilnehmer (94,8 %) ist in Deutschland geboren. Entsprechend ist bei 96,6 % Deutsch die erste Sprache zu Hause. Wie bereits in Studie I sind Russland und Kasachstan die häufigsten Geburtsländer der nicht in Deutschland geborenen Teilnehmer.

5.2.2 Ergebnisse

Exploratorische Datenanalyse
Wie bereits in der ersten Studie wurde in Studie II zuerst mit Hilfe der berechneten Item- und Skalenkennwerte und einer exploratorischen Faktorenanalyse eine Itemauswahl für die weiteren Berechnungen getroffen. Diese Auswahl umfasst in Studie II 29 Items, die in den weiteren Analysen sechs Dimensionen der Ge-

sundheitskompetenz repräsentieren: Selbstregulation, Selbstkontrolle, Selbstwahrnehmung, Verantwortungsübernahme für die eigene Gesundheit, Kommunikation und Kooperation sowie Umgang mit Gesundheitsinformationen.

Tabelle 7 gibt einen Überblick der Itemkennwerte der ausgewählten Items pro Skala und die dazugehörigen Skalenkennwerte der sechs Skalen der Gesundheitskompetenz. Die Skalenmittelwerte liegen zwischen M = 2.79 (SD = .64) für die Skala Verantwortungsübernahme und M = 3.11 (SD = 44) für die Skala Selbstwahrnehmung. Die 29 ausgewählten Items sind größtenteils linksschief (v < 0), wobei zwei Items von dieser Regel abweichen (Item sk5: v = .00; Item sr3: v = .31). Die Trennschärfen der Items bezogen auf ihre jeweilige Skala liegen im Bereich von r_{it} = .32 (sw2 und sw5) und r_{it} = .80 (ziel1).

Tabelle 7
Item- und Skalenkennwerte der 29 ausgewählten Fragebogen-Items zur Gesundheitskompetenz der Studie II.

	M	SD	r_{it}
Selbstregulation *(5 Items, Cronbachs α = .73)*	2.89	.58	–
Nach einem anstrengenden Tag fällt es mir schwer mich zu entspannen.	3.18	.79	.50
Mir fällt es schwer zwischendurch abzuschalten und Pausen zu machen.	2.97	.97	.45
Ich kann aufgestauten Stress und innere Anspannung gut wieder abbauen.	2.68	.88	.55
Ich kann gut zwischen Phasen hoher Konzentration und Phasen der Entspannung wechseln.	2.69	.78	.47
Ich kann mit Stress schlecht umgehen.	2.90	.83	.40
Selbstkontrolle *(5 Items, Cronbachs α = .76)*	2.85	.54	–
Wenn ich etwas geplant habe, setze ich das in der Regel auch um.	3.11	.61	.58
Ich behalte meine Vorhaben im Auge und lasse mich nicht leicht davon abbringen.	2.96	.74	.62
Ich kann verhindern, dass meine Gedanken ständig von einer Aufgabe abschweifen.	2.46	.81	.56
Wenn ich etwas erreichen möchte, habe ich viel Disziplin bei der Umsetzung.	3.01	.82	.59
Wenn ich bei einer Handlung abgelenkt werde, komme ich schnell wieder zu dieser zurück.	2.71	.69	.50
Selbstwahrnehmung *(5 Items, Cronbachs α = .65)*	3.11	.44	–
Wenn ich mich unwohl fühle, weiß ich meist genau warum.	2.77	.80	.32
Ich kann meine Gefühle deutlich wahrnehmen.	3.25	.65	.47
Ich merke, wenn ich mich in einer Situation körperlich verspanne.	3.14	.73	.32
Ich kann meine eigenen Bedürfnisse gut wahrnehmen.	3.23	.61	.39
Ich habe einen guten Zugang zu meinen Gefühlen.	3.17	.65	.52
Verantwortungsübernahme für die eigene Gesundheit *(5 Items, Cronbachs α = .87)*	2.79	.64	–
Ich achte sehr auf meine Gesundheit.	2.66	.74	.80
Ich finde es wichtig, mich um meine Gesundheit zu kümmern.	2.97	.78	.67
Ich übernehme bewusst Verantwortung für meine Gesundheit.	2.79	.74	.72
Ich nehme Rücksicht auf meinen Körper.	2.74	.76	.70
Ich achte bewusst auf meine Gesundheit, z. B. indem ich mich ausgewogen ernähre oder indem ich mich genug bewege.	2.77	.87	.67

(*Fortsetzung*)

	M	SD	r_{it}
Kommunikation und Kooperation (*4 Items, Cronbachs α = .72*)	**2.93**	**.57**	–
Ich kann Hilfe von anderen annehmen, wenn es mir mal nicht so gut geht.	3.10	.77	.37
Wenn es mir nicht gut geht, achte ich darauf, dass es keiner merkt.	2.63	.81	.54
Wenn ich gesundheitliche Probleme habe, ziehe ich mich zurück und erzähle keinem davon.	3.12	.76	.48
Meine Probleme gehen keinen anderen etwas an.	2.88	.87	.48
Umgang mit Gesundheitsinformationen			
5 Items, Cronbachs α = .81	**2.88**	**.55**	–
Gesundheitsinformationen zu finden, fällt mir leicht.	2.90	.78	.58
Es fällt mir leicht, Informationen rund um das Thema Gesundheit zu verstehen.	3.05	.75	.58
Auch komplexe Darstellungen zum Thema Gesundheit kann ich gut nachvollziehen.	2.75	.76	.66
Es fällt mir leicht, Zusammenhänge in Gesundheitsfragen zu verstehen.	2.77	.72	.58
Informationen zu Gesundheitsthemen bleiben für mich oft unklar.	2.94	.71	.51

Anmerkung: N = 157

Die Reliabilität der Skalen liegt in Studie II zwischen α = .65 (Selbstwahrnehmung) und α = 87 (Verantwortungsübernahme). Insbesondere die in Studie I unbefriedigenden Reliabilitäten der Skalen Informationsverarbeitung, Selbstregulation und Selbstkontrolle konnten über die Operationalisierung in Studie II überwunden werden und zeigen deutlich verbesserte interne Konsistenten (Selbstregulation: α = .73; Selbstkontrolle: α = .76; Umgang mit Gesundheitsinformationen: α = .81), wobei die Skala Informationsverarbeitung der Studie I in Studie II in der Skala zum Umgang mit Gesundheitsinformationen aufgeht.

Faktorenanalyse über die Item-Auswahl
Die exploratorische Faktorenanalyse erwartet, dass sich mit den ausgewählten 29 Items sechs Skalen Gesundheitskompetenz abbilden lassen, wobei Selbstregulation und Selbstkontrolle als eigenständige Skalen konzipiert sind. Die in Studie I noch getrennten Items der Skalen Systemhandeln, Informationsbeschaffung und Informationsverarbeitung sind in einer gemeinsamen Skala zum Umgang mit Gesundheitsinformationen konzipiert. Die theoretisch postulierten 6 Faktoren erklären 46,61 % der Gesamtvarianz der Items.

Die Ladungsmuster der Items auf ihren Faktoren können der Strukturmatrix der Tabelle 8 entnommen werden. Es zeigt sich, dass die Ladungsmuster die theoretische Struktur erwartungsgemäß abbilden. Die Items zeigen durchweg hohe Ladungen auf ihren jeweiligen Faktoren (zwischen .38 und .88), wobei relevante Nebenladungen (> .30) selten sind und in ihrer Ausprägung deutlich unterhalb der beschriebenen Hauptladungen liegen.

Tabelle 8
Ladungsmuster der Items zur Erfassung der Gesundheitskompetenz der Strukturmatrix
aus Hauptachsenanalyse mit obliminer Rotation; Ladungen > .30 sind fett gedruckt, die
sechs identifizierten Faktoren sind grau unterlegt.

	SR	SK	SW	ZIEL	KOM	INFO
sr1	**.69**	-.14	.27	.00	.15	.21
sr2	**.50**	.03	.23	-.05	.03	.19
sr3	**.64**	.26	.26	.17	.24	.28
sr4	**.57**	**.34**	**.33**	.16	.08	**.39**
sr5	**.57**	**.32**	.04	.06	-.01	.15
sk1	.04	**.64**	.10	.17	.07	.07
sk2	.21	**.76**	.13	.19	.12	.05
sk3	**.41**	**.69**	.28	.18	.12	**.41**
sk4	.08	**.71**	.19	.26	.05	.06
sk5	.20	**.55**	.23	.29	.04	**.32**
sw2	.20	.16	**.38**	.08	.08	.26
sw4	.29	.15	**.62**	**.32**	.20	.21
sw5	.09	.19	**.50**	.19	.17	.25
sw6	.27	.27	**.44**	.16	**.38**	.17
sw7	**.30**	.16	**.68**	.23	.18	.23
ziel1	.09	.27	.25	**.88**	.15	.16
ziel2	-.03	.15	**.31**	**.76**	.05	.17
ziel3	.09	.19	.26	**.77**	.14	.28
ziel4	.14	.24	**.38**	**.77**	.26	.15
ziel5	.13	**.38**	.16	**.71**	.29	.04
kom1	.03	.07	**.31**	.18	**.44**	.05
kom2	.20	.02	.21	.13	**.70**	.05
kom3	.12	.03	.06	.09	**.68**	.02
kom4	.00	.12	.24	.18	**.55**	-.01
ib5	**.33**	.15	.27	.11	.07	**.66**
iv1	.19	-.07	**.31**	.27	-.17	**.69**
iv2	.16	.09	.29	.17	-.01	**.78**
iv4	**.33**	.19	.19	.15	.08	**.67**
iv5	.25	.23	.25	.05	.11	**.57**

Anmerkung: $N = 157$; sr = Selbstregulation; sk = Selbstkontrolle; sw = Selbstwahrnehmung; ziel = Verantwortungsübernahme; kom = Kommunikation und Kooperation; ib =
Informationsbeschaffung; iv = Informationsverarbeitung; Großbuchstaben kennzeichnen
die Bezeichnung auf Skalenebene. ib + iv bilden zusammen die Skala Umgang mit Gesundheitsinformationen (INFO).

Die Skala Umgang mit Gesundheitsinformationen ergibt sich aus den vormals
getrennten Skalen Informationsbeschaffung / Handeln im Gesundheitssystem
und der Skala Informationsverarbeitung und bildet somit drei der Expertencluster aus der Expertenbefragung ab.

Die oblime Rotation erlaubt Korrelationen zwischen den Faktoren. Die
stärksten Korrelationen zeigen sich in Studie II zwischen den Faktoren Selbstregulation und dem Umgang mit Gesundheitsinformationen mit $r = .39$, der
Selbstwahrnehmung und Umgang mit Gesundheitsinformationen mit $r = .38$,

der Verantwortungsübernahme und der Selbstwahrnehmung mit $r = .34$, sowie der Selbstregulation und der Selbstwahrnehmung mit $r = .33$.

5.2.3 Schlussfolgerung aus den exploratorischen Analysen in Studie II

Die überarbeitete Operationalisierung des theoretischen Modells der Gesundheitskompetenz in Studie II zeigt deutlich verbesserte Item- und Skalenkennwerte. Sowohl die Korrelationen der Items innerhalb der einzelnen Skalen als auch die Skalenreliabilitäten nach Cronbach sind befriedigend. Die getrennte Operationalisierung der Selbstregulation und Selbstkontrolle in separaten Skalen sowie der höhere Abstraktionsgrad der Fragen zur Informationsverarbeitung haben die psychometrischen Kennwerte in gewünschter Weise verbessert. Für die weitere Modellentwicklung steht somit ein hinreichend reliabler Fragebogen zur Verfügung (Bühner, 2004).

Mit diesem Fragebogeninstrument lassen sich die Dimensionen der Gesundheitskompetenz in Studie II weitestgehend empirisch replizieren. Einzige Ausnahme ist die Skala Informationsverarbeitung, die in den exploratorischen Analysen entgegen den Modellannahmen mit der Skala Informationsbeschaffung/Handeln im Gesundheitssystem zusammenfällt. Somit ergibt sich für die gewählte Operationalisierung der Gesundheitskompetenz, dass alle drei Expertencluster zum Umgang mit Gesundheitsinformationen in einer empirischen Dimension zusammen (siehe Abbildung 17).

Eine abschließende Bewertung dieses Befundes kann an dieser Stelle nicht vorgenommen werden. Ob und inwieweit eine Dimensionsreduktion der Expertenaussagen stattfindet, hängt in erheblichem Maße von der gewählten Operationalisierung ab. Im vorliegenden Fall führt die vorgenommene Operationalisierung zu den beschriebenen Ergebnissen. Die Skala Umgang mit Gesundheitsinformationen repräsentiert somit drei der Expertencluster aus dem Concep Mapping (siehe Kapitel 5.4). Diese Kondensierung kann inhaltlich durchaus nachvollzogen werden. Sie entspricht den Ergebnissen der Expertenbefragung dahingehend, dass die dort identifizierten Regionen die Zusammenfassung der Ergebnisse in die Bereiche *personenbezogene Kompetenzen* und *systembezogene Kompetenzen* nahe legen (siehe Abbildung 12). Im Sinne der weiteren Modellbildung zur Gesundheitskompetenz sollte dieser Befund jedoch nicht als inhaltliche Reduzierung des Modells verstanden werden. Vielmehr wird die Region zum Umgang mit Gesundheitsinformationen in der vorliegenden Operationalisierung in einer Skala erfasst. Zukünftige Operationalisierungen und darauf aufbauende Instrumentenentwicklungen sollten die inhaltliche Breite dieser Dimensionen berücksichtigen und je nach Fragestellung und Zielsetzung eine differenzierte Operationalisierung vornehmen.

Der Schwerpunkt der Betrachtungen wird hier auf die personenbezogenen,

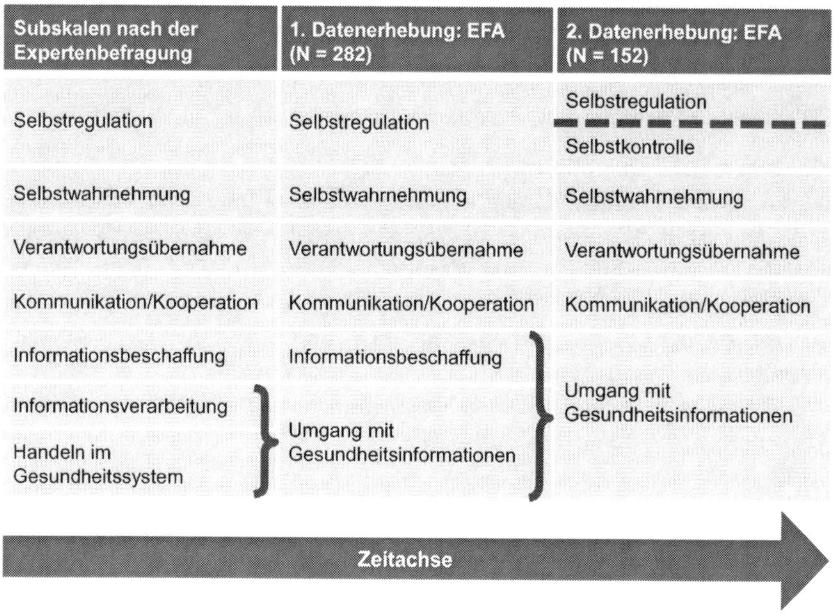

Subskalen nach der Expertenbefragung	1. Datenerhebung: EFA (N = 282)	2. Datenerhebung: EFA (N = 152)
Selbstregulation	Selbstregulation	Selbstregulation ▬ ▬ ▬ ▬ ▬ ▬ ▬ ▬ Selbstkontrolle
Selbstwahrnehmung	Selbstwahrnehmung	Selbstwahrnehmung
Verantwortungsübernahme	Verantwortungsübernahme	Verantwortungsübernahme
Kommunikation/Kooperation	Kommunikation/Kooperation	Kommunikation/Kooperation
Informationsbeschaffung	Informationsbeschaffung	
Informationsverarbeitung		Umgang mit Gesundheitsinformationen
Handeln im Gesundheitssystem	Umgang mit Gesundheitsinformationen	

Zeitachse ➤

Abbildung 17 Entwicklung der Kompetenzdimensionen im Prozess der Operationalisierung zur Gesundheitskompetenz. Die Klammern zeigen an, welche Kompetenzen zusammengefasst wurden, die gestrichelte Linie zeigt die Trennung der Selbstregulation von der Selbstkontrolle an.

mit Prozessen der Selbstregulation assoziierten Kompetenzdimensionen der Gesundheitskompetenz gelegt. Hier erwies sich die detaillierte Operationalisierung als hilfreich für eine reliable Erfassung des Konstrukts. Zwar sind die Aussagen zur Selbstregulation und Selbstkontrolle in der Expertenbefragung einem gemeinsamen Cluster zugeordnet. Dies ist sowohl inhaltlich als auch methodisch plausibel, da Selbstregulation und Selbstkontrolle ineinandergreifende psychische Prozesse darstellen. Aus funktionaler Sicht ist die Trennung dieser beiden eng verwandten psychischen Komponenten jedoch hilfreich, da ihnen im Prozess der Zielauswahl und Zielumsetzung unterschiedliche Aufgaben zufallen und sie bei deren Bewältigung eine deutlich voneinander abweichende Verarbeitungsqualität zeigen (Kuhl & Fuhrmann, 1998; Fröhlich & Kuhl, 2004).

Mit Blick auf den Prozess der Modellentwicklung wird hier die wechselseitige Beziehung der theoretischen und empirischen Befunde deutlich. Das theoretische Konstrukt der Gesundheitskompetenz wird anhand der empirischen Daten inhaltlich geschärft. Dabei wirken sowohl die theoretischen Annahmen als auch die empirischen Befunde über wechselseitig aufeinander ein. Keiner der Bausteine in diesem Prozess kann alleine eine hinreichend befriedigende Auskunft über das Konstrukt liefern. In der schrittweisen Annäherung und dem Abgleichen zwischen Theorie und Empirie schärft sich das Verständnis zur Gesundheitskompetenz und führt so zu einer elaborierteren und empirisch gestützten Abbildung des Untersuchungsgegenstandes, also zu einem reliableren und valideren Modell.

Insgesamt bestätigen die Befunde der exploratorischen Analysen in Studie II die theoretischen Dimensionen der Gesundheitskompetenz und die Ergebnisse der Studie I. Die empirische Faktorenstruktur zeigt erneut die Bedeutung der selbstregulativen Komponenten des Modells auf. Somit ist die Grundlage für konfirmatorische Datenanalysen geschaffen, auf die im folgenden Abschnitt eingegangen wird.

5.2.4 Konfirmatorische Datenanalyse und Modellprüfung

Die konfirmatorischen Analysen der Studie II werden mit den Daten der zweite Teilstichprobe ($N = 170$) vorgenommen. Dabei werden die folgenden Arbeitsschritte durchlaufen:

(I)   Konfirmatorische Analyse der einzelnen Skalen der Gesundheitskompetenz

(II)   Konfirmatorische Analyse aller Skalen der Gesundheitskompetenz in einem Gesamtmodell

(III) Entwicklung eines Strukturmodells der Gesundheitskompetenz und empirische Modellprüfung im Rahmen von Strukturgleichungsanalysen

Die Schritte I und II sind vorbereitend für Schritt III und werden im Folgenden nicht weiter dargestellt. Das Strukturmodell der weiterentwickelten Fähigkeiten der Gesundheitskompetenz stellt das anvisierte Ergebnis der Studie II dar (siehe Abbildung 18).

Entwicklung eines Strukturmodells und Modellprüfung
Die Ergebnisse des Concept Mappings der Expertenbefragung, die Betrachtung der Ergebnisse der konfirmatorischen Faktorenanalyse aus Studie II und theoretische Überlegungen weisen auf strukturelle Beziehungen unter den Komponenten der Gesundheitskompetenz hin. In bisherigen Analysen wurden die Kompetenzdimensionen des Modells auf einer Ebene angesiedelt. Für die weitere Modellentwicklung wird davon ausgegangen, dass sich spezifische hierarchische Beziehungen innerhalb des Kompetenzmodells identifizieren lassen, die zu einem Strukturmodell der Gesundheitskompetenz führen. Ein solches Strukturmodell enthält Annahmen über Art und Richtung der Beziehungen zwischen den Modellkomponenten. Methodisch werden solche Modellannah-

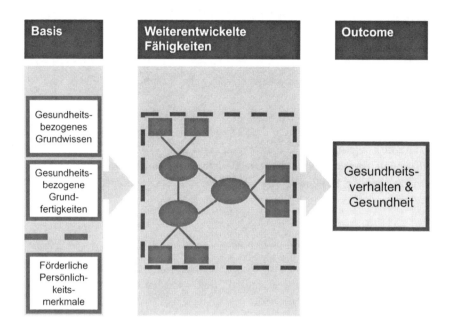

Abbildung 18 Strukturmodell der weiterentwickelten Fähigkeiten zur Gesundheitskompetenz (gestrichelte Umrandung) als Zielgröße der konfirmatorischen Analysen.

men in Pfad- oder Strukturgleichungsmodellen untersucht, deren Pfade für die theoretisch angenommenen Beziehungen zwischen den Komponenten stehen (z. B. Loehlin, 2004; Bollen, 1989).

Die grundlegendste Annahme bei der Entwicklung des Strukturmodells zur Gesundheitskompetenz ist die Unterscheidung in personenbezogene und systembezogene Komponenten des Modells. Diese lässt sich bereits im dreidimensionalen Würfel im Concept Mapping erkennen (siehe Abbildung 12) und drückt sich empirisch in den relativ niedrigeren Korrelationen zwischen den personenbezogenen Modellkomponenten mit den systembezogenen Modellkomponenten aus. Bei der genaueren Betrachtung der personenbezogenen Komponenten unter der Annahme, dass die Regulation innerhalb der Person der Regulation im Umgang mit der Umwelt vorgeschaltet ist (z. B. Kuhl, 2001) lassen sich Hypothesen über die strukturellen Beziehungen der Modellkomponenten entwickeln. Den Kompetenzdimensionen Selbstwahrnehmung und Verantwortungsübernahme wird dabei eine gesonderte Stellung zugewiesen.

Zentrale Bedeutung der Selbstwahrnehmung

Die Selbstwahrnehmung nimmt in vielen Theorien der Selbstregulation eine besondere Position ein (z. B. Kuhl, 2001, 2010; Brown & Ryan, 2003, 2004; Carver & Scheier, 1981; Maturana & Varela, 1974, 1990). Den Fähigkeiten zur Selbstwahrnehmung, der Aufmerksamkeit auf innere Prozesse sowie der Wahrnehmung eigener Bedürfnisse und Kognitionen, wird eine Schlüsselrolle für die Selbst- und Verhaltensregulation zugewiesen. Eine gute Selbstwahrnehmung macht Informationen über innere Zustände und Bedürfnisse für den Entscheidungs- und Handlungsprozess verfügbar, die für eine optimale Selbststeuerung und ein adäquates Handeln unerlässlich sind (Fröhlich & Kuhl, 2004; Brown & Ryan, 2004). Je klarer und realitätsnäher eine Person die kontinuierlich ablaufenden inneren und äußeren Prozesse wahrnehmen kann, umso gesünder und adaptiver wird das Verhalten dieser Person sein (Brown & Ryan, 2004).

Nach der PSI-Theorie (Kuhl, 2001, 2010) muss die Funktion der Selbstwahrnehmung vor allem im Extensionsgedächtnis angesiedelt werden, in dem das Selbst verortet ist. Dieses kognitive System nimmt die vielfältigen Informationen und Eindrücke aus den verschiedensten somatischen und psychischen Informationsquellen in einem ganzheitlichen Fühlen wahr und verarbeitet diese. Die Fähigkeit zur Wahrnehmung der eigenen Gefühle, Emotionen, Ziele und Wünsche ist die Voraussetzung für diese Integrationsleistungen des Selbst und als solche auch konstituierend für die Selbstregulation. Gerade die Berücksichtigung möglichst aller relevanten Bedürfnisse, Wünsche und Ziele in Entscheidungs- und Handlungsprozessen ist nach der PSI-Theorie das zentrale Merkmal der Selbstregulation (Fröhlich & Kuhl, 2004). Der Zugang zum Extensionsgedächtnis und zur Selbstwahrnehmung wird über Affekte gesteuert. Ein hoher negativer Affekt verhindert eine hohe Selbstwahrnehmung, die erfolgreiche Herabregulierung des negativen Affekts stärkt diese.

Auch andere Theorien der Selbstregulation weisen der Selbstwahrnehmung eine Schlüsselposition zu. Nach Carver und Scheier (1981, 2005) ist die Selbstregulation ein Regulationsprozess, der aus Feedback-Schleifen besteht. Diese Feedback-Schleifen, die auf einem kybernetischen Verständnis des Menschen beruhen, enthalten neben Input, Output und Referenzwert auch einen sogenannten Comparator. Der Comparater ist eine Vergleichskomponente, die fortlaufend den Ist- und den Soll-Zustand des Systems miteinander abgleicht. Der Fähigkeit zur Selbstwahrnehmung kommt hier eine entscheidende Funktion zu. Nur wenn die Selbstwahrnehmung genaue, verlässliche und hochwertige Informationen über den Ist-Zustand ermöglicht, sind erfolgreiche Kontrollprozesse und eine angemessene Systemjustierung möglich (Carver & Scheier, 2005).

Aufbauend auf diesen theoretischen Erörterungen wird die Selbstwahrnehmung im Modell der Gesundheitskompetenz als eine vorgeordnete Fähigkeit konzipiert. Die Fähigkeit zur Selbstwahrnehmung beeinflusst die Funktionalität

praktisch aller anderen Kompetenzkomponenten des Modells. So wird angenommen, dass Personen mit einer guten Selbstwahrnehmung eher Verantwortung für ihre Gesundheit übernehmen, da sie die Zusammenhänge zwischen
ihrem Verhalten, ihrem Wohlbefinden und ihrer Gesundheit realitätsgerecht
wahrnehmen. Ebenso sollte die Selbstwahrnehmung eine gute Selbstregulation
bedingen, da die Selbstregulation quasi per Definition auf einer hohen Selbstwahrnehmung beruht. Die Fähigkeit, über sein Befinden mit anderen zu kommunizieren und entsprechend zu kooperieren setzt ebenso eine hohe Wahrnehmung des eigenen Befindens voraus. Und nicht zuletzt ist das erfolgreiche
Handeln von gelungenen Prozessen der Selbstwahrnehmung abhängig (z. B.
Carver & Scheier, 1981). Die Bestimmung der Beziehung zwischen der Selbstwahrnehmung und der Selbstkontrolle im Modell der Gesundheitskompetenz ist
unklar, da eine hohe Selbstkontrolle mit einer reduzierten Selbstwahrnehmung
einhergehen kann, aber nicht muss (Fröhlich & Kuhl, 2004).

Verantwortungsübernahme für die eigene Gesundheit
Theorien zur Selbstregulation weisen Prozessen der Zielauswahl und Zieldefinition ebenfalls eine entscheidende Funktionen zu (z. B. Carver & Scheier, 2005;
Zimmerman, 2005; Kuhl, 2001, 2010). Die im Modell der Gesundheitskompetenz
vorhandene Komponente Verantwortungsübernahme für die eigene Gesundheit
kann im Sinne von Zieldefinition und Zielauswahlprozessen gesehen werden.
Personen, die im Sinne des Modells Verantwortung für ihre Gesundheit übernehmen, treffen bewusst die Entscheidung für ein gesundheitsförderliches
Verhalten. Anhand der Expertenaussagen im Concept Mapping lässt sich dies
wie folgt festmachen:

> Zur Gesundheitskompetenz gehört die Fähigkeit »Gesundheit als ein aktiv
> herzustellendes Ziel verstehen [zu] können«. Wer versteht, dass man sich
> aktiv um eine nachhaltige Gesundheit bemühen muss (Expertenaussage
> 38), dass man Eigenverantwortung übernimmt (Aussage 75) und im Sinne
> seiner Gesundheit handelt, d. h. sein Verhalten entsprechend plant und
> umsetzt (Aussage 59), und wer dazu noch die Überzeugung hat, dies auch
> zu können (Aussage 56), für den ist eine gute Gesundheit und ein hohes
> Wohlbefinden klar als Ziel definiert.

In diesem Sinne ist die Komponente Verantwortungsübernahme für die eigene
Gesundheit als eine Zieldimension zu verstehen.
  Ziele strukturieren Verhalten und Regulationsprozesse (Kuhl, 2010). Selbst-
regulative Prozesse sind auf Ziele ausgerichtet. Die gesetzten Ziele dienen als
Referenz für die weitere Regulation (Carver & Scheier, 1981). Für die Modell-

entwicklung zur Gesundheitskompetenz wird daher angenommen, dass eine hohe Verantwortungsübernahme positiv mit Prozessen der Selbstregulation und Selbstkontrolle assoziiert ist. Insbesondere eine starke, bewusste Verantwortungsübernahme für die eigene Gesundheit sollte zu einer stärkeren Selbstkontrolle gesundheitsrelevanten Verhaltens führen. Dies kann am Beispiel des kontrollierten Essverhaltens veranschaulicht werden: Vor der Herausforderung, gesunde Lebensmittel potenziell ungesunden, aber gut schmeckenden Lebensmitteln vorzuziehen, sollten Personen mit einer starken Verantwortungsübernahme stärker dazu neigen, das gesündere Nahrungsmittel vorzuziehen und dabei die Lust auf die attraktivere, aber potenziell ungesündere Alternative zu kontrollieren.

Weiter kann angenommen werden, dass eine größere Verantwortungsübernahme die Häufigkeit des Umgangs mit Gesundheitsinformationen erhöht. Personen, die ihrer Verantwortung für die eigene Gesundheit aktiv übernehmen, sollten entsprechend häufiger in der Situation sein, sich Informationen zu beschaffen, sich aktiv mit ihnen auseinander zu setzen. Entsprechend dem Postulat, dass Kompetenzen vor allem über Erfahrung erworben werden (Weinert, 2001; Klieme & Leutner, 2006), ist anzunehmen, dass sich die aktive Verantwortungsübernahme für die Gesundheit positiv auf die Fähigkeit zum Umgang mit Gesundheitsinformationen auswirkt.

Aus der Zusammenfassung dieser Überlegungen lassen sich Modelle über die strukturellen Beziehungen der weiterentwickelten Fähigkeiten der Gesundheitskompetenz konzipieren.

Strukturgleichungsmodell der Gesundheitskompetenz

Für die empirischen Analysen im Strukturgleichungsmodell wurden die einzelnen Items zur Gesundheitskompetenz in den gleichen Item-Parcels zusammengefasst wie in der konfirmatorischen Faktorenanalyse. Die Modellschätzung wird erneut über das Maximum-Likelihood-Schätzverfahren (MLM) berechnet.

Im Prozess der Modellbildung wurden verschiedene Strukturmodelle theoretisch entwickelt und empirisch geprüft, die hier nicht im Einzelnen dargestellt sind. Im Wechsel zwischen den dargestellten theoretischen Überlegungen und der empirischen Modellprüfung wurde schrittweise ein Strukturmodell der Gesundheitskompetenz identifiziert, das die Basis für die weitere Modellentwicklung bildet. Dieses Strukturmodell ist durch zwei Hierarchieebenen gekennzeichnet (siehe Abbildung 22). Auf der ersten Ebene befinden sich die Kompetenzdimensionen Selbstwahrnehmung und Verantwortungsübernahme, die als vorgeordnete Kompetenzen eine regulierende Bedeutung für die Kompetenzen der zweiten Ebene besitzen und nicht unmittelbar handlungsleitend sind. Die Kompetenzdimensionen der zweiten Ebene können dagegen als unmittelbar verhaltenswirksam betrachtet werden. Hier finden sich die Kompo-

nenten Selbstregulation und Selbstkontrolle, Kommunikation und Kooperation
sowie die Fähigkeiten zum Umgang mit Gesundheitsinformationen.

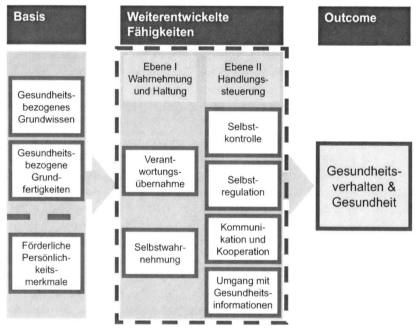

Abbildung 19 Hierarchieebenen im Strukturmodell der weiterentwickelten Fähigkeiten der
Gesundheitskompetenz (gestrichelte Umrandung).

In dem hier dargestellten Modell sind einzig die signifikanten Pfade spezifiziert. Nicht signifikante Pfade sind in der resultierenden Modellkonfiguration
nicht enthalten. Diese Anpassung des Modells an die empirischen Daten der
Stichprobe zwingt die theoretischen Annahmen in die vorliegende Form.

Abbildung 20 zeigt das resultierende Strukturgleichungsmodell der Gesundheitskompetenz.

Selbstwahrnehmung und Verantwortungsübernahme sind den übrigen Variablen des Modells eine Ebene vorgelagert. Die Beziehung zwischen der Fähigkeit zur Selbstwahrnehmung und der Verantwortungsübernahme wird
kausal interpretiert in dem Sinne, dass eine hohe, aktive Verantwortungsübernahme für die eigene Gesundheit vor allem dann gegeben ist, wenn die Fähigkeit
zur Wahrnehmung des eigenen Körpers und der eigenen Psyche besteht. Das
Modell zeigt einen guten Modellfit ($\chi^2 = 50.775$; df $= 43$; $p = .194$; CFI $= .987$;
TLI $= .979$; RMSEA $= .033$ und SRMR $= .042$).

Die in den Messmodellen durchweg signifikanten Ladungen ($p < .01$) der

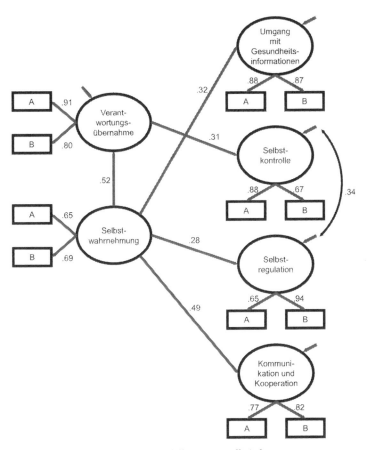

Abbildung 20 Strukturgleichungsmodell zur Gesundheitskompetenz
Anmerkung: $N = 170$; A = Parcel A; B = Parcel B; alle Pfade der Messmodelle (λ) sind ebenso wie
die spezifizierten Pfade zwischen den latenten Variablen signifikant ($p < .01$).

Items auf ihrer jeweiligen latenten Variablen liegt zwischen $\lambda = .65$ (Parcel A der
Variable Selbstregulation und Parcel A der Variable Selbstwahrnehmung) und
$\lambda = .94$ (Parcel B der Selbstregulation). Entsprechend den Ladungen schwankt
die über die latenten Variablen aufgeklärte Varianz (R^2) der Item-Parcel zwischen 42 % (Selbstregulation Parcel A) und 88 % (Selbstregulation Parcel B).

Bei der Betrachtung der Pfade zwischen den Variablen zeigt sich ein signifikanter Einfluss der Selbstwahrnehmung auf die Verantwortungsübernahme
($\beta = .52$; $p < .01$).Die definierte Beziehung zwischen den beiden vorgelagerten
Modellkomponenten Selbstwahrnehmung und Verantwortungsübernahme auf
die vier nachgelagerten Komponenten der Gesundheitskompetenz führt zu
folgenden empirischen Ergebnissen: Die Fähigkeit zur Selbstkontrolle wird
durch die Fähigkeit zur Verantwortungsübernahme vorhergesagt ($\beta = .31$,

p < .01). Die Fähigkeit zur Selbstregulation wird durch die Selbstwahrnehmung vorhergesagt (β = .28, *p* < .01). Auch die Fähigkeit zur Kommunikation und Kooperation wird wesentlich durch die Selbstwahrnehmung beeinflusst (β = .49, *p* < .01). In der vorliegenden Stichprobe hängt die Fähigkeit zum Umgang mit Gesundheitsinformationen nicht von der Verantwortungsübernahme ab. Der Pfad ist daher in dem resultierenden Modell nicht spezifiziert. Demgegenüber wird die Fähigkeit zum Umgang mit Gesundheitsinformationen positiv von der Selbstwahrnehmung vorhergesagt (β = .32, *p* < .01). Neben diesen Pfaden findet sich im Modell eine signifikante Residualkorrelation zwischen den beiden endogenen Variablen Selbstkontrolle und Selbstregulation von *r* = .34 (*p* < .01).

Die Varianzaufklärung der endogenen latenten Variablen liegt im Modell zwischen 7,8 % für die Fähigkeit zur Selbstregulation, die alleine durch die Selbstwahrnehmung signifikant vorhergesagt wird, und 26,8 % für die Verantwortungsübernahme, die ebenfalls durch Selbstwahrnehmung vorhergesagt wird. Die Varianz der Selbstregulation wird im Modell zu 9,5 % erklärt, Kommunikation und Kooperation zu 24,4 % und die Fähigkeit zum Umgang mit Gesundheitsinformationen zu 10,5 %.

5.2.5 Zusammenfassung und Schlussfolgerung der Ergebnisse der Strukturgleichungsanalysen in Studie II

Insgesamt betrachtet stimmen die Ergebnisse der konfirmatorischen Datenanalyse und der Strukturgleichungsmodelle zu großen Teilen mit den theoretischen abgeleiteten Annahmen überein. Die einzelnen Komponenten der Gesundheitskompetenz der explorativen Analysen der Studien I und II können über die konfirmatorischen Berechnungen der Studie II verifiziert werden. Das in Studie II entwickelte Strukturmodell der Gesundheitskompetenz wurde anhand theoretischer Vorüberlegungen, aber auch »datengetrieben« in der Prüfung verschiedener, theoretisch plausibler Modelle erarbeitet. Im Prozess der schrittweisen Modellmodifikation im Sinne des von Jöreskog beschriebenen Vorgehens (Jöreskog, 1993) zeigt das Modell eine gute Modellpassung.

Der bisherige Stand der Modellentwicklung lässt sich hervorragend an bestehende Forschungsergebnisse zur Selbstregulation anbinden. Der Forschung zur Gesundheitskompetenz wird durch das Modell eine zunehmend empirisch gesicherte Beschreibung der Fähigkeiten und Fertigkeiten zur Verfügung gestellt, aus der sich das Konstrukt bildet. Dabei ist insbesondere die Erweiterung um personenbezogene, selbstregulative Komponenten hervorzuheben, die in bisherigen Modellen der Gesundheitskompetenz zu wenig beachtet wurden, welche jedoch aus psychologischer Sicht für ein Konzept, das Gesundheitsentscheidungen und Gesundheitsverhalten vorhersagen und beeinflussen soll, unverzichtbar sind.

Die gefundene Modellstruktur muss in weiteren Schritten an unabhängigen Stichproben validiert werden. Diese Kreuzvalidierung soll unter anderem klären, inwieweit die untersuchte Stichprobe junger Erwachsener zwischen 16 und 21 Jahren spezifische Antwortmuster zeigt, die in einer allgemeineren Stichprobe anders ausfallen. Beispielsweise kann davon ausgegangen werden, dass Jugendliche und junge Erwachsener über einen geringeren Erfahrungsschatz und in der Folge über geringere Kompetenzen im Umgang mit Gesundheitsinformationen verfügen als ältere Personen (siehe Sommerhalder, 2009). Ein weiterer wesentlicher Aspekt der anstehenden Untersuchungen der Studie IV ist die Stichprobengröße, die in der Studie II mit einem N von 170 relativ klein gemessen an der untersuchten Fragestellung und den eingesetzten Analysemethoden ist. Die weiteren Analysen sind auf einer breiteren Datenbasis vorzunehmen. Für den weiteren Prozess der Modellbildung ist somit eine Überprüfung des Modells an einer hinreichend großen Erwachsenenstichproben notwendig, die eine andere Altersstruktur als die bisherigen Untersuchungen an Jugendlichen und jungen Erwachsenen aufweisen.

5.3   Studie III

Die Analysen der vorangegangenen Studie haben im Wechselspiel zwischen theoretischen Überlegungen und datengetriebener Modellpassung ein Strukturmodell der Gesundheitskompetenz hervorgebracht. Für die weitere Modellbildung soll dieses Strukturmodell an unabhängigen Stichproben repliziert werden. Dabei wird der bisherige, an der Bildungsforschung orientierte schulische Kontext der Untersuchungen verlassen. In der dritten und vierten Studie zur Gesundheitskompetenz werden erwachsene Teilnehmer erhoben, deren Altersstruktur deutlich breiter ist, als in den bisherigen Erhebungen. Aufgrund der zu angestrebten Stichprobenunterschiede sind in einem gewissen Rahmen Veränderungen der Modellstruktur zu erwarten, die aus dem bisher vorliegenden Strukturmodell jedoch nicht im Einzelnen vorhergesagt werden können.

Für die dritte Studie werden die folgenden Forschungsziele definiert:

(1) Überprüfung und Replikation der Modellstruktur der Gesundheitskompetenz an einer Erwachsenenstichprobe, die eine höheres Durchschnittsalter und eine größere Variabilität im Alter aufweist, als die Stichproben der bisherigen Studien I und II

(2) Weiterentwicklung des Strukturmodells der Gesundheitskompetenz anhand der empirischen Befunde der Erwachsenenstichprobe.

5.3.1 Methode

Der Methodenabschnitt stellt die Umsetzung der Studie, den verwendeten Fragebogen und die Analysemethoden dar. Am Ende des Abschnitts findet sich die Stichprobenbeschreibung der Studie III.

Umsetzung der Studie

Die Zielgruppe der dritten Studie sind Erwachsene über 20 Jahre. Die Rekrutierung der Teilnehmer erfolgte über Studenten, die an einer Lehrveranstaltung der Universität Bonn zur Methodenlehre die Datenerhebung als praktische Übung durchführten. Den Studentinnen und Studenten wurde die Aufgabe gestellt, je 10 Versuchspersonen außerhalb des universitären Kontexts den Fragebogen zur Gesundheitskompetenz vorzulegen. Vor Beginn der Datenerhebung wurden die Studentinnen und Studenten über die wesentlichen Kriterien einer gelungenen Datenerhebung, im Besonderen über die Bedeutung der Erhebungsobjektivität, aufgeklärt. Für die Teilnehmer dauerte das Ausfüllen des Fragebogens etwa 30 Minuten.

Fragebogen

Der Gesamtfragebogen wurde aus erhebungsökonomischen Gründen in Studie III in zwei unterschiedlichen Versionen (A und B) erstellt. Neben dem Instrument zur Erfassung der Gesundheitskompetenz werden in den beiden Versionen unterschiedliche Instrumente zur Skalen- und Modellvalidierung.

Der Fragebogen zur Gesundheitskompetenz weicht in Studie III geringfügig von der in Studie II vorgestellten Fragebogenversion ab. Dabei ist anzumerken, dass Studie II die elaboriertere Version des Fragebogens zur Gesundheitskompetenz enthält. Dies ist einer zeitlichen Überschneidung in der Entwicklung und im Einsatz der Fragebogenversionen der Studien II und III geschuldet. Die Abweichungen zwischen den Versionen beziehen sich zum einen auf leichte sprachliche Unterschiede einzelner Items. Zum anderen sind einige Items nur in Studie II vorhanden und fehlen in Studie III, und umgekehrt. Mit insgesamt 45 Items enthält die dritte Studie sechs Items mehr zur Erfassung der Gesundheitskompetenz als die Studie II. Statistisch betrachtet liegt die Übereinstimmung zwischen der finalen Itemauswahl aus den beiden Fragebogenversionen zur Erfassung der Gesundheitskompetenz der Studie II und III unter Einbeziehung der perfekt identischen Items bei 75 %. Bei zusätzlicher Einbeziehung der sprachlich nur leicht überarbeiteten Items liegt die Übereinstimmung bei 81,5 %. Diese, für den Forschungsprozess letztlich unerfreulichen Unterschiede zwischen den beiden Versionen, ließen sich im Fortgang des Projektes und der parallel laufenden Erhebungen der Forschungsarbeit nicht vermeiden. Die abschließende Studie IV trägt dieser Thematik noch einmal Rechnung.

Datenanalyse

Das Vorgehen bei der Item- und Skalenanalyse und der Itemauswahl folgt dem der Studie II. Die eigentliche Datenanalyse konzentriert sich auf die Prüfung des Strukturmodells der Gesundheitskompetenz mit Hilfe von Strukturgleichungsanalysen. Das methodische Vorgehen entspricht dabei gänzliche dem der Studie II (siehe Kapitel 6.2.1). Die wichtigsten Aspekte sind dabei das Item-Parcelling und die Verwendung eines Maximum-Likelihood-Schätzverfahren, der Satorra-Bentler Schätzung (MLM), mit mittelwertskorrigierter χ^2-Test-Statistik als robustem Schätzverfahren bei Verletzung der Normalverteilungsannahme.

Teilnehmer

Insgesamt wurden in der dritten Studie 227 Personen erhoben, von denen 114 die Version A und 113 die Version B ausgefüllt haben. In dieser Studie wurden die soziodemographischen Angaben detaillierter als in den beiden vorigen Untersuchungen erfasst. Das Durchschnittsalter der Teilnehmer lag bei 36 Jahren (*SD* = 12,69; Min = 20, Max = 65). Etwas über die Hälfte der Teilnehmer sind weiblich (56,8 %). Knapp 60 % sind ledig, etwa 30 % sind verheiratet und 7 % sind geschieden. Eigene Kinder haben fast 40 %. Die meisten Teilnehmer leben mit Ihrem Partner zusammen (49,3 %) in einer Wohngemeinschaft (22,5 %) oder alleine (21,1 %).

Die Schulbildung der Stichprobe ist hoch: Über 82 % haben Abitur, 7,9 % einen Realschulabschluss und 6,2 % haben einen Hauptschulabschluss. Nur zwei Teilnehmer haben keinen Schulabschluss (0,9 %). Entsprechend hoch ist auch der Ausbildungsstand: 42,7 % verfügen über einen Abschluss an einer Universität oder einer Fachhochschule. Den Meister oder einen Abschluss in einer Fachschule haben 6,6 % und etwa 25 % haben eine Lehre abgeschlossen. 17,6 % sind noch in Ausbildung. Sieben Teilnehmer (3,1 %) hatten zum Zeitpunkt der Datenerhebung keinen Berufsabschluss.

5.3.2 Ergebnisse

Item- und Skalenanalyse

Die Auswahl geeigneter Items in Studie III erfolgte nach den gleichen Kriterien wie in den beiden vorangegangenen Studien. Letztlich wurde erneut ein Itemsatz von 29 Items zur Erfassung der Gesundheitskompetenz erstellt. Die Ergebnisse der Item- und Skalenanalyse entsprechen weitestgehend denen der Studie II. Die Reliabilität der Skalen liegt zwischen α = .55 (Selbstwahrnehmung) und α = .86 (Umgang mit Gesundheitsinformationen) und ist insgesamt etwas niedriger als in der vorangegangenen Studie. Am wenigsten reliabel ist die Skala zur Erfassung der Selbstwahrnehmung. Sie zeigt im Vergleich zu den anderen Skalen auch die niedrigsten Trennschärfen der Items zwischen $r_{it} = .31$ und $r_{it} = .36$.

Strukturgleichungsmodell

Für Studie III wird vorhergesagt, dass trotz der aufgeführten Unterschiede zu Studie II das dort entwickelte Strukturmodell der Gesundheitskompetenz repliziert werden kann. Aufgrund der Unterschiede in der Operationalisierung der Gesundheitskompetenz und der Stichprobencharakteristika sind jedoch gewisse Abweichungen zu erwarten, die im Einzelnen nicht vorhergesagt werden können. Die Modellkonfiguration der Berechnungen zu Beginn der Analysen entspricht vollständig der in Studie II und definiert entsprechend zwei Ebenen im Strukturmodell und fünf signifikante Pfade zwischen den latenten Variablen (siehe Abbildung 20).

Die Ergebnisse zeigen einen signifikanten χ^2-Test ($\chi^2 = 62.543$; df $= 43$; p $= .027$) der anzeigt, dass das berechnete Modell nicht exakt auf die empirischen Daten passt. Der Einbezug weiterer Fit-Indizes (z. B. Hu & Bentler, 1999) weist jedoch darauf hin, dass sich der Modellfit insgesamt in einem akzeptablen Bereich befindet (CFI $= .973$; TLI $= .958$; RMSEA $= .045$ und SRMR $= .055$).

Die im Modell spezifizierten Ladungen der latenten Variablen sind durchweg signifikant ($p < .01$) und liegen im Bereich zwischen $\beta = .28$ und $\beta = .62$. Die größte Veränderung zu Studie II zeigt sich im Pfad von Selbstwahrnehmung auf Kommunikation und Kooperation, der mit einer Ladung von $\beta = .62$ die stärkste Beziehung im Strukturmodell abbildet. Selbstwahrnehmung lädt zudem mit $\beta = .53$ auf der Verantwortungsübernahme, mit $\beta = .36$ auf Umgang mit Gesundheitsinformationen und mit $\beta = .33$ auf Selbstregulation.

Wie anhand der Ergebnisse der Studie II definiert (siehe Abbildung 20), führt in diesem Modell der einzige Pfad der Verantwortungsübernahme auf die Selbstkontrolle. Er zeigt eine Ladung von $\beta = .28$. Die erklärte Varianz (R^2) der endogenen Variablen des Modells liegt bei 8,0 % für Selbstkontrolle, 11,0 % für Selbstregulation, 38,1 % für Kommunikation und Kooperation, 12,9 % für Umgang mit Gesundheitsinformationen und 27,9 % für Verantwortungsübernahme. Neben den spezifizierten Pfaden zeigen die Ergebnisse eine bereits in Studie II vorhandene signifikante Residualkorrelationen zwischen den endogenen latenten Variablen Selbstkontrolle und Selbstregulation ($r = 31, p < .01$). Dazu kommt eine weitere signifikante Residualkorrelation zwischen Selbstkontrolle und Umgang mit Gesundheitsinformationen ($r = 18, p < .05$).

Zwischenstand Studie III

Betrachtet man allein die Fit-Indizes in Studie III ist die Replikation des in Studie II entwickelten Strukturmodells zur Gesundheitskompetenz gelungen. Aus den Gesamtanalysen in Studie III lassen sich jedoch Hinweise ableiten, die für ein weiteres Explorieren der Struktur der Gesundheitskompetenz sprechen.

Zum einen weist der deutlich gesunkene Modellfit von Studie III auf einen möglichen Anpassungsbedarf des Strukturmodells hin, auch wenn der Modellfit insgesamt weiterhin im akzeptablen Bereich liegt. Der Vergleich der Interskalenkorrelationen der Studien II und III (siehe Kapitel 6.2.4 und Kapitel 6.3.2) macht jedoch zusätzlich auf strukturelle Unterschiede in den Datensätzen aufmerksam. So korreliert in Studie III die Skala Selbstwahrnehmung höher mit Selbstkontrolle ($r = .29$) als mit Selbstregulation ($r = .27$). Die Korrelation zwischen Selbstkontrolle und Selbstwahrnehmung ist höher als die zwischen Selbstkontrolle und Verantwortungsübernahme ($r = .21$). Beides ist in Studie II nicht der Fall. Diese Unterschiede können sich in Studie III aufgrund der vorab definierten Pfade nicht ausdrücken.

Es stellt sich also die Frage, ob in diesen abweichenden Zusammenhangsmustern eine andere Beziehungsstruktur zwischen Selbstwahrnehmung, Selbstregulation, Selbstkontrolle und Verantwortungsübernahme der Erwachsenenstichprobe (Studie III) verglichen zur deutlich jüngeren Stichprobe der Studie II zeigt. Kann es sein, dass eine höhere Selbstwahrnehmung bei Erwachsenen mit einer höheren Selbstkontrolle einhergeht, wie es die korrelativen Befunde nahelegen und sollte sich dies dann nicht auch im Strukturmodell der Gesundheitskompetenz widerspiegeln? Es stellt sich somit die Frage, ob die entsprechenden Pfade nicht bei einer Freisetzung im Strukturmodell signifikant würden.

Neben diesen Beziehungen sind auch die Korrelationskoeffizienten zwischen der Skala Umgang mit Gesundheitsinformationen und Selbstkontrolle (Studie II: $r = .18$; Studie III: $r = .28$) sowie Umgang mit Gesundheitsinformationen und Verantwortungsübernahme (Studie II: $r = .17$; Studie III: $r = .27$) in Studie III deutlich höher als in Studie II. Auch hier stellt sich die Frage, wie dieser Befund inhaltlich zu bewerten ist und ob nicht eine Freisetzung der entsprechenden Pfade im Strukturmodell zusätzliche Erkenntnisse hervorbringen würde, die für die weitere Modellbildung relevant sind.

Auf einer theoretischen Ebene spiegelt das Modell der Studie II die Ergebnisse einer explorativen Modellentwicklung an jungen Erwachsenen im Alter von 16 bis 21 Jahren wider. Unter der Prämisse, dass Kompetenzen wesentlich über Erfahrungen erworben und weiterentwickelt werden (z. B. Gnahs, 2007; Hartig & Klieme, 2006), kann erwartet werden, dass relevante Unterschiede im Antwortverhalten der untersuchten Stichprobengruppen bestehen, die sich in unterschiedlichen Pfaden zwischen den latenten Variablen niederschlagen. Im

Besonderen muss die Rolle der Skala zum Umgang mit Gesundheitsinformationen hinterfragt werden. Erwachsene sollten aufgrund ihres höheren Alters
und der größeren Eigenverantwortung über deutlich mehr eigene Erfahrung im
Umgang mit Gesundheitsinformationen verfügen als Jugendliche und somit
systematisch anders antworten.

5.3.3 Modell-generierende Überprüfung der Ergebnisse

Aufgrund der hier aufgeführten Überlegungen erscheint es verfrüht, das in
Studie III erfolgreich replizierte Ergebnis der Studie II als Strukturmodell der
Gesundheitskompetenz zu übernehmen. Die beschriebenen Argumente geben
Anlass für weitere modellgenerierende Untersuchungen. Dazu werden erneut
alle Pfade zwischen den beiden vorgelagerten latenten Variablen Selbstwahr-
nehmung und Verantwortungsübernahe auf die vier nachgelagerten Skalen der
Gesundheitskompetenz zugelassen (siehe Abbildung 25).

Die Ergebnisse dieser modifizierten Modellkonfiguration sind in Abbildung 22 dargestellt. Das Modell zeigt eine gute und im Vergleich zu dem vorigen
Modell verbesserte Modellpassung. Der χ^2-Wert zeigt bei dieser Konfiguration
keine signifikante Abweichung der Modellschätzung von den empirischen Daten
mehr an ($\chi^2 = 46.477$; $df = 39$; $p = .192$) Auch die übrigen Fit-Indizes sprechen
für einen guten Modellfit (CFI $= .990$; TLI $= .982$; RMSEA $= .029$ und
SRMR $= .034$). Die Messmodelle enthalten ausnahmslos signifikante Pfade
($p < .01$) zwischen den latenten Variablen und den Item-Parcels. Diese liegen
zwischen $\lambda = .61$ (Selbstwahrnehmung Parcel B) und $\lambda = .96$ (Umgang mit
Gesundheitsinformationen Parcel A).

Auf der Ebene der latenten Variablen bleibt innerhalb der ersten Modellebene
der Einfluss der Selbstwahrnehmung auf die Verantwortungsübernahme
($\beta = .44$; $p < .01$) bestehen. Die Skala Verantwortungsübernahme zeigt in dem
Modell keinen signifikanten Pfad mehr auf die Selbstkontrolle ($\beta = .07$; n. s.).
Der Einfluss der Verantwortungsübernahme auf die Selbstregulation ist ebenfalls nicht signifikant ($\beta = -.05$, n. s.). Einzig der Pfad der Verantwortungsübernahme auf den Umgang mit Gesundheitsinformationen zeigt einen statistisch bedeutsamen Einfluss ($\beta = .21$, $p < .01$).

Die Skala Selbstwahrnehmung lädt im vorliegenden Modell signifikant auf
allen latenten Variablen der zweiten Ebene. Die höchsten Ladungen gehen dabei
von der Selbstwahrnehmung auf die Skalen Kommunikation und Kooperation
($\beta = .56$, $p < .01$), Selbstkontrolle ($\beta = .43$, $p < .01$) und Selbstregulation
($\beta = .40$, $p < .01$). Der Einfluss der Selbstwahrnehmung auf den Umgang mit
Gesundheitsinformationen ist der geringste ($\beta = .25$, $p < .01$). Von den Korrelationen zwischen den latenten Variablen des Modells ist allein die Korrelation
zwischen der Selbstkontrolle und dem Umgang mit Gesundheitsinformationen

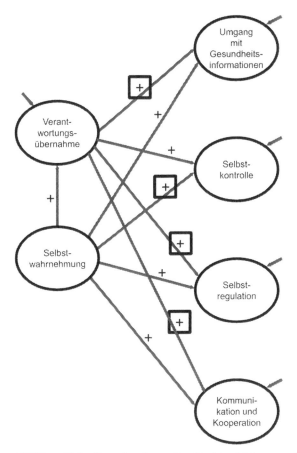

Abbildung 21 Konfiguration des zweiten Strukturgleichungsmodells der Studie III. Alle dargestellten Pfade postulieren einen positiven Einfluss (+) der Prädiktorvariablen auf die endogenen
Variablen. Die quadratischen Umrahmungen kennzeichnen Pfade, die in Studie III neu definiert
wurden und in Studie II nicht vorhanden sind (vgl. Abb. 20).

signifikant ($r = .20$, $p < .05$). Die im Vorgängermodell gefundene Korrelation
zwischen Selbstregulation und Selbstkontrolle findet sich nicht mehr ($r = .06$,
n. s.). Die erklärte Varianz der latenten endogenen Variablen liegt für die Verantwortungsübernahme bei 19,7 %. Selbstregulation wird zu 14,7 % erklärt und
Selbstkontrolle zu 22,0 %. Mit 35,3 % erklärter Varianz ist Kommunikation und
Kooperation die am besten aufgeklärte Variable. Die Varianz im Umgang mit
Gesundheitsinformationen wird vom Modell zu 15,4 % erklärt.

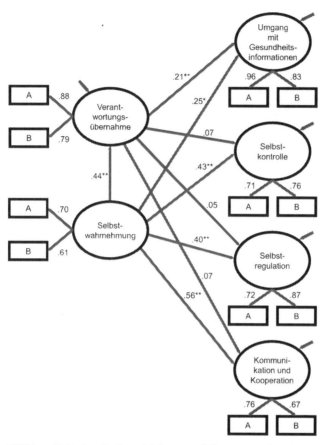

Abbildung 22 Zweites Strukturgleichungsmodell zur Gesundheitskompetenz der Studie III
Anmerkung: N = 227; A = Parcel A; B = Parcel B; * *p* < .05; ** *p* < .01; alle Pfade der
Messmodelle (λ) sind signifikant (*p* < .01).

5.3.4 Zusammenfassung und Schlussfolgerung zur Studie III

Die Spezifikation der im Vorgängermodell nicht zugelassenen Pfade zwischen
den latenten Variablen führt zu einer deutlichen Verbesserung der Modellpassung und bringt einige Veränderungen in der Beziehung der latenten Variablen
hervor. Zum einen wird der Pfad von Verantwortungsübernahme auf Selbstkontrolle nicht mehr signifikant. Dafür zeigt sich ein neuer Pfad von Verantwortungsübernahme auf den Umgang mit Gesundheitsinformationen. Zum
anderen zeigt die Selbstwahrnehmung zusätzlich einen signifikanten Einfluss
auf die Selbstkontrolle und ist somit ein Prädiktor für alle fünf latenten Variablen
des Modells.

Nach diesem Ergebnis stärkt eine hohe Selbstwahrnehmung sowohl die Fähigkeit zur Selbstregulation als auch die Fähigkeit zum Umgang mit Gesundheitsinformationen. Dagegen nimmt die Fähigkeit zur Verantwortungsübernahme, anders als in der Jugendlichenstichprobe, keinen direkten Einfluss mehr auf die Selbstkontrolle, erweist sich jedoch als einflussreich für den gesundheitsfördernden Umgang mit Gesundheitsinformationen.

In ihrer Gesamtheit bestätigen die Ergebnisse der Studie III weitestgehend die theoretischen Vorannahmen und bisherigen Befunde der vorausgegangenen Modellbildung. Das Strukturmodell der Gesundheitskompetenz zeigt in beiden gerechneten Modellen eine hinreichend gute Modellpassung, wobei mit dem zweiten Modell der Studie III eine bessere Modellpassung erreicht wird.

Die gefundenen Abweichungen zwischen dem Modell der Studie II bzw. dem ersten Modell der Studie III und dem finalen Modell der Studie III lassen sich teilweise durch die Unterschiede der Stichprobencharakteristika plausibel erklären. Die Befunde zeigen einen neuen Einfluss der Verantwortungsübernahme auf den Umgang mit Gesundheitsinformationen. Erwachsene stehen stärker als Jugendliche in der Verantwortung für ihre Gesundheit, insbesondere was den Umgang mit Gesundheitsinformationen betrifft. Während bei vielen Jugendlichen in der Altersgruppe zwischen 16 und 21 Jahren gesundheitsrelevante Entscheidungen noch primär von den Erziehungsberechtigten, oder zumindest in Rücksprache mit ihnen getroffen werden, dürften Erwachsene bei Gesundheitsentscheidungen wesentlich stärker auf sich selbst gestellt sein. Somit ist zu erwarten, dass der Umgang mit Gesundheitsinformationen bei Erwachsenen deutlich häufiger und intensiver ist, als bei Jugendlichen. Und es kann angenommen werden, dass hier der Grad der aktiven Verantwortungsübernahme für die eigene Gesundheit ein wesentlicher Einflussfaktor für diese Aktivitäten darstellt. Der vorliegende empirische Befund kommt einer solchen Interpretation entgegen.

Des Weiteren verschwindet im neuberechneten Modell der Studie III der signifikante Pfad zwischen Verantwortungsübernahme und Selbstkontrolle. Und es zeigt sich ein neuer positiv signifikanter Pfad zwischen Selbstwahrnehmung und Selbstkontrolle. Dieser Befund ist *post hoc* schwierig zu erklären. Die vorab postulierte Bedeutung der Verantwortungsübernahme für die Fähigkeit und den Willen zur Selbstkontrolle bestätigt sich in diesem Modell nicht. Der Befund, dass die Selbstwahrnehmung einen signifikanten Einfluss auf die Selbstkontrolle hat, steht hingegen nicht im Widerspruch zu den theoretischen Vorannahmen, die zwar davon ausgehen, dass eine hohe Selbstkontrolle zeitweise mit einer Unterdrückung der Selbstwahrnehmung einhergehen kann, dies jedoch nicht muss, wenn die Selbstkontrolle die in Einklang mit den eigenen Zielen steht. In diesem Fall kann eine hohe Selbstkontrolle mit einer hohen Selbstwahrnehmung einhergehen (siehe Kuhl, 2001, 2010).

In ihrer Gesamtheit hat die Studie III weitere Aufschlüsse über die Zusammenhänge zwischen den Modellkomponenten der Gesundheitskompetenz hervorgebracht. Erstmals wurde das Strukturmodell an einer Erwachsenenstichprobe untersucht. Trotz der gelungenen Replikation des Modells aus Studie II ergaben sich aus der genaueren Analyse der Daten weitere Veränderungen im Strukturmodell, die in Studie IV an einer weiteren Erwachsenenstichprobe zu replizieren sind. Das resultierende Modell der Studie III löst das Modell der Studie II als Referenz für die weitere Modellbildung ab.

5.4   Studie IV

Die bisherigen Untersuchungen belegen trotz der stetig vorgenommenen Weiterentwicklung des Modells eine hohe Stabilität der Dimensionen der Gesundheitskompetenz und der Modellstruktur. Die Kompetenzkomponenten der Gesundheitskompetenz konnten bisher in zwei exploratorischen Faktorenanalysen (Studie I: $N = 282$; Studie II [Teilstichprobe A]: $N = 157$) empirisch repliziert und anhand weiterer konfirmatorischer Faktorenanalysen an sehr heterogenen Stichproben Jugendlicher im Alter von 17 bis 21 Jahren ($N = 170$) und Erwachsener im Alter von 20 bis 65 Jahren ($N = 227$) bestätigt werden. In einem Wechsel zwischen Theorie und Empirie wurde ein Strukturmodell der Gesundheitskompetenz entwickelt und empirisch überprüft. Die empirische Datenbasis zeigt für die beiden untersuchten Stichproben, trotz der deutlich voneinander abweichenden Stichprobencharakteristika, eine gute Modellpassung.

Die abschließende Studie IV zur Modellbildung der Gesundheitskompetenz schließt an diesen Ergebnissen an. Anders als in Studie III wird hier die reliablere Operationalisierung der Gesundheitskompetenz aus Studie II verwendet. Mit dieser soll das aus Studie III resultierende Strukturmodell der Gesundheitskompetenz an einer hinreichend großen Stichprobe kreuzvalidiert werden. Ziel der abschließenden Analysen zur Modellbildung in Studie IV ist es, ein über insgesamt vier Studien entwickeltes, elaboriertes und empirisch gestütztes Modell der Gesundheitskompetenz auszuweisen.

5.4.1   Methode

Umsetzung der Studie
Zielgruppe der vierten Studie sind Erwachsene im Alter ab 20 Jahren. Wie bereits in Studie III wurden die Teilnehmer durch Studentinnen und Studenten im Rahmen eines Methodenseminares erhoben, wobei jeder Kursteilnehmer etwa 10 Personen aus seinem privaten Umfeld zu erheben hatte. Die Studentinnen und Studenten wurden über die wesentlichen Kriterien einer ordnungsgemäßen

Datenerhebung aufgeklärt. Das Ausfüllen des Fragebogens nahm pro Teilnehmer etwa 20–25 Minuten in Anspruch.

Fragebogen
Der Fragebogen der Studie IV enthält vor der Itemauswahl die gleichen sieben Skalen zur Gesundheitskompetenz, wie sie bereits in Studie II und III vorgelegt wurden. Die Items der Studie IV sind in genau dem gleichen Wortlaut in Studie II enthalten.

Datenanalyse
Auch das Vorgehen bei der Datenanalyse ist weitestgehend identisch mit der in Studie III und zielt ganz auf die konfirmatorische Analyse der bisherigen Befunde ab. Der Fokus der Itemanalyse in Studie IV liegt auf den 29 Items, die sich in Studie II bewährt haben. Dieser Itemsatz stellt das resultierende Erhebungsinstrument zur Gesundheitskompetenz der Modellbildung dar. Aus diesem Grund sind die relevanten Item- und Skalenkennwerte der empirischen Analysen aus Studie IV im Ergebnisteil umfassend dargestellt.

Im Zentrum der Datenanalyse der Studie IV steht allein die Prüfung der Modellstruktur des Gesundheitskompetenzmodells. Die Items wurden für die Berechnung der Strukturgleichungsmodelle in die gleichen Parcels zusammengefasst wie in Studie II (siehe Abschnitt 6.2.1). Das Ziel der Strukturgleichungsanalysen ist die Kreuzvalidierung des finalen Strukturmodells der Studie III. Dieses bildet somit das Ausgangsmodell der Analysen der Studie IV (siehe Abbildung 27).

Das zu prüfende Strukturmodell postuliert signifikante Pfade von Selbstwahrnehmung auf alle übrigen fünf latenten Variablen des Modells. Die Skala Verantwortungsübernahme zeigt zudem einen positiven Pfad auf die Skala Umgang mit Gesundheitsinformationen.

Teilnehmer
An Studie IV nahmen 337 Erwachsene teil deren Durchschnittsalter zum Zeitpunkt der Erhebung bei 39,42 Jahren lag (Minimum = 20; Maximum = 79; *SD* = 12.49). Knapp 40 % der Teilnehmer sind männlich. Der Bildungsstand ist in Studie IV wie bereits in den vorangegangenen Studien hoch. Etwa drei Viertel der Teilnehmer haben Abitur oder Fachabitur. 16 % haben die Realschule abgeschlossen. Etwas mehr als 15 % der Teilnehmer haben einen Migrationshintergrund. Geburtsländer der Teilnehmer sind neben Deutschland Luxemburg (3.0 %), Russland (2.7 %) Großbritannien (0.9 %), die Türkei, Polen, Rumänien und Brasilien (je 0,6 %). Über 90 % der Teilnehmer sprechen zuhause vornehmlich deutsch.

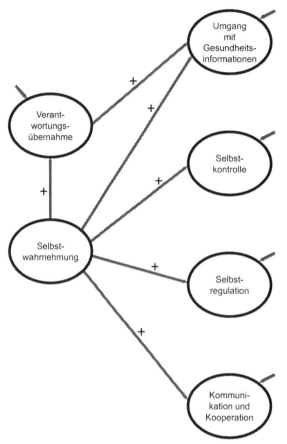

Abbildung 23 Konfiguration des Strukturgleichungsmodells der Studie IV. Alle Pfade stellen einen positiven Einfluss (+) der Prädiktorvariablen auf die endogenen Variablen dar.

5.4.2 Ergebnisse

Item- und Skalenanalyse
Im Folgenden werden die Befunde zu den einzelnen Skalen der Gesundheitskompetenz aus der Studie IV dargestellt. Die Itemauswahl ist dabei vollständig mit der aus Studie II identisch. Zusammen mit den zentralen Kennwerten wird in der folgenden Darstellung eine kurze Charakterisierung der jeweiligen Skalen gegeben.

Skala Selbstregulation

Die fünf Items zur Erfassung der Selbstregulation konzentrieren sich auf Fähigkeiten und Fertigkeiten im Umgang mit Anspannung und Stress. Der Abbau von Anspannungen, die Fähigkeit, zwischendurch abzuschalten und der Wechsel zwischen Konzentration und Entspannung stehen in der Operationalisierung der Skala im Vordergrund. Die Skalenreliabilität liegt bei $\alpha = .75$. Der Mittelwert liegt mit $M = 2.68$ ($SD = .58$) nahe am mittleren Wert der 4er-Likert Skala. Die Trennschärfen der Skala liegen zwischen $r_{it} = .41$ und $r_{it} = .58$. Die Korrelationskoeffizienten innerhalb der Skala Selbstregulation liegen zwischen $r = .26$ und $r = .48$ und sind ausnahmslos signifikant ($p < .01$).

Selbstkontrolle

Die Items der Skala zur Erfassung der Selbstkontrolle zielen auf die Umsetzung und das Durchsetzen einmal gefasster Verhaltensweisen. Vorhaben werden im Auge behalten, Geplantes mit Disziplin umgesetzt. Ablenkungen und abschweifende Gedanken werden überwunden. Die Reliabilität der Skala beträgt bei fünf Items $\alpha = .73$. Der Mittelwert liegt bei 2.96 ($SD = 48$), die Trennschärfen zwischen $r_{it} = .41$ bis $r_{it} = .61$. Die Korrelationen innerhalb der Skala sind durchweg signifikant ($p < .01$) und liegen zwischen $r = .25$ und $r = .50$.

Selbstwahrnehmung

Inhaltlich bilden die fünf Items zur Erfassung der Selbstwahrnehmung die Wahrnehmung von Gefühlen, Körperempfindungen und Bedürfnissen ab. Der Skalenmittelwert von $M = 3.13$ ($SD = .49$) ist vergleichsweise hoch. Die Reliabilität der Skala liegt bei $\alpha = .78$, die Trennschärfen zwischen $r_{it} = .40$ und $r_{it} = 70$. Die Korrelationen innerhalb der Skala liegen zwischen $r = .24$ und $r = .68$.

Verantwortungsübernahme für die eigene Gesundheit

Die bewusste Verantwortungsübernahme für die eigene Gesundheit und das Achten auf gesundheitliche Belange sind Kern der Operationalisierung der Skala Verantwortungsübernahme. Der Skalenmittelwert der fünf Items liegt bei $M = 2.84$ ($SD = .65$), die Reliabilität bei $\alpha = .89$. Die Trennschärfen bewegen sich im Bereich von $r_{it} = .67$ bis $r_{it} .76$. Die Korrelationskoeffizienten dieser Skala liegen durchweg über $r = .54$.

Kommunikation und Kooperation

Die vier Items zur Erfassung der Fähigkeiten zur gesundheitsbezogenen Kommunikation und Kooperation umfassen Aspekte wie Hilfe von anderen annehmen können, anderen zeigen können, wenn es einem nicht gut geht, darüber reden können und anderen Einblick in die eigenen Probleme ermöglichen. Der Aspekt der Kooperation ist in dieser Skala nicht mehr direkt vertreten. Die

Reliabilität der vier Items liegt nach Cronbach bei einem α von .70. Der Skalenmittelwert liegt bei $M = 2.78$ ($SD = .57$). Die Trennschärfen liegen zwischen $r_{it} = .38$ und $r_{it} = .56$. Die Korrelationskoeffizienten liegen zwischen $r = .23$ und $r = .46$.

Umgang mit Gesundheitsinformationen
Die Skala zum Umgang mit Gesundheitsinformationen enthält Items, die die Fähigkeiten zum Finden und Verstehen gesundheitsrelevanter Informationen abbilden. Die fünf Items zeigen eine Skalenreliabilität von $\alpha = .85$. Der Skalenmittelwert liegt bei $M = 3.20$ ($SD = .57$). Die Trennschärfen der Skala liegen zwischen $r_{it} = .59$ und $r_{it} = .69$, die Korrelationen innerhalb der Skala zwischen $r = .45$ und $r = .60$.

Zu den 29 Item- und 6 Skalenkennwerten kann zusammenfassend festgehalten werden, dass die Skalen zur Gesundheitskompetenz Reliabilitäten im Bereich von $\alpha = .70$ bis $\alpha = .89$ aufweisen und die Höhe der Korrelationskoeffizienten zwischen den Items innerhalb der Skalen durchweg in einem ausreichend hohen Bereich liegen.

Es zeigen sich zudem die aus Studie II bekannten Korrelationen zwischen den Skalen der Gesundheitskompetenz. Eine Ausnahme bildet die Korrelation zwischen Kommunikation und Kooperation und Umgang mit Gesundheitsinformationen, die in Studie IV, anders als in Studie II, mit einem Korrelationskoeffizienten von $r = .13$ auf einem 5 %-Niveau signifikant wird. Im Unterschied zu Studie III zeigen die Ergebnisse der Studie IV eine signifikante Beziehung zwischen Selbstregulation und Verantwortungsübernahme ($r = .17$, $p < .01$). Hervorzuheben ist, dass in Studie IV der Korrelationskoeffizient zwischen der Selbstwahrnehmung und der Selbstkontrolle mit $r = .36$ ($p < .01$) höher ausfällt als zwischen Selbstwahrnehmung und Selbstregulation ($r = .32$, $p < .01$).

Strukturgleichungsanalysen
Nach dieser etwas vertiefenden Betrachtung der Item- und Skalenkennwerte werden im Folgenden die in Studie IV berechneten Strukturgleichungsanalysen dargestellt.

Die empirische Modellprüfung zeigt einen signifikanten χ^2-Wert ($\chi^2 = 93.272$; $df = 42$; $p = .000$) wobei die Hinzunahme weiterer, moderater Fit-Indizes (Hu & Bentler, 1999; Schermelleh-Engel & Moosbrugger, 2003) auf eine hinreichende Modellpassung hinweisen (CFI $= .958$; TLI $= .934$; RMSEA $= .060$; SRMR $= .048$). Die Betrachtung der Modifikationsindizes in Mplus zeigt ein deutliches Verbesserungspotenzial für den χ^2-Wert des Modells, wenn der Pfad zwischen Verantwortungsübernahme und Selbstkontrolle freigegeben wird (M. I. $= 13.735$). Diese Modifikation des Modells spiegelt die Korrelationen zwischen den Skalen Verantwortungsübernahme und Selbstkontrolle wider, wie sie sich in den Korrelationsanalysen gezeigt haben. Dieser Modifikationsvorschlag stimmt auch mit den Modellergebnissen der Studie II überein, in der es ebenfalls einen signifikanten Pfad von der Verantwortungsübernahme auf die Selbstkontrolle gab. Aus diesen Gründen wird in Studie IV in einem zweiten Schritt ein neues Modell gerechnet, welches den Pfad von der Verantwortungsübernahme auf die Selbstkontrolle frei gibt.

Dieser Schritt weicht zwar den streng konfirmatorischen Charakter der Studie IV auf, ist jedoch aus dem Gesichtspunkt der Modellbildung mit dem Ziel zu einem möglichst passenden Strukturmodell der Gesundheitskompetenz zu kommen, unerlässlich. Insbesondere da das sich so ergebende Modell der Studie IV sowohl die Befunde des Modells aus Studie II als auch der aus Studie III integriert und so in ein aussagekräftiges finales Modell der Gesundheitskompetenz überführt.

Abbildung 24 gibt das resultierende Strukturgleichungsmodell der Studie IV wieder. Die resultierende Modellpassung kann trotz des weiterhin signifikanten χ^2-Wertes nach Hu und Bendler (1999) als hinreichend gut bewertet werden ($\chi^2 = 79.195$; $df = 41$; $p = .000$; CFI $= .969$; TLI $= .949$; RMSEA $= .053$ und SRMR $= .041$).

Die Messmodelle zeigen durchweg signifikante Ladungen ($p < .01$), die im Bereich zwischen $\lambda = .66$ (Selbstkontrolle Parcel A) und $\lambda = .92$ (Verantwortungsübernahme Parcel A) liegen. Auch alle im Strukturmodell spezifizierten Pfade zwischen den latenten Variablen sind signifikant ($p < .01$). Die Fähigkeit zur Verantwortungsübernahme wird positiv durch die Selbstwahrnehmung vorhergesagt ($\beta = .43$). Selbstwahrnehmung sagt die übrigen vier latenten Variablen der zweiten Ebene vorher: Selbstregulation ($\beta = .35$); Selbstkontrolle ($\beta = .27$); Kommunikation und Kooperation ($\beta = .47$); Umgang mit Gesundheitsinformationen ($\beta = .31$). Verantwortungsübernahme stellt daneben einen positiven Prädiktor für die Selbstkontrolle ($\beta = .30$) und den Umgang mit Gesundheitsinformationen ($\beta = .24$). Darüber hinaus zeigt sich eine negative Residualkorrelation zwischen den latenten endogenen Variablen Selbstkontrolle und Kommunikation und Kooperation ($r = -.26$; $p < .01$), sowie signifikant positive Residualkorrelationen zwischen Selbstkontrolle und Selbstregulation ($r = .14$, $p < .05$) und Selbstregulation und Umgang mit Gesundheitsinformationen ($r = .13$, $p < .05$).

Die im Modell erklärten Varianzen der endogenen latenten Variablen liegen für die Verantwortungsübernahme bei 18,7 %, für Selbstregulation bei 12,2 %, Selbstkontrolle bei 23,0 %, für Kommunikation und Kooperation bei 21,7 % und für den Umgang mit Gesundheitsinformationen bei 22,2 %.

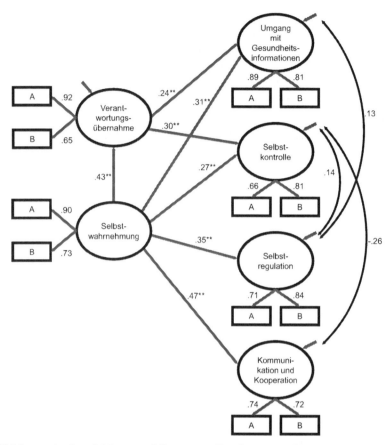

Abbildung 24 Strukturgleichungsmodell zur Gesundheitskompetenz der Studie IV. Abweichend vom Ausgangsmodell der Studie IV (vgl. Abbildung 23) ist hier zusätzlich ein Pfad zwischen Verantwortungsübernahme und Selbstkontrolle definiert.

Anmerkung: $N = 337$; A = Parcel A; B = Parcel B; * $p < .05$; ** $p < .01$; alle Pfade der Messmodelle (λ) sind signifikant ($p < .01$).

5.4.3 Zusammenfassung der Studie IV und abschließende Diskussion der Modellbildung

Zusammenfassend gelingt es in Studie IV, die zentralen Ergebnisse der Studien II und III im Sinne einer Kreuzvalidierung zu replizieren. Diese Replikation ist aufgrund der vorgenommenen Abweichung in der Modellspezifikation, die zusätzlich zu dem Ausgangsmodell der Studie III den Pfad der Verantwortungsübernahme auf die Selbstkontrolle, wie er in Studie II gefunden wurde, zulässt, in ihrem konfirmatorischen Charakter aufgeweicht. Fasst man jedoch die Befunde der vorausgegangenen Untersuchungen zusammen, bestätigt die Analyse der Modellstruktur der Studie IV die Ergebnisse der beiden vorausgegangenen empirischen Strukturanalysen und integriert sie in ein finales Modell. Das resultierende Strukturmodell der Gesundheitskompetenz stellt somit das zentrale Ergebnis der Modellbildung dar. Abbildung 29 passt dieses Ergebnis in den entwickelten Referenzrahmen nach Nutbeam ein.

In diesem Gesamtmodell der Gesundheitskompetenz bildet das gesundheitsbezogene Grundwissen mit entsprechenden Grundfertigkeiten, insbesondere einer auf den Gesundheitsbereich bezogene Lese-, Rechen-, und Schreibfertigkeit, die Basis der Gesundheitskompetenz, welche zusammen mit förderlichen Persönlichkeitsmerkmalen der Person die Entwicklung der weiterentwickelten Fähigkeiten des Konstrukts bedingen. Diese weiterentwickelten Fähigkeiten selbst können noch einmal in zwei Ebenen unterteilt werden.

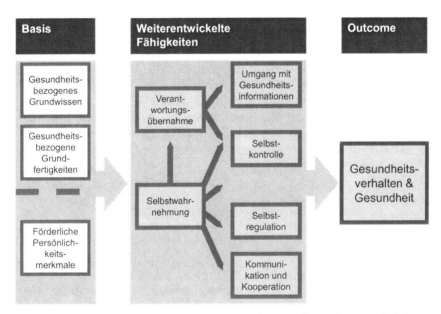

Abbildung 25 Finale Modellstruktur der weiterentwickelten Fähigkeiten der Gesundheitskompetenz im Kontext des Gesamtmodells.

Die erste Ebene wird durch die Fähigkeit zur Selbstwahrnehmung und eine aktive Verantwortungsübernahme gebildet, wobei die Selbstwahrnehmung zudem eine vorgeordnete Rolle einnimmt. Personen mit einer hohen Selbstwahrnehmung entwickeln nach dem Modell eine stärkere Verantwortung für ihre Gesundheit. Die Selbstwahrnehmung ist die perceptiv-reflektive Basis des Modells und die Verantwortungsübernahme die motivational-kognitive. Zusammen aktivieren die beiden Fähigkeiten als vorgeschaltete Ebene die zweite, stärker handlungsorientiere Ebene des Modells. Letztere enthält die Fähigkeiten zur Selbstregulation und Selbstkontrolle, zur Kommunikation und Kooperation und zum Umgang mit Gesundheitsinformationen. Sie ermöglichen direkt ein gesundheitsförderliches Verhalten. Im Ergebnis führt dieses Verhaltenspotenzial im Modell zu einem verbesserten Gesundheitsverhalten und in der Konsequenz dieses Verhaltens zu einer besseren physischen und psychischen Gesundheit.

Das hier dargestellte Modell der Gesundheitskompetenz ist in einem umfassenden und systematischen Prozess der Modellbildung entwickelt worden. Die systematische und methodisch gestützte Auswertung einer umfassenden Expertenbefragung zur Gesundheitskompetenz stellt den Startpunkt der Modellbildung. Das so entwickelte theoretische Modell der Gesundheitskompetenz wurde über vier empirische Studien an insgesamt 1.173 Teilnehmer untersucht und ausdifferenziert. Dabei zeigte das Modell über sehr heterogenen Teilnehmergruppen eine relativ hohe Stabilität in der Modellstruktur, die in konfirmatorischen Analysen mehrfach bestätigt werden konnte.

In den weiteren Kapiteln der Arbeit wird das Modell der Gesundheitskompetenz auf der Ebene des Gesamtmodells (Kapitel 7) mit Maßen der Gesundheit und des Wohlbefindens, welche die zentralen Zielgrößen der Gesundheitskompetenz darstellen, in Beziehung gesetzt. Anschließend (Kapitel 9.1) wird das Gesundheitsverhalten in die Betrachtung mit einbezogen. Zum Abschluss wird im Ausblick der Arbeit auf mögliche Einflussfaktoren zur Förderung der Gesundheitskompetenz in eingegangen.

Teil III: Gesundheitskompetenz, Gesundheit und Wohlbefinden

Nachdem in Teil II dieses Buches über vier empirische Studien ein Strukturmodell der Gesundheitskompetenz entwickelt wurde, wird in diesem Teil das entwickelte Modell im Hinblick auf die zentralen Zielgrößen des Konstrukts, der Gesundheit und des Wohlbefindens, hin untersucht (siehe Abbildung 26).

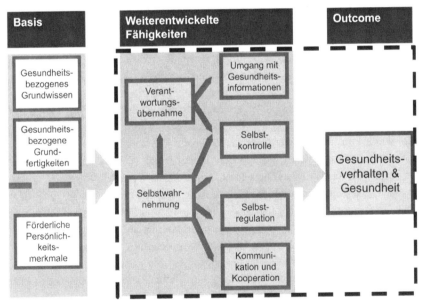

Abbildung 26 Untersuchung der Beziehung zwischen Gesundheitskompetenz, Gesundheitsverhalten und Gesundheit (gestrichelte Umrandung).

6　Zielgrößen der Gesundheitskompetenz

Die gewählte Arbeitsdefinition der Gesundheitskompetenz definiert diese als die Gesamtheit der Fähigkeiten und Fertigkeiten, über die jemand verfügen muss, um im Alltag und im Umgang mit dem Gesundheitssystem so handeln zu können, dass es sich positiv auf seine Gesundheit und sein Wohlbefinden auswirkt (siehe Kapitel 5.1; Soellner et al., 2011). Die Zielgrößen im Rahmen dieser Definition sind eine gute Gesundheit und ein hohes Wohlbefinden. Auch andere Definitionen der Gesundheitskompetenz spiegeln diese Beziehung wider, beispielsweise zielt die WHO (Nutbeam, 1998) in ihrer Definition der Gesundheitskompetenz darauf [… to] promote and maintain good health, Abel und Walter (2002) sehen in ihrer Definition, dass sich die Fähigkeiten der Gesundheitskompetenz […] positiv auf die Gesundheit auswirken, oder Spycher (2009) sieht Gesundheitskompetenz als die Fähigkeit […] im täglichen Leben Entscheidungen für die Gesundheit zu treffen und entsprechend zu handeln. Die Wirkung der Gesundheitskompetenz auf die Gesundheit und das Wohlbefinden gehört zu den definierenden Merkmalen der Gesundheitskompetenz. Gesundheitskompetenz ist nur dann eine Kompetenz für die Gesundheit, wenn sie sich in einer besseren Gesundheit und einem höheren Wohlbefinden niederschlägt.

Die Einflussfaktoren auf die Gesundheit und das Wohlbefinden des Menschen sind vielfältig. Die genetischen Merkmalen einer Person, entwicklungsbedingte Einflüsse, Ernährung- und Bewegungsverhalten, Belastungen, soziale Einflüsse und Ressourcen, Gewohnheiten, gesellschaftliche Einflüsse, Arbeitsbedingungen, Umfang und Qualität der medizinischen Versorgung und vieles mehr. Die Fähigkeiten und Fertigkeiten des Einzelnen im Umgang mit den gesundheitsrelevanten Belangen kann vor diesem Hintergrund nicht die entscheidende Einflussgröße für die Gesundheit darstellen. Ganz im Gegenteil warnen Autoren aus dem Bereich der Gesundheitsförderung nachdrücklich davor, über den Begriff der Gesundheitskompetenz die Verantwortung für die Gesundheit allein beim Individuum zu verorten und sie dem Einzelnen aufzubürden (z. B. Kickbusch et al., 2005). Die Autoren betonen, dass systemischen und gesellschaftlichen Einflüssen eine erhebliche Bedeutung für die gesundheitliche Entwicklung des Einzelnen zukommt. Im Kontext beruflicher Gesundheit beispielsweise spricht man diesbezüglich von einem Primat der Verhältnisse über das Verhalten und bezieht sich dabei auf Untersuchungen die zeigen, dass die Gestaltung der Kontextfaktoren der Gesundheit in der Arbeit einen größeren Einfluss auf die Gesundheit der Arbeitnehmer entfaltet, als Maßnahmen zur Verbesserung des individuellen Gesundheitsverhaltens (z. B. Badura, 2003).

Andererseits kommt trotz dieser vielfältigen Einflüsse auf die Gesundheit eines Menschen der Fähigkeit des Einzelnen für seine Gesundheit zu sorgen eine wichtige Bedeutung zu. Sowohl in alltäglichen, als auch in nichtalltäglichen

Entscheidungssituationen, bestimmen – vor dem Hintergrund einer gegebenen Umwelt – die Motivation und das Können des Einzelnen darüber mit, inwieweit diese so gestaltet werden, dass es der eigenen Gesundheit zuträglich ist. Innerhalb des bestehenden Handlungs- und Entscheidungsraums, d. h. im Kontext der eigenen Genetik, der gesellschaftlichen Bedingungen, der Arbeitsverhältnisse etc., liegen Gestaltungsräume, die vom Einzelnen für ein gesundheitsbewusstes Leben genutzt werden können. Eine rücksichtslose Haltung gegenüber dem eigenen Körper, die Unfähigkeit die eigenen Bedürfnisse wahrzunehmen, die Unkenntnis darüber, was gesund ist und was nicht, oder die Unfähigkeit sich in gesundheitsrelevanten Fragen mit anderen auszutauschen, all dies führt selbst bei günstigen genetischen oder umweltbezogenen Bedingungen letztlich zu einer Schwächung der Gesundheit. Die Kompetenz des Einzelnen, gesundheitsbewusst zu handeln, stellt daher einen wesentlichen Faktor bei der Entwicklung und dem Erhalt einer guten Gesundheit dar. Die Modellvalidierung zur Gesundheitskompetenz greift diesen Zusammenhang auf und untersucht, ob und in welchem Umfang die entwickelten Skalen zur Gesundheitskompetenz mit Maßen der physischen und psychischen Gesundheit und des Wohlbefindens korrespondieren.

6.1 Methode

6.1.1 Umsetzung und Stichprobe

Die empirischen Daten zur Untersuchung der Beziehung zwischen Gesundheitskompetenz und Gesundheit stammen aus der Studie II, III und IV.[9] Studie II wurde an Jugendlichen und jungen Erwachsenen bis 21 Jahre erhoben (siehe auch Soellner & Rudinger, 2010), die Studien III und IV an Erwachsenen im Alter über 20 Jahren.

6.1.2 Fragebogen

Für die anstehenden Analysen werden neben den verschiedenen Versionen des Fragebogens zur Gesundheitskompetenz Instrumente zur Erfassung der physischen und psychischen Gesundheit und der Lebensqualität eingesetzt.

---

9 Die Beschreibung der Studien findet sich in den entsprechenden Abschnitten der jeweiligen Kapitel (6.2.1, 6.3.1 und 6.4.1).

Erfassung der Gesundheitskompetenz

Zur Erfassung der Gesundheitskompetenz wurden die jeweiligen Versionen des Fragebogens zum Stand der Erhebung genutzt. Die verwendeten Items in Studie II und IV sind identisch. Die Version der Studie III zeigt leichte Abweichungen, die in Kapitel 6.3.1 im Einzelnen dargestellt sind. Das im Rahmen der Modellbildung entwickelte Strukturmodell der Gesundheitskompetenz gibt Auskunft über die Beziehungen der einzelnen Fragebogenskalen untereinander und stellt eine hierarchische Ordnung zwischen den Skalen her. Allen Berechnungen liegt das aus Studie IV der Modellentwicklung resultierende Strukturmodell der Gesundheitskompetenz zugrunde (siehe Kapitel 6.4.3).

Der Fragebogen erfasst in allen Versionen die sechs Dimensionen Selbstregulation, Selbstkontrolle, Selbstwahrnehmung, Verantwortungsübernahme und Umgang mit Gesundheitsinformationen anhand einer 4-stufigen Likert-Skala. Die Reliabilität der einzelnen Skalen des Fragebogens liegt in der letzten Version IV nach Cronbach zwischen $\alpha = .70$ bis $\alpha = .89$.

Gesundheit, Wohlbefinden und Lebensqualität

In den empirischen Erhebungen wird Gesundheit und Wohlbefinden mit zwei verschiedenen Instrumenten erfasst: dem Fragebogen zur Erfassung der gesundheitsbezogenen Lebensqualität bei Kindern und Jugendlichen in Studie II (KINDL, revidierte Form) und der WHOQOL-BREFF zur Erfassung der subjektiven Lebensqualität in den Studie III und IV. Beide Instrumente enthalten Skalen zur Einschätzung der (subjektiven) physischen und psychischen Gesundheit.

KINDL-R

Der KINDL-R ist ein vielfach eingesetzter Fragebogen zur Erfassung der gesundheitsbezogenen Lebensqualität bei Kindern und Jugendlichen (Bullinger, von Mackensen & Kirchberger, 1994; Ravens-Sieberer, 2003). Der gesamte Fragebogen erfasst die sechs Dimensionen der Lebensqualität Körper, Psyche, Selbstwert, Familie, Freunde und funktionale Aspekte und wird in unterschiedlichen Versionen für die Altersgruppen 4–7, 8–12 und 13–16 Jahre eingesetzt. Dabei liegt er jeweils in einer Selbstbeurteilungs- und einer Fremdbeurteilungsversion (Eltern) vor. Zudem erfasst der KINDL-R Schutzfaktoren psychischer Gesundheit und Lebensqualität wie Familienklima, familiärer Zusammenhalt oder soziale Ressourcen und enthält Items, die Hinweise auf etwaige sexuelle Übergriffe auf die Kinder und Jugendlichen geben (Ravens-Sieberer, 2003). Mit dem KINDL-R liegt ein an großen Stichproben evaluiertes Instrument vor (Ravens-Sieberer & Bullinger, 2001). Die Reliabilität der Skalen nach Cronbach liegt für die meisten Subskalen (je 4 Items) um $\alpha = .70$. Für die Gesamtskala wird ein Konsistenskoeffizienten von über $\alpha = .80$ berichtet. Untersuchungen zur konvergenten und divergenten Validität zeigen hohe Korrelationen des KINDL-R mit Skalen zur Erfassung des allgemeinen Wohlbefindens, des psychischen Wohlbefindens und der Lebenszufriedenheit. Ebenfalls statistisch relevant, jedoch etwas niedriger, liegen die Korrelationskoeffizienten mit der globalen Gesundheit. Chronisch Erkrankungen schlagen sich in niedrigeren Skalenwerten des KINDL-R nieder (Bullinger & Ravens-Sieberger, 2000).

In Studie II wurde der KINDL-R in der Version für 13- bis 16-Jährige eingesetzt. Dies geschah unter anderem deswegen, um eine Vergleichbarkeit zwischen den innerhalb des DFG-Projekts erhobenen Altersgruppen der 12-/13-Jährigen und der 17-/18-Jährigen zu gewährleisten. Aus erhebungsökonomischen Gründen wurden dabei lediglich die beiden Subskalen Körper und Psyche mit jeweils 4 Items erhoben. Eine 5-stufige Likert-Skala gab die Antwortalternativen »nie -/ selten-/ manchmal-/oft-/immer« vor. Typische Items im KINDL-R sind: »In der letzten Woche habe ich mich krank gefühlt« für die Skala Körper und »In der letzten Woche habe ich mich ängstlich oder unsicher gefühlt« für die Skala Psyche.

WHOQOL-BREF

Der WHOQOL-Fragebogen der Weltgesundheitsorganisation (WHO) erfasst die gesundheitsbezogene Lebensqualität (Angermeyer et al., 2000). Grundlage des Instruments ist die Definition von Lebensqualität als individuelle Wahrnehmung der eigenen Lebenssituation im Kontext der jeweiligen Kultur und des jeweiligen Wertesystems, unter Einbezug persönlicher Ziele, Erwartungen, Beurteilungsmaßstäbe und Interessen. Gesundheit soll durch den WHOQOL in Bezug auf die alltägliche Lebensqualität messbar gemacht werden. Bei der Entwicklung des Instruments flossen sowohl die Perspektive von Patienten als auch die von medizinischen Experten mit ein (Schumacher, Klaiber & Brähler, 2003).

Das von einer internationalen Arbeitsgruppe entwickelte Instrument liegt in verschiedenen Versionen vor. Die Kurzversion WHOQOL-BREF erfasst anhand von 26 Items die Dimensionen »Physisches Wohlbefinden«, »Psychisches Wohlbefinden«, »Soziale Beziehungen«, »Umwelt« und zusätzlich eine Globalbeurteilung der Lebensqualität.

Die Facette physisches Wohlbefinden des WHOQOL zielt auf subjektiv erlebte Schmerzen und körperliche Beschwerden, Energie und Erschöpfung sowie Schlaf und Erholung. Psychisches Wohlbefinden wird über positive Gefühle, Gedächtnis und Konzentration, Selbstachtung und Körperbild erfasst. Die Dimension Soziale Beziehungen steht für persönliche Beziehungen, soziale erlebte Unterstützung und sexuelle Aktivitäten, wohingegen die Skala Umwelt über die Aspekte physische Sicherheit und Schutz, Wohnbedingungen, finanzielle Mittel, Gesundheits- und Sozialversorgung, Information und Weiterbildung, Erholung, Freizeit und das physische Umfeld operationalisiert wird. Der WHOQOL-BREF bildet diese Facetten als valide Kurzversion hinreichend gut ab (Angermeyer et al., 2000).

Das Instrument ist umfangreich pilotiert. Die interne Konsistenz der sechs Skalen wird mit einem α von .57 bis .88 angegeben. Der Fragebogen gilt als valide und unterscheidet gut zwischen Personen mit gesundheitlichen oder psychischen Beeinträchtigungen und gesunden Personen (Schumacher et al., 2003). Die Antworten werden über eine 5er-Likert-Skala erfasst. Typische Items sind z. B. »Wie stark wurden Sie durch Schmerzen daran gehindert, notwendige Dinge zu tun?« (physisches Wohlbefinden) oder »Betrachten Sie Ihr Leben als sinnvoll?« (psychisches Wohlbefinden).

Im Rahmen der Datenerhebungen zur Gesundheitskompetenz wurden in Studie III alle Subskalen des WHOQOL-BREF erhoben und in Studie IV nur die Skalen zum physischen und psychischen Wohlbefinden.

6.1.3 Datenanalyse

Die Analyse der Beziehung zwischen Gesundheitskompetenz und Gesundheit umfasst mehrere Phasen. In einer ersten werden die korrelativen Zusammenhänge zwischen Gesundheitskompetenz und Gesundheit betrachtet und entsprechende Regressionsmodelle. In einer zweiten Phase wird psychische und physische Gesundheit anhand des Strukturmodells der Gesundheitskompetenz im Rahmen von Strukturgleichungsmodellen analysiert. Im Ergebnisteil werden aus Gründen der besseren Lesbarkeit allein die Ergebnisse zu den Strukturgleichungsmodellen der zweiten Phase dargestellt.

Strukturgleichungsanalysen zur Beziehung zwischen Gesundheitskompetenz und Gesundheit
Die Modellierung der Beziehung zwischen Gesundheitskompetenz und Gesundheit mittels Strukturgleichungsanalysen erlaubt eine Betrachtung auf der Ebene der latenten Variablen und kann die für das Modell der Gesundheitskompetenz postulierte innere Struktur in die Analyse einbeziehen. Die Grundlage für die Berechnung der Beziehung zwischen Gesundheitskompetenz und der physischen und psychischen Gesundheit stellt das finale Modell der Gesundheitskompetenz dar, wie es in Studie IV ausformuliert wurde (siehe Kapitel 6.4.3). Dabei kann die Beziehung des Strukturmodells auf verschiedene Arten modelliert und mit Gesundheit in Beziehung gesetzt werden. Eine wesentliche Frage bei der Modellierung der Beziehung zwischen der Gesundheitskompetenz und der physischen und psychischen Gesundheit betrifft die hierarchische Struktur der Gesundheitskompetenz. Wird der Einfluss der ersten Ebene mit den Skalen Selbstwahrnehmung und Verantwortungsübernahme

über die zweite Ebene vermittelt oder übt sie einen direkten Einfluss auf Gesundheit und Wohlbefinden aus?

Nach dem Strukturmodell der Gesundheitskompetenz wird eine hohe Wahrnehmung der eigenen Bedürfnisse und eine hohe Motivation zu gesundheitsförderlichem Verhalten nicht direkt verhaltenswirksam, sondern über die handlungsnahe zweite Modellebene (siehe Abbildung 27). Eine solche Interpretation der Ebenen des Modells ist theoretischen naheliegend. Geht man davon aus, dass der Einfluss der Gesundheitskompetenz auf die körperliche und geistige Gesundheit durch ein gesundheitsförderliches Verhalten im weitesten Sinne vermittelt wird (z. B. Nutbeam, 2000; Kickbusch, 2005), lässt sich argumentieren, dass die Fähigkeit zur Selbstwahrnehmung an sich keinen direkten Einfluss auf das Gesundheitsverhalten zeigt. Dieser wird vermittelt über die zweite Ebene des Modells, also über eine gelungene Selbstregulation und Selbstkontrolle, eine adäquate Kommunikation über gesundheitliche Belange und die Fähigkeit zur Kooperation in Gesundheitsfragen, sowie über Fähigkeiten im Umgang mit Gesundheitsinformationen. Der Einfluss der Selbstwahrnehmung auf die aktive Verantwortungsübernahme für die eigene Gesundheit wurde bereits in vorigen Kapiteln ausführlich dargestellt.

In gleicher Weise führt die Fähigkeit zur Verantwortungsübernahme und die damit einhergehende Fähigkeit, Gesundheit als ein aktiv herzustellendes Ziel anzusehen, nach dem Strukturmodell nicht an und für sich zu einer besseren Gesundheit.

Der Einfluss der aktiven Verantwortungsübernahme wird in dem Modell vermittelt über die Selbstkontrolle, z. B. indem eine größere Willensanstrengung bei der Vermeidung gesundheitsbelastender Verhaltensweisen erfolgt. Ebenso ist der Einfluss der Verantwortungsübernahme auf die Gesundheit und das Wohlbefinden vermittelt über den Umgang mit Gesundheitsinformationen, z. B. dadurch, dass Personen, die aktiv Verantwortung für ihre Gesundheit übernehmen, sich häufiger und ernsthafter mit Gesundheitsinformationen auseinandersetzen und in der Folge Entscheidungen treffen, die sich mittel- und langfristig positiv auf die Gesundheit und das Wohlbefinden auswirken. Beispiele für solche Entscheidungen sind Impfentscheidungen oder Konsumentenentscheidungen (z. B. bei der Wahl der Lebensmittel).

Auf dieser Argumentation fußend werden bei der Berechnung der Strukturgleichungsmodelle zum Einfluss der Gesundheitskompetenz auf die physische und psychische Gesundheit die Ebenen des Modells der Gesundheitskompetenz in der beschriebenen Art und Weise einbezogen. Konkret bedeutet dies, dass nur von der zweiten Ebene des Gesundheitskompetenzmodells direkte Pfade auf die beiden Formen der Gesundheit zugelassen werden, wohingegen der Einfluss der

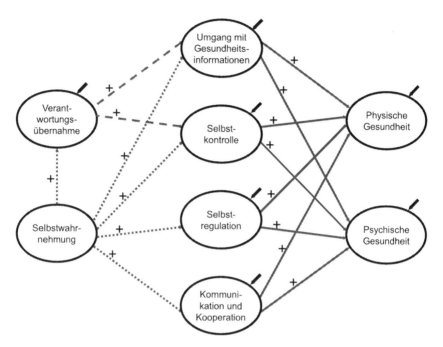

Abbildung 27 Theoretische Beziehungen des Strukturmodells der Gesundheitskompetenz mit physischer und psychischer Gesundheit auf der Ebene latenter Variablen. Nach dem Modell ist der Einfluss der *Selbstwahrnehmung und der Verantwortungsübernahme auf die Gesundheit indirekt und über die Fähigkeiten zur Selbstregulation und Selbstkontrolle*, den Umgang mit Gesundheitsinformationen und den Fähigkeiten zur *Kommunikation und Kooperation* vermittelt. Die gestrichelten und gepunkteten Pfeile zeigen die theoretischen Pfade dieser Beziehung an.

Selbstwahrnehmung und Verantwortungsübernahme vermittelt über die zweite Ebene des Modells zum Tragen kommt.

Die Analyse der Modelle erfolgt rein konfirmatorisch (Jöreskog, 1993). Alle Modle werden in MPlus mit dem MLM-Schätzverfahren gerechnet. Wie bereits für die Modellentwicklung des Strukturmodells der Gesundheitskompetenz, werden die einzelnen Items der Skalen in Item-Päckchen zusammengefasst (Item Parceling, siehe Kapitel 6.2.1). Die Indikatoren der latenten Dimensionen der physischen und psychischen Gesundheit wurden in der gleichen Art und Weise einbezogen.

6.2 Ergebnisse

In den folgenden Darstellungen werden aus Gründen der Übersichtlichkeit allein die Strukturmodelle der Studie II bis IV wiedergegeben. Auf die graphische Darstellung der Messmodelle wird dabei verzichtet. Die nicht dargestellten Messmodelle der jeweiligen latenten Variablen sind in allen Berechnungen ausnahmslos positiv und signifikant ($p < .01$).

Studie II
In Studie II, die für die Datenanalyse in zwei Substichproben unterteilt wurde, werden die konfirmatorischen Analysen auf der Basis der zweiten Teilstichprobe gerechnet ($N = 170$; siehe Kapitel 6.2.1). Das Strukturmodell (Abbildung 28), das neben den beiden Ebenen der Gesundheitskompetenz die physische und psychische Gesundheit erfasst, zeigt eine gute Passung des Modells zu den empirischen Daten. Der χ^2-Wert von 100.072 ist bei 88 Freiheitsgraden nicht signifikant ($p = .179$) und auch die übrigen Fit-Indizes sprechen für einen guten Modellfit (CFI $= .988$; TLI $= .984$; RMSEA $= .028$ und SRMR $= .057$).

Die Ladungen der Item-Parcels des Meßmodells auf den zugehörigen latenten Variablen sind durchweg signifikant ($p < .01$) und liegen zwischen $\lambda = .66$ (Selbstwahrnehmung Parcel A) und $\lambda = .99$ (Verantwortungsübernahme Parcel A). Die erklärte Varianz der Parcel liegt zwischen 42,9 % und 98,0 %.

Die innere Struktur der sechs Skalen zur Gesundheitskompetenz entspricht bei der vorgenommenen Modellspezifikation der Struktur der Modellbildung in Studie II (siehe Kapitel 6.2.4). Betrachtet man den Einfluss der Skalen der Gesundheitskompetenz der zweiten Ebene auf die physische und psychische Gesundheit, weist die Skala Selbstregulation den stärksten Einfluss auf (physisch: $\beta = .43$, $p < .01$; psychisch: $\beta = .36$, $p < .01$). Daneben hat die Fähigkeit zur Kommunikation und Kooperation einen signifikant positiven Einfluss auf die psychische Gesundheit ($\beta = .31$, $p < .01$) und die Fähigkeit zur Selbstkontrolle zeigt einen signifikant positiven Pfad auf die physische Gesundheit ($\beta = .18$, $p < .05$). Keiner der übrigen Pfade der Gesundheitskompetenz auf die Gesundheit wird signifikant. Zwischen den latenten endogenen Variablen physische und psychischen Gesundheit findet sich eine signifikante positive Residualkorrelation von $r = .31$ ($p < .01$).

Die körperliche Gesundheit der untersuchten Jugendlichen und jungen Erwachsenen wird nach den Ergebnissen durch die Fähigkeiten zur Selbstregulation und zur Selbstkontrolle positiv beeinflusst. Psychische Gesundheit wird ebenfalls durch die Fähigkeit zur Selbstregulation gefördert und darüber hinaus durch die Fähigkeit zur Kommunikation und Kooperation. Die Skalen der Gesundheitskompetenz erklären in Studie II zusammen 26,1 % der Varianz der physischen und 29,3 % der Varianz der psychischen Gesundheit.

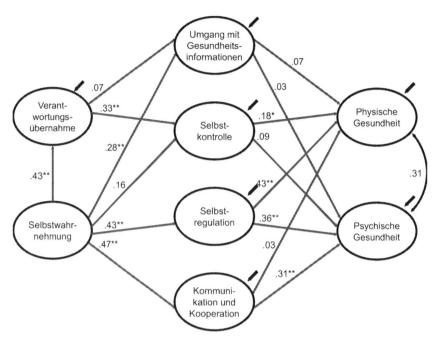

Abbildung 28 Strukturmodell der Beziehung der Skalen der Gesundheitskompetenz mit den Skalen Körper und Psyche des KINDL-R in Studie II.
Anmerkung: $N = 170$; * $p < .05$; ** $p < .01$.

Studie III

Im Unterschied zu Studie II ist Studie III an einer Erwachsenenstichprobe ($N = 227$) erhoben worden. Als Maß für Gesundheit und Wohlbefinden wurde der WHOQOL-BREF eingesetzt. Die Fit-Indizes des Modells zeigen einen signifikanten χ^2-Wert an ($\chi^2 = 129.087$; $df = 88$; $p = .003$), der empfohlene Einbezug weiterer Fit-Indizes zur Abschätzung der Modellgüte (Hu & Bentler, 1999; Schermelleh-Engel & Moosbrugger, 2003) lässt jedoch auf einen akzeptablen Modellfit schließen (CFI = .964; TLI = .951; RMSEA = .045 und SRMR = .049).

Alle Item-Parcels der Messmodelle laden signifikant ($p < .01$) auf ihren jeweiligen latenten Variablen. Die Ladungen liegen zwischen $\lambda = .61$ (Selbstwahrnehmung Parcel B) und $\lambda = .99$ (Umgang mit Gesundheitsinformationen Parcel A). Die latenten Variablen erklären zwischen 36,7 % und 97,5 % der Varianz der Item-Parcels. Abbildung 29 Abbildung 33 zeigt das berechnete Strukturmodell. Die Messmodelle sind aus Gründen der Übersichtlichkeit nicht in der Abbildung enthalten. Die Residualvarianzen der endogenen latenten Variablen des Modells sind, wie bereits in Studie II, ausnahmslos signifikant ($p < .01$) und liegen zwischen .63 (psychische Gesundheit) und .84 (Umgang mit Gesundheitsinformationen).

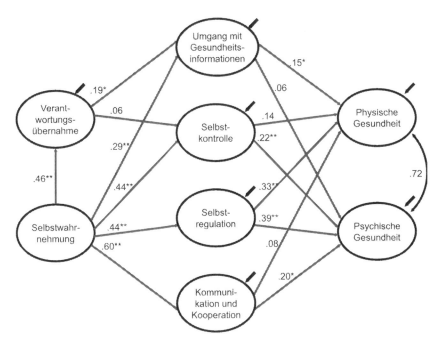

Abbildung 29 Strukturmodell der Beziehung der Skalen der Gesundheitskompetenz mit den Skalen physische und psychische Gesundheit des WHOQOL-BREF in Studie III.
*Anmerkung: N = 227; * p < .05; ** p < .01.*

Die Struktur der signifikanten Pfade zwischen den latenten Variablen der Gesundheitskompetenz ist identisch mit der aus Studie III bekannten Struktur der Modellbildung (siehe Kapitel 6.3.3) und zeigt nur minimale Abweichungen in den jeweiligen Ladungen. Zwischen der physischen und psychischen Gesundheit findet sich eine signifikant positive Residualkorrelation von $r = .72$ ($p < .01$).

Betrachtet man die Pfade der zweiten Ebene der Gesundheitskompetenz auf die physische und psychische Gesundheit, zeigen sich signifikante Pfade der Selbstregulation auf die Gesundheit (physisch: $\beta = .33$, $p < .01$; psychisch: $\beta = .39$, $p < .01$). Ebenso findet sich der Pfad von der Variable Umgang mit Gesundheitsinformationen auf die physische Gesundheit ($\beta = .15$, $p < .05$). Aufgrund der vorgenommenen Modellkonfiguration, die nur Pfade von der zweiten Ebene der Gesundheitskompetenz auf die Gesundheit zulässt, werden Pfade zwischen Selbstwahrnehmung und den beiden Gesundheitsvariablen nicht sichtbar. Stattdessen zeigt sich in dem Modell, dass der Einfluss der Selbstwahrnehmung auf die Gesundheit, wie dies theoretisch angenommen wurde, über die zweite Ebene des Modells vermittelt wird. Neben der Selbstregulation wird in dem Modell auch die Selbstkontrolle, die signifikant von der

Selbstwahrnehmung gefördert wird ($\beta = .44$, $p < .01$), zu einem signifikanten Prädiktor der psychischen Gesundheit ($\beta = .22$, $p < .01$). Der Pfad zwischen Selbstkontrolle und physischer Gesundheit ($\beta = .14$) wird dagegen nicht signifikant ($p = .11$). Eine Abweichung zu den vorab berechneten Regressionen ist der signifikanten Pfad der Kommunikation und Kooperation auf die psychische Gesundheit ($\beta = .20$, $p < .05$). Der starke Einfluss der Selbstwahrnehmung auf die Kommunikation und Kooperation ($\beta = .60$, $p < .01$), der durch die Ebenenstruktur des Modells besteht, kann für diesen Einfluss verantwortlich sein und spricht erneut für den moderierenden Einfluss der zweiten Modellebene. Das Modell erklärt insgesamt 22,7 % der Varianz der physischen und 36,6 % der Varianz der psychischen Gesundheit.

Vergleicht man die Modelle der Studie II mit den aktuellen Befunden der Studie III, finden sich signifikante Pfade von Selbstregulation auf physische und psychische Gesundheit und von Kommunikation und Kooperation auf psychische Gesundheit in beiden Modellen. In Studie III kommt zu diesen Pfaden noch ein positiv signifikanter Einfluss des Umgangs mit Gesundheitsinformationen auf physische Gesundheit hinzu, sowie von der Selbstkontrolle auf die psychische Gesundheit. Nicht mehr signifikant ist dagegen der Pfad der Selbstkontrolle auf physische Gesundheit aus Studie II. Die aufgeklärte Varianz beider Modelle ist vergleichbar, wobei in der Studie II mehr Varianz der physischen Gesundheit erklärt wird als in Studie III und in Studie III dagegen mehr psychische Varianz.

Studie IV
Studie IV ist hinsichtlich der Stichprobe ($N = 337$) und der Operationalisierung der Gesundheit vergleichbar mit Studie III, die ebenfalls an Erwachsenen (> 20 Jahre) erhoben wurde und den WHOQOL-BREF als Maß der körperlichen und psychischen Gesundheit verwendet. Bezüglich der verwendeten Fragebogenitems zur Erfassung der Gesundheitskompetenz ist Studie IV identisch mit Studie II. Zur Modellierung der Beziehung zwischen Gesundheitskompetenz und Gesundheit wurde die gleiche Modellkonfiguration gesetzt wie in den beiden vorangegangenen Studien.

Die Modellpassung auf die empirischen Daten kann trotz eines signifikanten χ^2-Wertes ($\chi^2 = 156.341$; $df = 88$; $p = .000$) unter Hinzunahme weiterer Fit-Indizes (CFI $= .966$; TLI $= .953$; RMSEA $= .048$ und SRMR $= .048$) als akzeptabel bezeichnet werden (Schermelleh-Engel, 2003). Die Messmodelle zeigen ausnahmslos signifikante Ladungen der Item-Parcels auf den ihnen zugedachten latenten Variablen ($p < .01$). Die Ladungen liegen zwischen $\lambda = .65$ (Selbstkontrolle Parcel A) und $\lambda = .95$ (Verantwortungsübernahme Parcel A). Die erklärte Varianz der Item-Parcel liegt zwischen 42,8 % und 90,4 %.

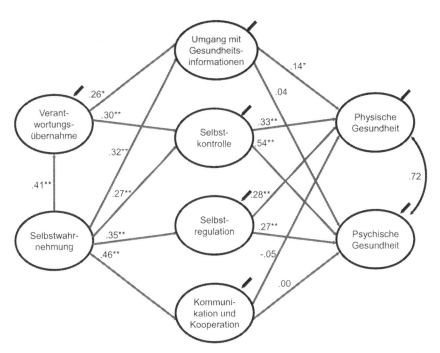

Abbildung 30 Strukturmodell der Beziehung der Skalen der Gesundheitskompetenz mit den Skalen physische und psychische Gesundheit des WHOQOL-BREF in Studie IV.
Anmerkung: N = 337; * p < .05; ** p < .01.

Die innere Struktur der Gesundheitskompetenzskalen (siehe Abbildung 30) ist identisch mit der Struktur, wie sie im Modell ohne Outcome im Prozess der Modellbildung berechnet wurde (siehe Kapitel 6.4.2).

Im vorliegenden Modell korrelieren die Residuen der physischen und psychischen Gesundheit zu $r = .72$ ($p < .01$) positiv signifikant miteinander. Betrachtet man die Pfade der Gesundheitskompetenz auf die Gesundheit in Studie IV, tritt der deutliche Einfluss der Selbstregulation und der Selbstkontrolle in den Vordergrund. Die Pfade von Selbstregulation und Selbstkontrolle auf beide Formen der Gesundheit sind signifikant ($p < .01$), wobei der positive Einfluss der Selbstkontrolle mit $\beta = .33$ für physische und $\beta = .54$ für psychische Gesundheit stärker ist als der Einfluss der Selbstregulation (physisch: $\beta = .28$, $p < .01$; psychisch: $\beta = .27$, $p < .01$). Der einzige zusätzliche statistisch signifikante Pfad geht vom Umgang mit Gesundheitsinformationen auf die physische Gesundheit ($\beta = .14$, $p < .05$). Alle übrigen Pfade sind nicht signifikant.

Die Ergebnisse der Studie IV bestätigen weitestgehend die Befunde der beiden vorausgegangenen Studien. Dabei ist der Einfluss der Selbstregulation auf die beiden Formen der Gesundheit über alle drei Studien signifikant. Der positive Einfluss der Selbstkontrolle auf die physische Gesundheit zeigt sich in den Studien II und IV und der Einfluss des Umgangs mit Gesundheitsinformationen auf physische Gesundheit und der Selbstkontrolle auf psychische Gesundheit zeigt sich in den Studien III und IV. Einzig der in den beiden vorigen Studien stabile Einfluss der Skala Kommunikation und Kooperation für die psychische Gesundheit lässt sich in Studie IV nicht wiederfinden.

6.3   Diskussion

Ziel der dargestellten Untersuchungen war es, die Bedeutung der Gesundheitskompetenz für die physische und psychische Gesundheit und das Wohlbefinden herauszuarbeiten. Methodisch wurden dazu zuerst korrelations- und regressionsanalytische Berechnungen vorgenommen, um dann in einem zweiten Schritt anhand von Strukturgleichungsmodellen die erwarteten Beziehungen auf der Ebene latenter Variablen in einem konfirmatorischen Design zu untersuchen. Aufgrund der Konzeption der Gesundheitskompetenz als einer wesentlichen Determinante des Gesundheitsverhaltens und der Gesundheit wurde erwartet, dass sich die sechs Dimensionen der Gesundheitskompetenz positiv auf die Gesundheit und das Wohlbefinden der Teilnehmer auswirken.

Die Ergebnisse bestätigen die Erwartungen und sprechen für die Wichtigkeit, die Gesundheitskompetenz – und hier insbesondere die personenbezogenen Dimensionen des Konzepts – für die physische und psychische Gesundheit und das Wohlbefinden hat. Die zentralen Befunde zeigen sich über drei Studien (II bis IV) mit zum Teil sehr heterogenen Stichproben (Jugendliche und junge Gymnasiasten bis 21 Jahre; Erwachsene über 20 Jahre) und unter Verwendung unterschiedlicher Operationalisierungen der Gesundheit und des Wohlbefindens (KINDL, WHOQOL-BREF). Des Weiteren sind die wesentlichen Ergebnisse über die verschiedenen Analysemethoden greifbar, d. h. sowohl die berechneten Korrelations- und Regressionsanalysen, als auch die methodisch elaborierteren Berechnungen auf der Ebene latenter Variablen machen die Bedeutung der Gesundheitskompetenz für die Gesundheit deutlich, wobei letztere aufgrund der methodischen Modellierungsmöglichkeiten differenziertere Ergebnisse bereitstellen.

Die theoretische Beziehung der Gesundheitskompetenz mit Gesundheit und Wohlbefinden ist gerichtet. Es wird davon ausgegangen, dass eine gute Gesundheitskompetenz eine gute Gesundheit fördert. Die im Querschnitt erhobenen Daten der Studien erlauben keine kausale Analyse dieser Annahme im engeren Sinne. Aufgrund der theoretischen Konzeption der Gesundheitskompetenz können jedoch Annahmen über die Art der Beziehungen der Gesundheitskompetenz auf die Gesundheit gemacht werden, die in regressionsanaly-

tischen Gleichungen geprüft werden können. Zudem wird durch den gleich-
zeitigen Einbezug aller sechs Skalen der Gesundheitskompetenz die relative
Bedeutung der einzelnen Skalen deutlicher. Die Ergebnisse der oben nicht im
Einzelnen dargestellten Regressionsanalysen zeigen über die drei Studien hin-
weg einen stabilen Einfluss der Gesundheitskompetenz auf die Gesundheit, der
zwischen 18,5 % (Studie IV: Prädiktion auf physische Gesundheit) und 27,8 %
(Studie IV: Prädiktion auf psychische Gesundheit) der vorhandenen Varianzen
der Gesundheit erklärt. Dabei kommt den selbstregulativen Komponenten der
Gesundheitskompetenz eine vorgeordnete Rolle zu. Selbstregulation oder
Selbstkontrolle stellen in allen Analysen den statistisch stärksten Prädiktor der
Gesundheit, wobei pro Zielgröße jeweils ein oder zwei weitere Skalen der Ge-
sundheitskompetenz einen bedeutsamen Einfluss auf die Gesundheit ausüben.

Die elaboriertesten Befunde der Analysen zur Beziehung der Gesundheitskompetenz zu Gesundheit und Wohlbefinden stammen aus den Strukturgleichungsmodellen. Basierend auf dem entwickelten Strukturmodell der Gesundheitskompetenz mit zwei Modellebenen sind Hypothesen über die Zusammenhänge der Gesundheitskompetenz zur Gesundheit aufgestellt und in einem
rein konfirmatorischen Design über die drei Studien berechnet worden. Alle drei
Modelle zeigen eine hinreichende Passung der theoretischen Modelle mit den
empirischen Daten, wobei allein das Modell der Studie II keinen signifikanten
χ^2-Wert aufweist. Die Hinzunahme weiterer Fit-Indizes spricht jedoch für einen
befriedigenden Modellfit der Studien III und IV. Die Ergebnisse belegen die
Bedeutung der vier Gesundheitskompetenzskalen der zweiten Ebene für die
physische und psychische Gesundheit. Selbstregulation und Selbstkontrolle
zeigen in allen drei Studien mindestens einen signifikanten Pfad auf physische
oder psychische Gesundheit ($p < .01$) und stellen dabei jeweils die stärkste
Prädiktorvariable. In Studie II und III ist dies jeweils die Selbstregulation, in
Studie IV die Selbstkontrolle. Daneben ist die Kommunikation und Kooperation
in Studie II und III ein signifikanter Prädiktor der psychischen Gesundheit
($p < .01$). Gleiches gilt für die Fähigkeiten zum Umgang mit Gesundheitsinformationen in Studie III und IV ($p < .05$). Die Modelle erklären zwischen
25,0 % und 30,2 % der physischen und 28,7 % und 42,0 % der psychischen
Gesundheit. Die Höhe dieser Varianzaufklärung ist vor dem Hintergrund der
vielfältigen Einflussfaktoren auf die Gesundheit und das Wohlbefinden von
Menschen bemerkenswert.

Einzelne, zwischen den Studien gefundene Variationen der Befunde, sind
anhand der vorliegenden Daten nicht eindeutig zu interpretieren. Warum ist der
Einfluss der Selbstkontrolle in Studie II allein für die physische Gesundheit signifikant, in Studie III nur für psychische Gesundheit und in Studie IV für
beides? Warum ist der Umgang mit Gesundheitsinformationen nur in Studie III
und IV von Bedeutung für die physische Gesundheit und warum die Fähigkeiten

zur Kommunikation und Kooperation nicht in Studie IV? Antworten auf diese Fragen können anhand der vorliegenden Daten nicht gegeben werden. Zwei Aspekte mögen jedoch für diese Schwankungen bedeutsam sein. Zum einen können sich die zwar leichten, jedoch vorhandenen Variationen des Fragebogens zur Erfassung der Gesundheitskompetenz in dieser Weise auswirken. In Studie II und IV sind die Items identisch, in Studie III bestehen leichte Abweichungen. Zum zweiten existieren erhebliche Stichprobenunterschiede der Studie II (Jugendliche und junge Erwachsene) zu den Studien III und IV (Erwachsene).

Insgesamt genommen erweisen sich die Befunde zum Einfluss der Gesundheitskompetenz auf die Gesundheit trotz dieser Variationen einzelner Pfadkoeffizienten als stabil. Gerade vor den oben erwähnten Unterschieden in der Operationalisierung und den Stichprobencharakteristika der Studien können die Befunde der konfirmatorischen Analysen als eine erfolgreiche Kreuzvalidierung der Ausgangshypothesen betrachtet werden. Das Strukturmodell der Gesundheitskompetenz zeigt über drei Studien einen bedeutsamen Einfluss auf die Gesundheit und das Wohlbefinden. Die Fähigkeiten zur Selbststeuerung, die Selbstregulation und die Selbstkontrolle, haben dabei einen wesentlichen Anteil an der Vorhersagekraft des Modells. Dieser Befund betont deutlich die Relevanz der Selbststeuerung für das Konzept der Gesundheitskompetenz, das in bisherigen Arbeiten zum Thema weitestgehend vernachlässigt wurde. Es sind gerade diese Fähigkeiten einer Person in der Regulation eigener, innerer Zustände, die in einer komplexen und uneindeutigen Umwelt ein gesundheitsförderliches Verhalten ermöglichen und somit entscheidend zu einer guten Gesundheit und einem guten Wohlbefinden beitragen. Bezieht man in die Betrachtung der Ergebnisse die erste Ebene des Strukturmodells der Gesundheitskompetenz ein, die mit der Selbstwahrnehmung und der Verantwortungsübernahme zwei weitere, personenbezogene Komponenten umfasst, wird diese Aussage noch einmal unterstrichen. Die Fähigkeit, eigene Gefühle, Bedürfnisse und körperliche Zustände deutlich und unverzerrt wahrzunehmen und die Fähigkeit, sowohl kognitiv als auch motivational Verantwortung für seine Gesundheit zu übernehmen, stellen nach dem Strukturmodell wesentliche Einflussfaktoren für die handlungsorientierten Komponenten der Gesundheitskompetenz der zweiten Ebene dar.

Der Schwerpunkt der Untersuchungen liegt hier auf den personenbezogenen, auf die Selbstregulation und Selbststeuerung bezogenen Komponenten der Gesundheitskompetenz. Diese Schwerpunktsetzung bezieht sich nicht allein auf den Prozess der Datenanalyse und Modellvalidierung, sondern ebenso auf die Fragebogen- und Instrumentenentwicklung. Die theoretische Fundierung und methodische Operationalisierung der Skalen zur Kommunikation und Kooperation und zum Umgang mit Gesundheitsinformationen muss in zukünftigen

Arbeiten weitergeführt werden. Gerade vor dem Hintergrund der Verschmelzung der Expertencluster Informationsbeschaffung, Informationsverarbeitung und Handeln im Gesundheitssystem zur Skala Umgang mit Gesundheitsinformationen stellt sich die Frage, ob nicht eine differenziertere Operationalisierung dieser Modellkomponenten deren empirische Bedeutung für die Gesundheit und das Wohlbefinden erhöhen würde.

6.4   Resümee der Modellentwicklung zur Gesundheitskompetenz

Der Begriff der Gesundheitskompetenz beschreibt Fähigkeiten, Fertigkeiten und Wissensbestände, welche als individuelle Kapazitäten für eine gesundheitsförderliche Lebensführung verstanden werden. Das Ausmaß, in dem jeder Einzelne über diese gesundheitsbezogenen Kompetenzen verfügt, wird in den verschiedensten Lebenssituationen und unter mannigfaltigen Lebensumständen Einfluss darauf nehmen, welche gesundheitsrelevanten Entscheidungen getroffen und welche Verhaltensweisen gezeigt werden. Gesundheitskompetenz ist als eine Voraussetzung für eine die Gesundheit bewahrende und unterstützende Lebensführung konzipiert, als eine individuelle Ressource für die Gesundheit.

Gleichwohl kann über den Begriff der Gesundheitskompetenz nicht die Verantwortung für die Gesundheit von Seiten der Gesellschaft, dem Staat oder Betrieben und Unternehmen auf den Einzelnen abgewälzt werden. Gesundheit entsteht oder vergeht immer im Zusammenspiel zwischen Organismus und Umwelt, zwischen dem Menschen mit seinen genetischen Voraussetzungen, körperlichen Dispositionen, Temperament, vererbten und sozialisierten Persönlichkeitsmerkmalen und den Vielfältigen Einflüssen und Gegebenheiten der Lebensumwelt. Die gesundheitsrelevanten Merkmale, welche die Umwelt einer Person aufweist – sozial ebenso wie materiell – werden einen bedeutsamen Einfluss auf die Gesundheit und das Wohlbefinden dieser Person ausüben und deren Entwicklung wesentlich prägen.

Doch nicht nur die Gesundheit und das Wohlbefinden werden zu einem erheblichen Maß von den Lebensumständen beeinflusst. Auch die Entwicklung und Ausprägung der individuellen Fähigkeiten und Fertigkeiten der Gesundheitskompetenz selbst werden – ganz im Sinne des Kompetenzbegriffes – durch die Umwelt mit geformt. Inwieweit ein Individuum gesundheitskompetent ist bzw. eine hohe Gesundheitskompetenz erlangt, ist auch und vor allem eine Funktion der Umwelteinflüsse im Zusammenspiel mit den individuellen Voraussetzungen und Einstellungen. In diesem Sinne soll der Begriff der Gesundheitskompetenz aus einer psychologischen, auf die individuellen Fähigkeiten und Fertigkeiten fokussierten Perspektive betrachtet, nicht losgelöst von der

Einbettung der Gesundheitskompetenz in den Gesamtkontext sozialer und gesellschaftlicher Einflüsse gesehen werden.

Anlass und Ausgangspunkt für die vorgelegte Forschungsarbeit ist die Tatsache, dass aus der bisherigen Modellbildung zur Gesundheitskompetenz nicht deutlich hervorgeht, welche individuellen Fähigkeiten und Fertigkeiten den Begriff determinieren. Was muss jemand können oder wissen, um gesundheitskompetent zu sein? Welche Fähigkeiten und Fertigkeiten müssen gefördert werden, wenn man die Kompetenzen für eine gesunde Lebensführung in Schulen, in Betrieben oder in der Gesundheitsförderung ganz allgemein entwickeln möchte?

Schon die genauere Analyse der Definitionen der Gesundheitskompetenz aus der Perspektive der Gesundheitsförderung weist darauf hin, dass für gesundheitsförderliche Entscheidungen und eine entsprechende Lebensführung Fähigkeiten und Fertigkeiten der Selbstregulation und Selbststeuerung eine große Bedeutung zukommt. In einer komplexen und heterogenen Gesellschaft, die den Menschen zunehmend Freiheiten im eigenverantwortlichen Verhalten zugesteht und in der vormals festgelegte und fixierte Abläufe, beispielsweise in der Beziehung zwischen Arzt und Patient, aufgeweicht und überwunden werden, benötigt der Einzelne Fähigkeiten, sich selbst zu organisieren, seine Bedürfnisse und Notwendigkeiten zu kennen und zu erkennen, sich eigenständig Ziele zu setzen und danach zu handeln. Es besteht die Notwendigkeit, innere Hemmnisse aus sich selbst heraus zu überwinden, eigenständig eine Motivation für ein gesundheitsförderliches Handeln aufzubauen und diese auch bei äußeren oder inneren Widerständen aufrecht zu erhalten. In bisherigen Arbeiten zur Gesundheitskompetenz wurden solche Fähigkeiten kaum angesprochen oder inhaltlich ausgeführt.

Die hier vorgenommene Modellbildung zur Gesundheitskompetenz hat die vormals nur vage gefassten Komponenten hinter dem Begriff der Gesundheitskompetenz umfassend untersucht.

Die Ergebnisse der systematischen Befragung von Gesundheitsexperten liefern einen umfassenden Fundus für ein vertieftes Verständnis der Gesundheitskompetenz. Die qualitativ und quantitativ verwerteten Antworten der Experten führen zu einem theoretischen Modell der Gesundheitskompetenz, das in seiner finalen Fassung acht Kompetenzdimensionen (plus Gesundheitswissen und förderliche Persönlichkeitsmerkmale) der Gesundheitskompetenz ausweist und diese inhaltlich definiert (Kapitel 5.4). Anhand der Expertenaussagen werden diese Kompetenzen im Einzelnen inhaltlich ausformuliert. So entsteht ein reichhaltiges, gut interpretierbares und schlüssiges Modell, das den Ausgangspunkt für die weitere Forschung zum Begriff bildet. Dieses theoretische Kompetenzmodell bildet in seiner Reichhaltigkeit und Vielschichtigkeit eines der zentralen Ergebnisse der hier vorgestellten Forschung. Nicht nur, dass es die

Basis für die Operationalisierung des Konstrukts und dessen empirische Erforschung zur Verfügung stellt. Dieses theoretische Modell kann aufgrund seiner
inhaltlichen Fülle auch weiteren Forschungsarbeiten mit gegebenenfalls alter-
nativen oder umfassenderen Operationalisierungen oder bei der Entwicklung
von Testbatterien zur Gesundheitskompetenz als Basis dienen.

Ein erwähnenswerter Befund aus der Analyse der Expertenbefragung ist die
Einteilung des Modells in Regionen, die nach personenbezogenen Clustern,
umwelt- bzw. systembezogenen Clustern sowie vermittelnden Fähigkeiten zur
Kommunikation und Kooperation und gesundheitsbezogenen Grundfertigkeiten unterschieden werden können. Hier zeigt sich eine grundlegende Struktur
des Konstrukts, in der die personenbezogene Regulation, also die Selbststeuerung oder Selbstregulation, kontrastiert wird mit der systembezogenen Regulation, also dem Handeln im System, der Informationsbeschaffung und Informationsverarbeitung. Dazwischen liegen vermittelnde Fähigkeiten, die es einer
Person erlauben, Innen- und Außenwelt miteinander in Beziehung zu setzen:
kulturelle Basisfertigkeiten bezogen auf den Gesundheitsbereich sowie Fähigkeiten zur Kommunikation und Kooperation in Belangen der eigenen Gesundheit. In der Gesamtheit beschreiben die im Modell enthaltenen Komponenten
zentrale Voraussetzungen für ein gesundheitsförderliches Verhalten.

Ein weiterer Befund der Expertenbefragung ist die große Bedeutung, die den
personenbezogenen Kompetenzdimensionen eingeräumt wird. Aufgefordert,
die einzelnen Kompetenzen nach ihrer Wichtigkeit für das Konstrukt einzu-
stufen, wurden von den Experten zuvorderst Aussagen zur Selbstwahrnehmung
und zur Verantwortungsübernahme genannt. An vierter Stelle werden zudem
die Aussagen zur Selbstregulation und Selbstkontrolle genannt. Von den acht
Dimensionen der Gesundheitskompetenz werden somit alle drei personenbezogenen Kompetenzdimensionen als überdurchschnittlich bedeutsam für das
Konstrukt angesehen.

Die empirische Modellbildung, die auf Untersuchungen an über 1.100 Personen beruht, führte zu einem Strukturmodell der Gesundheitskompetenz, das
die innere Beziehung der Kompetenzkomponenten auf zwei Ebenen beschreibt.
Dabei kann die erste Ebene als perzeptiv-motivationale Ebene verstanden
werden. Die hier angesiedelten Fähigkeiten und Fertigkeiten der Selbstwahrnehmung und Verantwortungsübernahme bilden Referenzpunkte für die ver-
haltensorientierte Regulation der zweiten Modellebene. Die Kompetenzen der
zweiten Ebene sind unmittelbar verhaltensrelevant. Fähigkeiten zur Selbstregulation und Selbststeuerung beziehen sich auf innere Prozesse und Vorgänge,
die eine Person in die Lage versetzen, zu handeln und die anvisierten Handlungen umzusetzen. Sie repräsentieren die auf die eigene Person bezogene
Handlungsvoraussetzung für ein Gesundheitsverhalten. Die Fähigkeiten zum
Umgang mit Gesundheitsinformationen, die Prozesse wie Informationsbe-

schaffung und Informationsverarbeitung und ein Handeln im Gesundheitssystem umfassen, repräsentieren entsprechend den Umgang der Person mit der Außenwelt. Wie gut gelingt es, sich in dieser zurechtzufinden, diese zu verstehen und zu gestalten, so dass gesundheitsförderlich gehandelt werden kann? Ist jemand in der Lage, sich in dem gesellschaftlichen, sozialen oder auch gesundheitspolitischen Kontext, in dem er lebt, angemessen zu orientieren und in seinem Sinne zu handeln? Aus der Perspektive des Gesamtmodells der Gesundheitskompetenz kann dazu angenommen werden, dass es dabei auch auf die Interaktion zwischen den personenbezogenen und den systembezogenen Kompetenzen ankommt. Diese gewährleistet, dass der Umgang mit Gesundheitsinformationen und das entsprechende Handeln mit den eigenen Zielen, Wünschen und Bedürfnissen in Einklang steht und nicht entfremdet davon stattfindet (siehe dazu auch Kuhl, 2010). Zwischen den personenbezogenen und den umweltbezogenen Kompetenzen stehen Fähigkeiten zur Kommunikation und Kooperation, die auch interpretiert werden können als Fähigkeit, aus der Innenwelt heraus adäquat mit der Außenwelt zu interagieren sowie gesundheitsbezogene Basisfertigkeiten, vor allem im Lesen und Schreiben, die in einem ähnlichen Sinn interpretiert werden können. Lesen ermöglicht die Aufnahme von Informationen aus der Umwelt, schreiben die Kommunikation mit dieser. So erlaubt das Strukturmodell der Gesundheitskompetenz die Bildung von Annahmen und Hypothesen über das Gesundheitsverhalten, die in weiteren Untersuchungen überprüft werden können.

Die empirische Bedeutung der Gesundheitskompetenz für die Gesundheit und das Wohlbefinden wurde an drei Stichproben untersucht. Inwieweit geht eine gute Gesundheitskompetenz tatsächlich mit einer guten Gesundheit und einem hohen Wohlbefinden einher? Und welche Kompetenzkomponenten der Gesundheitskompetenz sind dabei bedeutsam? Die Analysen zeigten deutlich die starke Beziehung der Gesundheitskompetenz zu Maßen der Gesundheit und des Wohlbefindens an. Davon ausgehend, dass eine hohe Gesundheitskompetenz kausal auf das Gesundheitsverhalten und die Gesundheit einer Person einwirkt – was anhand des querschnittlichen Designs der Studie selbst nicht zu überprüfen ist, theoretisch jedoch gut begründet werden kann – zeigt die Gesundheitskompetenz einen erheblichen Einfluss auf die Gesundheit und das Wohlbefinden. Trotz der Vielfalt gesundheitsrelevanter Einflüsse, die auf Menschen einwirken, wurde in den gerechneten Modellen bis zu 30 % der Varianz der körperlichen und über 40 % der Varianz der psychischen Gesundheit erklärt. Dabei zeigten die Fähigkeiten der Selbstregulation und Selbstkontrolle über mehrere Studien hinweg den bedeutsamsten Einfluss auf die Gesundheit. Personen, die in der Lage sind, ihre inneren Prozesse erfolgreich zu regulieren, verfügen über eine bessere körperliche und geistige Gesundheit. Aber auch die Fähigkeiten zur Kommunikation und Kooperation und die Fähigkeiten im

Umgang mit Gesundheitsinformationen der zweiten Ebene des Strukturmodells zeigten in verschiedenen Studien einen bedeutsamen Einfluss auf die Gesundheit. Darunter liegen die perzeptiv-motivationalen Kompetenzen der ersten Ebene des Modells, die aktiv die Ausprägung der Fähigkeiten der zweiten Modellebene beeinflussen.

Eine erste Annäherung an die Untersuchung der Beziehung zwischen Gesundheitskompetenz und Gesundheitsverhalten wird im abschließenden Kapitel dargestellt.

Das hier entwickelte Gesamtmodell der Gesundheitskompetenz umfasst neben den weiterentwickelten Fähigkeiten und Fertigkeiten, die im Einzelnen identifiziert und untersucht wurden – auch die in der Literatur als *health literacy* beschriebenen Basisfertigkeiten der Gesundheitskompetenz. Dazu gehören im Besonderen gesundheitsbezogene Lese-, Schreib- und Rechenfertigkeiten sowie ein gesundheitsrelevantes Grundwissen. Die Gesamtstruktur des Modells ließ sich insbesondere aus den Arbeiten von Nutbeam ableiten und führt zu einer Integration der bisher getrennt erforschten Paradigmen der Gesundheitskompetenz als Risiko und als Potenzial. Das vorgeschlagene Gesamtmodell sieht Basisfertigkeiten als Voraussetzung zur Entwicklung und Entfaltung der weiterentwickelten Fähigkeiten der Gesundheitskompetenz. Für ein gesundheitskompetentes Verhalten ist die hinreichende Entwicklung sowohl der Basisfertigkeiten als auch der weiterentwickelten Fähigkeiten notwendig. Einen weiteren Baustein des Modells bilden die gesundheitsförderlichen Persönlichkeitsmerkmale, die sich in der Expertenbefragung gezeigt haben. Anhand der Nennungen der Experten kann die Hypothese aufgestellt werden, dass es Merkmale der Persönlichkeit gibt, die positiv auf die Entwicklung der weiterentwickelten Fähigkeiten der Gesundheitskompetenz einwirken.

Die hier dargestellte Untersuchung zur Gesundheitskompetenz bietet eine Vielzahl von Ansatzpunkten für weitere Forschungsarbeiten zum Thema. Die systematische Modellbildung und die empirische Fundierung der dargestellten Untersuchung sollen dazu beitragen, das Konstrukt der Gesundheitskompetenz genauer zu definieren und die zweifellos große Bedeutung, die der Gesundheitskompetenz für die Gesundheit des Einzelnen und das Gesundheitswesen im Gesamten zukommt, veranschaulichen. Die durch die WHO eingeleitete Dynamik zur Gesundheitskompetenz wird vor dem Hintergrund der gesellschaftlichen und wirtschaftlichen Entwicklungen und des veränderten Gesundheitsbegriffs auch in Zukunft anhalten. Die Betrachtung der Kompetenzen des Einzelnen als individueller und gesellschaftlicher Ressource von Gesundheit und Wohlbefinden, sowie der Bedingungen, welche die Entwicklung dieser Kompetenzen begünstigen, ist aus der Gesundheitsförderung nicht mehr wegzudenken. Gesundheitskompetenz ist zu einem zentralen Konzept der Gesundheitsförderung geworden. Dabei kommt personenbezogenen Kompetenzen der

Selbstwahrnehmung, der aktiven Verantwortungsübernahme für die Gesundheit, der gesundheitsförderlichen Selbstregulation und Selbstkontrolle eine entscheidende Bedeutung zu.

Teil IV: Gesundheitskompetenz und Gesundheitsverhalten

Im Folgenden wird der Zusammenhang der Komponenten der Gesundheitskompezent mit dem Gesundheitsverhalten untersucht. Das Kapitel stellt das dazu entwickelten Erhebungsinstrument vor, gibt die empirischen Befunde wieder und diskutiert sie vor dem Hintergrund der Modellbildung.

7 Hintergrund

Es ist anzunehmen, dass die Beziehung zwischen der Gesundheitskompetenz und der Gesundheit über das Gesundheitsverhalten der Menschen vermittelt wird (z. B. Nutbeam, 2000). Der Begriff »Gesundheitsverhalten« geht dabei auf die klassische Arbeit »The Health of Regionville« des Amerikaners Earl Lomon Koos (1954) zurück. Demnach umfasst Gesundheitsverhalten sämtliche Reaktionen und Verhaltensweisen, die in einem erkennbaren Bezug zu Gesundheit und Krankheit stehen. Eine neuere Definition fasst das Gesundheitsverhalten als ein Verhalten, ein Verhaltensmuster, eine Handlung oder eine Gewohnheit auf, die mit der Erhaltung, der Wiederherstellung oder mit der Verbesserung von Gesundheit im Zusammenhang steht (Knoll & Riemann, 2005). Im Sinne dieser Definition steht Gesundheitsverhalten in einer engen Beziehung zur Gesundheitskompetenz, die darauf abzielt, die für ein solches Verhalten benötigten Kompetenzen zu beschreiben.

In Teil IV sollen die empirischen Befunde zur Beziehung zwischen der Gesundheitskompetenz und der Gesundheit durch Analysen zum Gesundheitsverhalten ergänzen. Dazu werden Gesundheitsszenarien entwickelt und mit der Gesundheitskompetenz in Beziehung gesetzt. So soll der Bedeutung der einzelnen Komponenten der Gesundheitskompetenz für unterschiedliche gesundheitsrelevante Verhaltensweisen nachgegangen werden. Es wird erwartet, dass die einzelnen Komponenten der Gesundheitskompetenz in verschiedenen gesundheitsrelevanten Entscheidungs- und Handlungssituationen einen unterschiedlich starken Einfluss entfalten. So mag beispielsweise die Fähigkeit zum

Umgang mit Gesundheitsinformationen für einige gesundheitsrelevante Entscheidungen bedeutsam sein und für andere nicht, je nach dem Anforderungscharakter der gegebenen Situation. Auf diese Weise soll ein erster Einblick in den Zusammenhang zwischen Gesundheitskompetenz und Gesundheitsverhalten gewonnen werden.

7.1   Methode

Umsetzung der Studie
Die Erhebungen zum Gesundheitsverhalten fanden im Rahmen der Studie IV statt (siehe Kapitel 6.4.1). Den 337 Teilnehmern wurden neben den Instrumenten zur Erfassung der Gesundheitskompetenz neun eigens für diese Untersuchung entwickelte Szenarien zum Gesundheitsverhalten vorgelegt.

Die entwickelten Szenarien beschreiben konkrete, für die körperliche und psychische Gesundheit und das Wohlbefinden relevante Situationen. Diese Situationen verlangen von der handelnden Person bestimmte Kompetenzen zu ihrer Bewältigung (z. B. die Ernährung konsequent umstellen, nach Hilfe fragen und diese in Anspruch nehmen, sich gesundheitsrelevante Informationen beschaffen). Vor der Beantwortung der Fragen wurden die Teilnehmer angehalten, sich noch einmal ihr Verhalten in ähnlichen Situationen bewusst zu machen um dann anzugeben, wie gut sie die beschriebene Situation wahrscheinlich bewältigen würden.

Szenario
Sie lieben Brot und Kuchen und essen beides täglich. Nun haben Sie seit einiger Zeit regelmäßig Bauchschmerzen. Ihr Arzt stellt eine Nahrungsmittelunverträglichkeit fest und empfiehlt Ihnen dringend, Ihre Ernährung radikal umzustellen. Sie sollen auf alle Produkte mit Weizen (darunter auch Brot, Kuchen) verzichten. Sie nehmen sich vor, diese Lebensmittel von nun an zu meiden.

Wie gut gelingt es Ihnen, dies konsequent durchzuhalten?

O	O	O	O
Sehr schlecht	Eher schlecht	Eher gut	Sehr gut

Insgesamt wurden neun solcher Szenarien entwickelt. Sie umschreiben im Einzelnen die folgenden Verhaltensweisen.

(1) Szenario – Pausen machen

a. Situation	b. Gesundheitsverhalten	c. Frage
Hohe Beanspruchung durch Familie und Beruf; es gibt nur wenige Erholungsmöglichkeiten am Tag	Diese Pausen effektiv für eine gute Regeneration nutzen.	Wie gut gelingt die Nutzung der Pausen zur Regeneration?

(2) Szenario – Ernährungsumstellung

a. Situation	b. Gesundheitsverhalten	c. Frage
Nahrungsmittelunverträglichkeit auf bevorzugte Speisen; Arzt empfiehlt konsequente Ernährungsumstellung, die hohen Verzicht bedeutet	Gelungener Verzicht auf die präferierten Lebensmittel	Wie gut gelingt es, dies konsequent durchzuhalten?

(3) Szenario – Bedürfnisse wahrnehmen

a. Situation	b. Gesundheitsverhalten	c. Frage
Größere Menge Geld geerbt; andere wollen Einfluss nehmen, was damit zu geschehen hat und sind dabei sehr aufdringlich	Selbstständige Entscheidung treffen, die mit den eigenen Wünschen und Bedürfnissen übereinstimmt.	Wie gut gelingt es, bei dem Druck der anderen die eigenen Wünsche und Bedürfnisse deutlich wahrzunehmen?

(4) Szenario – Informationen kritisch bewerten

a. Situation	b. Gesundheitsverhalten	c. Frage
Recherche zu Nutzen und Risiko von Impfungen bringen widersprüchliche Befunde	Kritisches Prüfen und Bewerten der Informationen	Wie gut gelingt das kritische Prüfen und Bewerten?

(5) Szenario – von Krankheit erzählen / Hilfe annehmen

a. Situation	b. Gesundheitsverhalten	c. Frage
Wegen einer länger dauernden Erkrankung wird Hilfe im Alltag benötigt; jede Anstrengung muss vermieden werden	Mit Familie, Freunden und Kollegen über die Krankheit reden und ihre Hilfe annehmen.	Wie gut gelingt es, davon zu erzählen und Hilfe zu akzeptieren?

(6) Szenario – Verspannungen und Stress wahrnehmen

a. Situation	b. Gesundheitsverhalten	c. Frage
Am Arbeitsplatz sollen Pausen gemacht werden, wenn es zu Verspannungen und Leistungsabfall kommt	Frühzeitig wahrnehmen, dass man sich körperlich oder geistig verspannt und Stress erlebt.	Wie gut gelingt es, diese körperlichen Verspannungen oder den Stress frühzeitig wahrzunehmen?

(7) Szenario – Gesundheit schützen

a. Situation	b. Gesundheitsverhalten	c. Frage
Arzt empfiehlt dringend die Vermeidung von Lärm, um Tinnitus zu überwinden; auf einem sozialen Event plötzlich und unerwartet hoher Lautstärkepegel; sozialer Druck, zu bleiben	Situation verlassen, um das Gehör zu schützen.	Würden Sie die Veranstaltung verlassen oder bleiben?

(8) Szenario – Verlässliche Informationen finden

a. Situation	*b. Gesundheitsverhalten*	*c. Frage*
Eigenständige Recherche zu einer bedrohlichen Infektionskrankheit notwendig	Suche nach detaillierten, vollständigen und verlässlichen Informationen unter Einbezug kritischer Stimmen.	Wie gut gelingt es, verlässliche und vollständige Informationen zusammenzutragen?

(9) Szenario – Bewegungsprogramm durchhalten

a. Situation	*b. Gesundheitsverhalten*	*c. Frage*
Eintöniges Bewegungsprogramm muss aus gesundheitlichen Gründen über mehrere Wochen täglich geübt werden	Konsequente und tägliche Umsetzung des Programms trotz der Eintönigkeit.	Wie gut gelingt dies?

Validierung der Szenarien zum Gesundheitsverhalten

Die Validität dieser Szenarien zum Gesundheitsverhalten wurden mit Hilfe von Gesundheitsexperten aus der Medizin, Psychologie und den Gesundheitswissenschaft vorgenommen und anhand dreier Kriterien eingestuft:

Kriterium a)   Realitätsnähe

Das Szenario ist realitätsnah und könnte sich so abspielen.

Kriterium b)   Gesundheitsbezug

Das Szenario hat einen direkten oder indirekten Gesundheitsbezug und ist relevant für die Gesundheit und das Wohlbefinden.

Kriterium c)   Gesundheitsförderlichkeit

Das abgefragte Verhalten ist aus Sicht des Experten gesundheitsförderlich.

Die Szenarien wurden von den Experten in allen drei Kriterien positiv bewertet. Gemessen auf einer vierstufigen Skala liegen die Mittelwerte für das Kriterium Realitätsnähe bei 3.49 ($SD = .41$), für Gesundheitsbezug bei 3.67 ($SD = .21$) und für die Gesundheitsförderlichkeit bei 3.53 ($SD = .18$). Ausnahmen hinsichtlich dieser positiven Experteneinschätzungen finden sich für das Szenario 6 zur Wahrnehmung von Verspannungen und Stress, welches von den Experten als wenig realitätsnah beurteilt wird ($M = 2.60$, $SD = 1.14$), sowie das Szenario 3 zur Wahrnehmung eigener Bedürfnisse, dem wenig Gesundheitsbezug beigemessen wird ($M = 2.40$, $SD = .55$) und dessen vorgegebenes Lösungsverhalten als wenig gesundheitsförderlich eingestuft wird ($M = 2.40$, $SD = .55$). Bei allen übrigen Szenarien sprechen die Expertenratings für die Validität dieser im Hinblick auf die untersuchten Kriterien.

Gesundheitsverhalten und Gesundheit
Zur weiteren Abschätzung der Validität der vorgegebenen Szenarien zum Gesundheitsverhalten gibt Tabelle 9 einen Überblick der empirischen Beziehungen der Szenarien zur physischen und psychischen Gesundheit. Drei der neun Szenarien zeigen keinen signifikanten Bezug zur Gesundheit. Dies sind Szenario 5 (von Krankheit erzählen / Hilfe annehmen), Szenario 7 (Gesundheit schützen) und Szenario 8 (verlässliche Informationen finden). Alle übrigen Szenarien korrelieren sowohl mit physischer als auch mit psychischer Gesundheit signifikant positiv.

Tabelle 9
Korrelationen zwischen dem physischen und psychischen Wohlbefinden und den Skalen zur Messung der Lebensqualität des WHOQOL-BREF.

Szenario		Physische Gesundheit	Psychische Gesundheit	
1.	Pausen machen	.32**		.35**
2.	Ernährungsumstellung	.18**		.20**
3.	Bedürfnisse wahrnehmen	.20**		.28**
4.	Informationen kritisch bewerten	.13*		.13*
5.	Von Krankheit erzählen / Hilfe annehmen	.09		.11
6.	Verspannungen und Stress wahrnehmen	.19**		.21**
7.	Gesundheit schützen	-.03		.06
8.	Verlässliche Informationen finden	-.03		.04
9.	Bewegungsprogramm durchhalten	.17**		.18**

$N = 337$; * $p < .05$ ** $p < .01$

Teilnehmer
In Studie IV haben 337 Personen an der Erhebung teilgenommen. Eine genaue Stichprobenbeschreibung findet sich in Kapitel 6.4.1.

7.2 Ergebnisse

Im ersten Schritt der Datenanalyse werden die neun Szenarien zum Gesundheitsverhalten mit den Skalen der Gesundheitskompetenz korreliert. Tabelle 10 stellt die resultierenden Korrelationskoeffizienten dar.

Die Betrachtung der Korrelationskoeffizienten zeigt, wie unterschiedlich die einzelnen Szenarien mit den Komponenten der Gesundheitskompetenz korrespondieren. Die Fähigkeit zur Selbstregulation steht vor allem mit dem Pausenverhalten in enger Beziehung ($r = .46$; $p < .01$). Selbstregulation ist dabei jedoch auch für die meisten anderen geschilderten Verhaltensweisen zur Gesundheit relevant. Die Fähigkeit zur Selbstkontrolle zeigt die größte Bedeutung für das Durchhalten von Bewegungsprogrammen ($r = .26$; $p < .01$). Aber auch die Selbstkontrolle korreliert mit fast allen übrigen Szenarien ($p < .05$).

Tabelle 10
Korrelationen zwischen den Skalen der Gesundheitskompetenz und den Szenarien zum
Gesundheitsverhalten.

Szenario	Selbst-regu-lation	Selbst-kon-trolle	Selbst-wahr-nehm-ung	Verant-wortungs-über-nahme	Kommu-nikat-ion und Koope-ration	Umgang mit Gesund-heits-informa-tionen
Pausen machen	.46**	.15**	.21**	.23**	.12*	.10
Ernährungsumstellung	.15**	.24**	.14*	.36**	.00	.17**
Bedürfnisse wahrnehmen	.25**	.23**	.23**	.04	.05	.11*
Informationen kritisch bewerten	.19**	.16**	.10	.13*	.09	.43**
Von Krankheit erzählen / Hilfe annehmen	.16**	-.02	.13*	.18**	.43**	.10
Verspannung und Stress wahrnehmen	.33**	.12*	.29**	.19**	.18**	.19**
Gesundheit schützen	.05	.18**	.03	.19**	.11*	-.03
Verlässliche Informationen finden	.07	.10	.09	.10	-.05	.21**
Bewegungsprogramm durchhalten	.16**	.26**	.07	.28**	.08	.01

Anmerkung: N = 337; die jeweils höchsten Korrelationen pro Szenario sind fett dargestellt

Die Fähigkeit zur Selbstwahrnehmung wirkt sich auf den gesundheitsförderli-
chen Umgang mit Verspannungen und Stress aus ($r = .29$, $p < .01$), die Verantwortungsübernahme vor allem mit auf das Umstellen der Ernährung
($r = .36$, $p < .01$) und auch auf das Durchhalten von Bewegungsprogrammen
($r = 28$; $p < .01$). Gesundheitsbezogene Fähigkeiten zur Kommunikation und
Kooperation spiegeln sich im Verhalten so, dass von Krankheit erzählt wird und
Hilfe angenommen werden kann ($r = 43$, $p < .01$). Eine gute Fähigkeit zum
Umgang mit Gesundheitsinformationen führt dazu, dass Informationen kritisch
betrachtet werden können ($r = .43$, $p < .01$) und verlässliche Informationen
gefunden werden ($r = 21$, $p < .01$). So lassen sich für alle Komponenten der
Gesundheitskompetenz spezifische Bezüge zu den vorgegebenen Gesundheitsszenarien finden, wobei unterschiedliche Profile der Beziehungsmuster sichtbar
werden.

Zur genaueren Abschätzung dieser Zusammenhänge, bei denen aus theoretischer Sicht ein gerichteter Einfluss der Gesundheitskompetenz auf das Gesundheitsverhalten angenommen wird, wird für jedes der neun Szenarien eine
multiple lineare Regression berechnet, in der die sechs Skalen der Gesundheitskompetenz als Prädiktorvariablen dienen.

Tabelle 11 gibt die Befunde wieder. Zur besseren Übersicht werden für jedes

Szenario allein die signifikanten Skalen der Gesundheitskompetenz in der Tabelle angegeben.

Tabelle 11
Multiple lineare Regressionen der sechs Skalen der Gesundheitskompetenz mit Szenarien zum Gesundheitsverhalten als Zielvariablen.

Szenario 1 (Pausen machen)		
	Beta	t
Selbstregulation	.43**	8.41
Verantwortungsübernahme	.15**	2.73
Bestimmtheitsmaß	$R^2 = .238$	
Multiple Regressionen auf Szenario 2 – Ernährungsumstellung		
	Beta	t
Selbstkontrolle	.11*	1.97
Verantwortungsübernahme	.32**	5.56
Bestimmtheitsmaß	$R^2 = .158$	
Multiple Regressionen auf Szenario 3 – Bedürfnisse wahrnehmen		
	Beta	t
Selbstregulation	.19**	3.40
Selbstkontrolle	.18**	3.09
Selbstwahrnehmung	.18**	2.91
Bestimmtheitsmaß	$R^2 = .123$	
Multiple Regressionen auf Szenario 4 – Informationen kritisch bewerten		
	Beta	t
Selbstregulation	.11*	2.02
Umgang mit Gesundheitsinformationen	.43**	7.91
Bestimmtheitsmaß	$R^2 = .207$	
Multiple Regressionen auf Szenario 5 – von Krankheit erzählen / Hilfe annehmen		
	Beta	t
Kommunikation und Kooperation	.40**	7.41
Bestimmtheitsmaß	$R^2 = .198$	
Multiple Regressionen auf Szenario 6 – Verspannungen und Stress wahrnehmen		
	Beta	t
Selbstregulation	.26**	4.80
Selbstwahrnehmung	.17**	2.84
Bestimmtheitsmaß	$R^2 = .165$	
Multiple Regressionen auf Szenario 7 – Gesundheit schützen		
	Beta	t
Selbstkontrolle	.17**	2.88
Verantwortungsübernahme	.17**	2.83
Bestimmtheitsmaß	$R^2 = .076$	
Multiple Regressionen auf Szenario 8 – verlässliche Informationen finden		
	Beta	t
Umgang mit Gesundheitsinformationen	.19**	3.20
Bestimmtheitsmaß	$R^2 = .055$	

(Fortsetzung)

Multiple Regressionen auf Szenario 9 – Bewegungsprogramm durchhalten		
	Beta	*t*
Selbstregulation	.12*	2.17
Selbstkontrolle	.20**	3.56
Verantwortungsübernahme	.25**	4.27
Umgang mit Gesundheitsinformationen	-.13*	-2.24
Bestimmtheitsmaß	$R^2 = .137$	

Anmerkung: $N = 337$; * $p < .05$; ** $p < .01$

- In Szenario 1 (Pausen machen) werden die Unterschiede im Gesundheits-verhalten zu 23,8 % durch die Skalen der Gesundheitskompetenz erklärt (R^2). Dabei hat die Selbstkontrolle den stärksten Einfluss auf das Verhalten »Pausen machen« ($\beta = .43$; $p < .01$). Auch die Verantwortungsübernahme zeigt einen relevanten Einfluss ($\beta = .15$, $p < .01$).
- Die konsequente Ernährungsumstellung (Szenario 2) wird durch die Skalen Verantwortungsübernahme ($\beta = .32$, $p < .01$) und Selbstkontrolle ($\beta = .11$, $p < .05$) vorhergesagt, wobei 15,8 % der Varianz des Verhaltens erklärt werden können.
- Die Bedürfniswahrnehmung in einer Drucksituation (Szenario 3) wird anhand der drei Skalen Selbstregulation ($\beta = .19$, $p < .01$), Selbstkontrolle ($\beta = .18$, $p < .01$) und Selbstwahrnehmung ($\beta = .18$, $p < .01$) vorhergesagt, wobei hier insgesamt 12,3 % der Unterschiede in den Antworten erklärt werden können.
- Szenario 4 erfragt ein Verhalten, in dem widersprüchliche Gesundheitsinformationen kritisch zu hinterfragen sind. Dieses Szenario wird signifikant durch die Skala zum Umgang mit Gesundheitsinformationen ($\beta = .43$, $p < .01$) und zur Selbstregulation ($\beta = 11$, $p < .05$) vorhergesagt, wobei 20,7 % der Antwortvarianz erklärt werden.
- Im Szenario 5 steht das Inanspruchnehmen von Hilfe im Vordergrund des Gesundheitsverhaltens. Erklärt wird dieses allein über die Skala zur Kommunikation und Kooperation der Gesundheitskompetenz ($\beta = .40$, $p < .01$) mit 19,8 % aufgeklärter Varianz.
- Szenario 6 stellt die Wahrnehmung von Verspannungen und Stress a m Arbeitsplatz in den Fokus. Die Fähigkeiten zur Selbstwahrnehmung ($\beta = .17$, $p < .01$) und Selbstregulation ($\beta = .26$, $p < .01$) sagen das Verhalten signifikant voraus und erklären dabei 16,5 % der Antwortvarianz.
- Ein Verhalten, das die Gesundheit schützt wird in Szenario 7 abgefragt. Relevante Prädiktoren sind die Selbstkontrolle ($\beta = .17$, $p < .01$) und die Verantwortungsübernahme ($\beta = .17$, $p < .01$) der Gesundheitskompetenz mit 7,6 % erklärter Varianz.

– Szenario 8 stellt ein Suchverhalten nach verlässlichen Gesundheitsinformationen in den Vordergrund. Vorhergesagt wird ein erfolgreiches Suchverhalten durch die Gesundheitskompetenzskala zum Umgang mit Gesundheitsinformationen ($\beta = .19$, $p < .01$), wobei 5,5 % der Varianz durch diesen Prädiktor erklärt werden.

– Szenario 9 bezieht sich auf die konsequente Umsetzung eines gesundheitlich notwendigen Bewegungsprogramms. Die 13,7 % der erklärten Varianz werden durch die Skalen Verantwortungsübernahme ($\beta = .25$, $p < .01$), Selbstkontrolle ($\beta = .20$, $p < .01$) und Selbstregulation ($\beta = .12$, $p < .05$) vorhergesagt. Die Skala zum Umgang mit Gesundheitsinformationen trägt hier ebenfalls zur Varianzaufklärung bei ($\beta = -.13$, $p < .05$), wobei dieser Befund eine unerwartete Wirkrichtung zeigt. Demnach gingen Fähigkeiten zum Umgang mit Gesundheitsinformationen mit geringerer Konsequenz in der Umsetzung des Bewegungsprogramms einher. Die Ausprägung dieses Befunds ist eher gering.

Insgesamt kann festgestellt werden, dass das Gesundheitsverhalten in den Szenarien jeweils durch verschiedene Skalen der Gesundheitskompetenz vorhergesagt wird. Alle Komponenten des Gesundheitskompetenzmodells erweisen sich in mindestens einem der Szenarien als signifikanter Einflussfaktor. Dabei wechseln die Komponenten mit dem höchsten Einfluss von Szenario zu Szenario. Die Skala Selbstkontrolle ist der häufigste Prädiktor für das szenenhaft dargestellte Gesundheitsverhalten und zeigt bei vier der neun Szenarien einen signifikant positiven Einfluss. Selbstregulation und Verantwortungsübernahme stellen je dreimal die stärksten Prädiktoren, Umgang mit Gesundheitsinformationen zweimal, und Kommunikation und Kooperation einmal.

7.3   Diskussion

Durch die Vorlage von Szenarien zum Gesundheitsverhalten konnten Hinweise auf die differenzierte Bedeutung der einzelnen Skalen der Gesundheitskompetenz für verschiedene gesundheitsrelevante Entscheidungs- und Handlungssituationen gewonnen werden. Dabei fällt erneut die hervorgehobene Rolle der personenbezogenen Skalen auf, die nahezu in allen vorgelegten Situationen eine hohe Relevanz zeigen. Fähigkeiten zur Selbstregulation und Selbstkontrolle klären in sieben der neun Szenarien am meisten Varianz des subjektiv eingeschätzten Gesundheitsverhaltens auf. Hier werden sich die großen Potentiale, die mit der Erweiterung bisheriger Ansätze zur Gesundheitskompetenz um Komponenten der Selbststeuerung und Selbstregulation einhergehen, sichtbar.

Gleichzeitig machen die Ergebnisse deutlich, dass trotz der hohen Präsenz der personenbezogenen Komponenten der Gesundheitskompetenz im Strukturmodell die beiden übrigen Modellkomponenten, die Fähigkeiten zur Kommunikation und Kooperation und die Fähigkeiten zum Umgang mit Gesundheitsinformationen, nicht vernachlässigt werden können. Die Befunde zu Szenarien verschiedener gesundheitsrelevanter Verhaltensweisen zeigen dies klar. Geht es beispielsweise bei der willentlichen Ernährungsumstellung (Szenario 2) stärker um Selbstkontrolle und Verantwortungsübernahme, kommt es bei der konkreten Auseinandersetzung mit Informationen zum Impfen (Szenario 4) vor allem auf entsprechende Fähigkeiten im Umgang mit Gesundheitsinformationen an. Und wenn es darum geht, bei einer manifesten Erkrankung die Hilfe anderer anzufragen und diese auch anzunehmen (Szenario 5), spielen Fähigkeiten zur gesundheitsbezogenen Kommunikation und Kooperation eine entscheidende Rolle.

Die Erhebungen zum Gesundheitsverhalten geben somit konkrete Hinweise auf die Relevanz aller sechs Komponenten des Modells der Gesundheitskompetenz.

Die Fähigkeiten und Kenntnisse der Gesundheitskompetenz sollen es dem Einzelnen und der Gemeinschaft ermöglichen, so zu entscheiden und zu handeln, dass es der Gesundheit zuträglich ist (siehe dazu Kapitel 2.1). Dabei ist es im theoretischen Modell das gesundheitsfördernde Verhalten, welches in einer guten Gesundheit und einem hohen Wohlbefinden resultiert. Dieses Verhalten kann dabei direkt oder mittelbar mit Gesundheit und Wohlbefinden verknüpft sein. So werden beispielsweise Fähigkeiten im Umgang mit gesundheitsrelevanten Informationen beispielsweise bei Impfentscheidungen, beim Kauf von Lebensmitteln oder bei der Beurteilung von Angeboten der Gesundheitsförderung zwar den konkreten Entscheidungsprozess beeinflussen, dabei in der Regel jedoch keine direkten Auswirkungen auf die Gesundheit oder das Wohlbefinden einer Person zeigen. Diese Entscheidungen können jedoch ohne Frage mittelbar über die Zeit eine hohe Relevanz für Gesundheit und Wohlbefinden entfalten.

Teil V: Ausblick

Im Ausblick der Modellbildung werden erste Bezüge zwischen der Gesundheitskompetenz und der Selbstbestimmungstheorie der Motivation hergestellt. Dabei wird zwischen der Bedeutung der Befriedigung psychologischer Grundbedürfnisse und den Gründen für ein gesundheitsförderliches Verhalten unterschieden (Kapitel 9.1). Zu beidem werden empirische Befunde vorgestellt (Kapitel 9.2) und diskutiert (Kapitel 9.3).

8 Förderung personenbezogener Komponenten der Gesundheitskompetenz

Die Ergebnisse der Modellbildung und der Modellvalidierung zeigen, dass personenbezogenen, selbstregulativen Komponenten eine bedeutende Rolle für die Gesundheitskompetenz zukommt. Sie bilden einen substantiellen Bestandteil des Konstrukts und tragen maßgeblich zur empirischen Beziehung mit Maßen der physischen und psychischen Gesundheit bei.

Damit drängt sich die Frage auf, wie diese personenbezogenen, vornehmlich auf den Umgang mit sich selbst und innerpsychischen Vorgängen bezogenen Kompetenzen gefördert werden können (siehe Abbildung 31). Wie lassen sich Fähigkeiten der Selbstwahrnehmung stärken? Wie bringt man Menschen dazu, aktiv Verantwortung für ihre Gesundheit zu übernehmen? Und wie lassen sich die Selbstregulation und die Selbstkontrolle in Hinblick auf das gesundheitsrelevante Verhalten verbessern?

Im Ausblick dieser Arbeit wird aus der Perspektive der Selbstbestimmungstheorie der Motivation (siehe Kapitel 3.2) diesen Fragen nachgegangen. Dabei wird insbesondere auf das Konstrukt der psychologischen Grundbedürfnisse, der *basic needs*, zurückgegriffen. In welcher Beziehung stehen die Selbstregulation und Selbstkontrolle der Gesundheitskompetenz zu den *basic needs*? Und welche Rolle spielt die Befriedigung der *basic needs* für die Gesundheitskompetenz? Diese zielführenden Fragen zur Förderung der Gesundheitskompetenz werden im Folgenden anhand erster empirischer Daten beleuchtet.

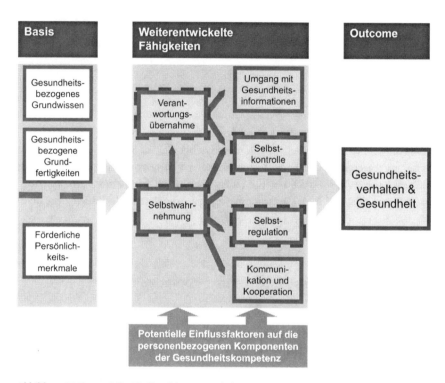

Abbildung 31 Potenzielle Einflussfaktoren auf die personenbezogenen Skalen der Gesundheitskompetenz. Die gestrichelte Umrandung kennzeichnet die Kompetenzdimensionen, die durch Einflussfaktoren auf personenbezogener Ebene der Gesundheitskompetenz angesprochen werden sollen.

8.1 Psychologische Grundbedürfnisse und internale Beweggründe für Gesundheitsverhalten

Bisherige Interventionen und Maßnahmen zur Gesundheitskompetenz, insbesondere wenn sie den engen Begriff der Gesundheitskompetenz oder *health literacy* zugrunde legen, zielen in der Regel auf eine zielgruppengerechte Informationsvermittlung und eine Verbesserung der Informationsverarbeitung der angesprochenen Personen. Beispielsweise kann es darum gehen, die gesundheitsbezogene Lese- und Rechenfähigkeiten der Patienten zu heben, ein gesundheitsrelevantes Basiswissen zu vermitteln oder die kommunikativen Fähigkeiten von Patienten zu stärken (z. B. NCSALL, 2007; Nutbeam, 2008). Auf die Förderung personenbezogener Komponenten der Gesundheitskompetenz, wie sie sich aus der Modellbildung ergeben haben, sind solche Maßnahmen meist nicht ausgerichtet.

Diese im Modell der Gesundheitskompetenz enthaltenen personenbezogenen Komponenten der Selbstwahrnehmung, Verantwortungsübernahme, Selbstregulation und Selbstkontrolle laufen daher Gefahr, in der Praxis keine Relevanz zu entfalten, wenn nicht gleichzeitig auf potenzielle Maßnahmen zur Förderung und Stärkung dieser Kompetenzkomponenten hingewiesen werden kann. Nutbeam (2008) merkt dazu an, dass der Public-Health-Ansatz der Gesundheitskompetenz, dem das entwickelte Modell zuzuordnen ist, bisher gesehen werden muss als eine »… powerful idea, but not one that is yet established as practical for widespread implementation« (Nutbeam, 2008, S. 2077). Die Dimensionen der Gesundheitskompetenz sind in ihrer Allgemeinheit als Schlüsselkompetenzen für ein gesundes Leben anzusehen, die in ihrer Breite zwar für eine Vielzahl an gesundheitsrelevanten Situationen relevant sind, die aber wenig spezifisch ausformuliert sind. Weinerts Arbeiten zum Kompetenzbegriff weisen dazu auf eine generelle Problematik von Lebens- oder Schlüsselkompetenzen hin, die auch für die Konzeption der Gesundheitskompetenz zu beachten ist: »The more general a competency or strategy (i. e., the greater the range of different types of situations to which it applies], the smaller the contribution of this competency or strategy to the solution of demanding problems.« (Weinert, 2001, S. 53).

Das Modell der Gesundheitskompetenz ist bewusst auf der Ebene von Schlüsselkompetenzen konzipiert und muss dies auch sein, um für die heterogene Vielfalt gesundheitsrelevanter Situationen im Alltag der Menschen relevant zu sein (Soellner et al. 2011). Nur so kann das Modell der WHO-Definition des Begriffs, der explizit über spezifische Einzelfertigkeiten hinausweist und gerade daraus sein Bedeutungspotenzial zieht, gerecht werden. Im diesem Ausblick wird daher die Frage gestellt, ob sich Einflussfaktoren auf diese Schlüsselkompetenzen für eine gesundheitsförderliche Lebensweise identifizieren lassen. Es geht darum, mögliche Handlungsansätze zur Stärkung der Gesundheitskompetenz aufzuzeigen, die im Sinne eines *Empowerments* den Menschen dabei unterstützen, eigenständig und selbstbestimmt Gesundheitsentscheidungen zu treffen und ihre gesundheitsrelevanten Ziele sowohl auf individueller, als auch auf kommunaler und gesellschaftlicher Ebene zu verfolgen (z. B. Nutbeam, 2008; Kickbusch, Maag & Saan, 2005).

Die Bedeutung der basic needs

Die Selbstbestimmungstheorie der Motivation (Ryan & Deci, 2000; Ryan & Deci, 2000) erforscht aus der Perspektive grundlegender psychischer Bedürfnisse heraus Prozesse, die eine gesundheitsfördernde Selbstregulation und

Motivation fördern (siehe Kapitel 3.2). Die Theorie stellt einen umfassenden
Ansatz zur Förderung der Selbstregulation zur Verfügung. Aus der Theorie
abgeleitete Interventionen zielen auf Verhaltensänderungen ab, die von einer
inneren Akzeptanz und einer selbstbestimmten Übernahme von Regeln und
Zielen getragen werden (Deci & Ryan, 2000; Ryan, Patrick, Deci & Williams,
2008). Solche Verhaltensänderungen werden von der Person aktiv in ihr Ziel-
und Wertesystem übernommen, sie sind nachhaltig und über die Zeit stabil
(Deci & Ryan, 2000). Bezogen auf das Gesundheitsverhalten konnte beispielsweise gezeigt werden, dass über die adäquate Befriedigung der drei psychologischen Grundbedürfnisse nach Autonomie, Kompetenz und Bezogenheit in
gesundheitsrelevanten Lebensbereichen die Internalisierung gesundheitsförderlicher Verhaltensweisen verbessert wird und somit günstige Voraussetzungen für eine nachhaltige, der physischen und psychischen Gesundheit zuträgliche Lebensführung geschaffen werden kann (Williams, Deci & Ryan, 1998;
Wiliams, 2002; Ryan et al., 2008, siehe auch Kapitel 3.2).

Gesundheitsverhaltensmodell der SDT
Das Self-Determination Theory Model of Health Behaviour (siehe Abbildung 36) schließt an dem SDT Health-Care Model (Williams, 2002, siehe Kapitel 3.2.9) an und hebt die funktionale Bedeutung der psychologischen
Grundbedürfnisse hervor.

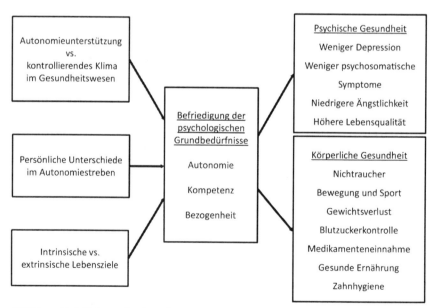

Abbildung 32 Self-Determination Theory Model of Health Behaviour nach Ryan (2008).

Die adäquate Befriedigung dieser Grundbedürfnisse durch ein autonomie-
förderndes Verhalten beispielsweise des medizinischen Personals und der Gesundheitsdienstleister fördert die physische und psychische Gesundheit (Ryan
et al., 2008).

Menschen unterscheiden sich in der Stärke ihrer Motivation, selbstbestimmt
zu sein. Im SDT Health Behavior Modell sind diese individuellen Unterschiede
ein Prädiktor der Bedürfnisbefriedigung, da sie das Ausmaß des eigenständigen
Strebens nach Autonomie und Selbstbestimmung prägen. Dieses Streben erhöht
die Chancen, tatsächlich eine größere Befriedigung der psychologischen
Grundbedürfnisse zu erfahren, was sich wiederum positiv auf die Gesundheit
und das Wohlbefinden auswirkt (Deci & Ryan, 2000). Eine ähnliche Bedeutung
kommt den Lebenszielen zu. Welche Lebensziele von einer Person angestrebt
werden, hat Auswirkungen darauf, inwieweit die psychologischen Grundbedürfnisse im Lebensalltag befriedigt werden (Kasser, 2002; Sheldon 2002). Dabei
wird unterschieden zwischen intrinsischen Lebenszielen, die sich positiv auf
Gesundheit und Wohlbefinden auswirken und extrinsischen Lebenszielen, die in
keiner direkten Beziehung zu Gesundheit und Wohlbefinden stehen (z. B.
Sheldon, 2002; Kasser, 2002).

Als dritter Einflussfaktor der Bedürfnisbefriedigung weist das SDT-Modell
Einflussfaktoren der sozialen Umwelt aus. Die soziale Umwelt kann Autonomie
und Selbstbestimmung fördern oder ihr entgegenstehen. Durch die soziale
Umwelt kann ein Klima gestaltet werden, in dem Menschen zu einer integren
Selbstregulation gelangen, in dem psychische Integrationsprozesse unterstützt
werden. Dies geschieht, indem das Erleben von Kompetenz, Bezogenheit und
Nähe und das Erleben von Selbstbestimmung ermöglicht werden. Eine auto-
nomieunterstützende Umwelt wirkt sich positiv auf die Übernahme von Regeln,
Normen und Zielen aus. Wenn es den Akteuren im Gesundheitswesen gelingt,
ihre Arbeit autonomieunterstützend zu gestalten, führt dies nach der Selbstbestimmungstheorie zu einem eigenständigen, freiwilligen und nachhaltigen
Gesundheitsverhalten der Patienten.

Die psychologisch wirksame Komponente des Modells ist die Befriedigung
der psychologischen Grundbedürfnisse. Diese geht mit einer Reihe positiver
Auswirkungen einher (Ryan & Deci, 2000; Williams, 2002; Ryan, Patrick, Deci &
Williams, 2008). Ryan et al. (2008) nennen für den Bereich der Gesundheitsförderung als Beispiele einen Rückgang von depressiven und psychosomati-
schen Beschwerden, niedrigere Ängstlichkeit und eine höhere Lebensqualität. In
Hinblick auf die körperliche Gesundheit wird ein verbessertes Ernährungsver-
halten und eine Gewichtsabnahme übergewichtiger Personen, die Abstinenz
vom Rauchen, eine verbesserte Regulation des Blutzuckerspiegels bei Diabeti-
kern, und eine verbesserte Medikamenteneinnahme und Zahnhygiene ange-
führt.

Die Befriedigung dieser Grundbedürfnisse ist nach der Selbstbestimmungstheorie die psychologisch wirksame Variable für den positiven Einfluss der sozialen Umwelt auf das Gesundheitsverhalten und die Gesundheit (Vansteenkiste
& Sheldon, 2006; Ryan et al., 2008). Bezogen auf die Gesundheitskompetenz
führt dies zu der Annahme, dass die gesundheitsförderliche Bedeutung der
Gesundheitskompetenz, und hier insbesondere der Einfluss der Selbstregulation
und Selbstkontrolle, über die Befriedigung der psychologischen Grundbedürfnisse vermittelt werden.

Eine gute Selbstregulation fußt per Definition auf innerpsychischen Prozes-
sen und ist stimmig mit den eigenen Werten und Strebungen (Kuhl, 2001; Deci &
Ryan, 2000). Somit sollte eine hohe Selbstregulation der Gesundheitskompetenz
auch die Befriedigung der psychologischen Grundbedürfnisse ermöglichen.
Aber auch die gesundheitsförderliche Bedeutung der Selbstkontrolle, welche in
der vorgenommenen Operationalisierung Anteile von Kuhls Konzept der
Selbstregulation enthält (siehe Kapitel 3.1), sollte zumindest zum Teil durch die
Befriedigung der psychologischen Grundbedürfnisse vermittelt sein. Diese
Annahme begründet sich darin, dass die gesundheitsfördernde Selbstkontrolle
der Gesundheitskompetenz nur durch die Kohärenz mit den Bedürfnissen des
Individuums zu einer Komponente der Gesundheitskompetenz wird. Eine
Selbstkontrolle, die sich von dieser Ankopplung an das Selbst löst, ist nicht mehr
gesundheitsförderlich und kann sich sogar ins Gegenteil kehren. Jemand, der
unter einer hohen Selbstkontrolle ein Verhalten zeigt, dies jedoch ohne Ankopplung an das Selbstsystem tut, läuft Gefahr, sich und seiner Gesundheit
durch diese Selbstkontrolle zu schädigen (Baumann & Kuhl, 2003; Kuhl, 2001,
2010). Somit kann von einer Selbstkontrolle im Modell der Gesundheitskompetenz nur gesprochen werden, wenn eine gewisse Anbindung an das Selbstsystem und an innerpsychische Bedürfnisse und Zustände gegeben ist. Diese
Annahme wird durch die empirischen Befunde aus dem Strukturmodell der
Gesundheitskompetenz gestützt, in dem die Selbstwahrnehmung ein positiver
Prädiktor der Selbstkontrolle ist (siehe Kapitel 6.4.2).

Die Schlussfolgerung aus diesen Überlegungen ist, dass der positive Einfluss
sowohl der Selbstregulation als auch der Selbstkontrolle über eine verbesserte
Befriedigung der psychologischen Grundbedürfnisse vermittelt wird. Dies wäre
zum Beispiel dann der Fall, wenn jemand vermittelt über eine gute Selbstkontrolle auf die zweite Portion Sahnepudding verzichtet, weil er (a) die Erfahrung
gemacht hat, dass er sich körperlich weniger wohl fühlt, wenn er kein Maß hält
(vermittelt über die Fähigkeit zur Selbstwahrnehmung) und weil er (b) das Ziel
hat, seinen Körper fit und gesund zu halten (vermittelt über die aktive Verantwortungsübernahme für seine Gesundheit). In einem solchen Fall kann davon
ausgegangen werden, dass eine hohe Selbstkontrolle zur Befriedigung der psychologischen Grundbedürfnisse beiträgt, da das Verhalten kohärent zu den ei-

genen Werten und Zielen ist. Der umgekehrte Fall veranschaulicht diesen Zusammenhang vielleicht noch besser: Wenn jemand, für den es eigentlich wichtig ist sich körperlich wohl zu fühlen und gesund zu bleiben nicht die Selbstkontrolle hat, auf die weitere Portion Sahnepudding zu verzichten, wird das in der Folge verminderte körperliche Befinden und das sich mittelfristig einstellende Übergewicht das Gefühl der Selbstbestimmung der Person beeinträchtigen.

Der Zusammenhang der psychologischen Grundbedürfnisse mit der Selbstregulation und Selbstkontrolle der Gesundheitskompetenz wird somit aus zwei Perspektiven betrachtet. Einmal wird angenommen, dass die Befriedigung der psychologischen Grundbedürfnisse eine gesundheitsförderliche Selbstregulation und Selbstkontrolle stärkt. Zum anderen wird davon ausgegangen, dass der positive Einfluss der Selbstregulation und Selbstkontrolle der Gesundheitskompetenz auf die Gesundheit zumindest zum Teil über die Befriedigung der psychologischen Grundbedürfnisse vermittelt wird. Diese doppelte Bedeutung der Grundbedürfnisse ist theoretisch nicht unproblematisch. Aber wo genau ist der Einfluss einer adäquaten Bedürfnisbefriedigung auf die Gesundheitskompetenz zu verorten?

Um diese Verwicklung ansatzweise aufzulösen, müssen noch einmal die verwendeten Begrifflichkeiten analysiert werden. Im Modell der Gesundheitskompetenz bestehen die Komponenten der Selbstregulation und Selbstkontrolle aus Fähigkeiten und Fertigkeiten, die struktureller Natur sind, d. h. für Verhaltensweisen stehen, über die jemand verfügt oder nicht verfügt. Jemand ist in der Lage, Anspannung und Stress abzubauen oder nicht, kann einen Verhaltensprozess unterbrechen um notwendige Pausen zu machen oder nicht, kann die Disziplin aufbringen, störende Einflüsse zu überwinden oder eben nicht. Die Selbstbestimmungstheorie dagegen beschäftigt sich weniger mit solch strukturellen Komponenten des Verhaltens, sondern stellt die Qualität der darunterliegenden psychologischen Prozesse in den Vordergrund. Sie betrachtet nicht vornehmlich die Frage nach der Art des Verhaltens (wie sie auch im Modell der Gesundheitskompetenz festgehalten ist), sondern beschäftigt sich mit den darunterliegenden psychologischen Prozessen. Wird ein Verhalten, sei es dieses oder jenes, von einer inneren Akzeptanz heraus getragen? Besteht eine selbstbestimmte und integrierte Motivation für dieses Verhalten? Die Qualität der inneren Prozesse entscheidet nach der Selbstbestimmungstheorie darüber, ob sich ein Verhalten positiv oder negativ auf die Gesundheit der Person auswirkt. Der Befriedigung der psychologischen Grundbedürfnisse kommt dabei eine Doppelrolle zu: Einerseits bildet sie die Voraussetzung für internale Regulationsprozesse im Sinne der SDT. Andererseits werden die positiven Wirkungen einer internalen Regulation durch die damit einhergehende, erhöhte Befriedigung der *basic needs* vermittelt.

Eine Analogie dazu wird sichtbar, wenn man die Rolle von Nährstoffen für den menschlichen Körper betrachtet. Einerseits ist die Aufnahme von Nährstoffen unabdingbar für den Erhalt der körperlichen Leistungsfähigkeit. Andererseits ermöglicht die so gewonnene körperliche Leistungsfähigkeit es einer Person, sich (im Kampf um knappe Ressourcen) erfolgreich diese Nährstoffe zu beschaffen, was sich positiv auf deren Gesundheit und Wohlbefinden auswirkt.

8.2   Empirische Untersuchung

8.2.1   Psychologische Grundbedürfnisse

Im Rahmen der Erhebungen zur Gesundheitskompetenz wurde in den Studien II und IV ein Fragebogen zur Selbstbestimmungstheorie, die deutsche Übersetzung des Basic-Needs-Satisfaction-Scale (Lenartz, 2011), mit erhoben. Diese stellt eine Adaption des Self-Regulation Questionnaire dar (Levesque et al., 2007). Der Fragebogen erfasst anhand von 21 Items das Ausmaß der Befriedigung der psychologischen Grundbedürfnisse. Beispielitems sind: »Ich fühle mich frei für mich zu entscheiden, wie ich mein Leben lebe« (Autonomie), »Ich fühle mich oft nicht sehr fähig« (Kompetenz) und »Es gibt nicht viele Menschen denen ich nah bin« (Bezogenheit und Nähe). Über den Mittelwert der Skalen wird ein Gesamtscore der Befriedigung der psychologischen Grundbedürfnisse gebildet.

Die Ergebnisse der zu den vorab eingeführten Fragestellungen gerechneten Korrelationsanalysen zeigen durchweg positive Korrelationskoeffizienten der psychischen Grundbedürfnisse (*basic needs*) mit den personenbezogenen Skalen der Gesundheitskompetenz (siehe Tabelle 12).

Wie erwartet geht die adäquate Befriedigung der psychologischen Grundbedürfnisse mit einer höheren Gesundheitskompetenz einher. Entsprechend der Hypothesen wirkt sich die Befriedigung der psychologischen Grundbedürfnisse besonders stark auf die Fähigkeiten zur Selbstregulation und Selbstkontrolle aus. Auch die Fähigkeit zur Selbstwahrnehmung ist stark an die Bedürfnisbefriedigung der Selbstbestimmungstheorie gekoppelt.

Tabelle 12
Korrelationen der Skalen der Basic Needs Satisfaction Scale (BNS) mit den Skalen der Gesundheitskompetenz.

	SR Studie		SK Studie		SW Studie		Ziel Studie		Kom Studie		Info Studie	
BNS	II	IV	II	IV	II	IV	II	IV	II	IV	II	IV
Auto	.41**	.45**	.18**	.30**	.23**	.24**	.08	.22**	.29**	.17**	.12*	.18**
Komp	.32**	.25**	.50**	.53**	.23**	.28**	.25**	.23**	.20**	.18**	.17**	.34**
Bez	.26**	.31**	.22**	.20**	.32**	.20**	.15**	.21**	.40**	.29**	.05	.18**
GES	.40**	.43**	.37**	.44**	.31**	.31**	.20**	.28**	.36**	.27**	.14*	.30**

Anmerkung: Auto = Autonomie; Komp = Kompetenz; Bez = Bezogenheit; SR = Selbstregulation; SK = Selbstkontrolle; SW = Selbstwahrnehmung; Ziel = Verantwortungsübernahme; Kom = Kommunikation und Kooperation; Info = Umgang mit Gesundheitsinformationen; Studie II: $N = 327$; Studie IV: $N = 337$; * $p < .05$; ** $p > .01$.

Die höchsten Korrelationskoeffizienten finden sich zwischen der Selbstkontrolle und der BNS-Skala Kompetenz (Studie II: $r = .50$, $p < .01$; Studie IV: $r = .53$, $p < .01$) und der Selbstregulation mit der BNS-Skala Autonomie (Studie II: $r = .41$, $p < .01$; Studie IV: $r = .45$, $p < .01$). Die Skala Selbstwahrnehmung der Gesundheitskompetenz korreliert in etwa gleichstark mit allen drei Skalen des BNS ($r = .20$ bis $.32$, $p < .01$). Je höher die Selbstwahrnehmung, umso eher sind auch die psychologischen Grundbedürfnisse befriedigt.

Die Ergebnisse der Regressionsanalysen, die einen gerichteten Einfluss der Befriedigung der psychologischen Grundbedürfnisse positiv auf die Fähigkeiten zur Selbstregulation und Selbstkontrolle annehmen, konkretisieren diese Befunde.

Die multiple Regression der psychologischen Grundbedürfnisse auf die Selbstregulation der zeigt über beide Studien einen signifikant positiven Einfluss der Skala Autonomie auf die Selbstregulation (Studie II: $\beta = .33$, $p < .01$; Studie IV: $\beta = .38$, $p < .01$).

Tabelle 13
Multiple lineare Regression der einzelnen Skalen der Basic Needs Satisfaction Scale auf die Skala Selbstregulation der Gesundheitskompetenz.

	Studie II		Studie IV	
	Beta	*t*	Beta	*t*
Autonomie	.33**	5.12	.38**	6.66
Kompetenz	.12*	1.96	.01	.17
Bezogenheit	.03	.39	.16**	2.92
Bestimmtheitsmaß	$R^2 = .182$		$R^2 = .221$	

Anmerkung: Studie II: $N = 327$; Studie IV: $N = 337$; * $p < .05$; ** $p < .01$

Darüber hinaus wird in der Studie IV zudem der Einfluss der Skala Bezogenheit des BNS auf die Selbstregulation signifikant ($\beta = .16$, $p < .01$). Unter der Prämisse, dass die Wirkrichtung des Einflusses von der Befriedigung der *basic needs* auf die Fähigkeit zur Selbstregulation geht, wird die Selbstregulation der Gesundheitskompetenz primär durch die Befriedigung des Autonomie- oder Selbstbestimmungsbedürfnisses gestärkt. Das Erleben von Bezogenheit und Nähe trägt nur in der Erwachsenenstichprobe zusätzlich noch zur Verbesserung der Selbstregulation bei. Insgesamt werden in der Regression auf die Selbstregulation in Studie II 18,2 % und in Studie IV 22,1 % der Varianz durch die Skalen des BNS aufgeklärt.

Die Ergebnisse der multiplen linearen Regression auf die Skala Selbstkontrolle der Gesundheitskompetenz sind in Tabelle 13 dargestellt. Anders als bei der Skala Selbstregulation wird hier primär der Einfluss des Kompetenzerlebens auf die Selbstkontrolle signifikant (Studie II: $\beta = .57$, $p < .01$; Studie IV: $\beta = .50$, $p < .01$). Neben dieser positiv signifikanten Beziehung in Studie II zeigt sich noch ein negativer Einfluss der Autonomie auf die Selbstkontrolle ($\beta = -.15$, $p < .05$). Diesen Ergebnissen zufolge stärkt vor allem die Befriedigung des Bedürfnisses nach Kompetenzerleben die Selbstkontrolle der Gesundheitskompetenz. Ein starkes Autonomieerleben kann dagegen bei Jugendlichen und jungen Erwachsenen die Selbstkontrolle schwächen. Die Skalen des BNS klären in Studie II 26,7 % und in Studie IV 28,3 % der Varianz der Selbstkontrolle auf.

Tabelle 14
Multiple lineare Regression der einzelnen Skalen des Basic Needs Satisfaction Scale auf die Skala Selbstregulation der Gesundheitskompetenz.

	Studie II		Studie IV	
	Beta	t	Beta	t
Autonomie	-.15*	2.39	.06	.13
Kompetenz	.57**	9.73	.50**	9.32
Bezogenheit	.02	.40	-.01	-.17
Bestimmtheitsmaß	$R^2 = .267$		$R^2 = .283$	

Anmerkung: df = 3; Studie II: N = 327; Studie IV: N = 337; * p < .05; ** p < .01

Zur Untersuchung der Bedeutung der psychologischen Grundbedürfnisse für den Einfluss der Selbstregulation und Selbstkontrolle der Gesundheitskompetenz auf die physische und psychische Gesundheit wurden zusätzlich Mediatoranalysen berechnet. In den Mediationsanalysen wird die Beziehung der Skalen Selbstregulation und Selbstkontrolle als Prädiktorvariablen (X) auf die Kriteriumsvariablen der physischen und psychischen Gesundheit (Y) über die Mediatorvariable der Befriedigung der psychologischen Grundbedürfnisse (Z) untersucht. Signifikante Pfade von X auf Z (Pfad a) und gleichzeitig von Z auf Y

(Pfad b) sprechen für eine Rolle der *basic needs* als Mediator des Einflusses der Gesundheitskompetenz auf die Gesundheit. Wenn dabei der direkte Pfad zwischen der Selbstregulation bzw. Selbstkontrolle (Pfad c) signifikant bleibt, spricht man von einer unvollständigen Mediation. Verliert dieser Pfad seine Signifikanz, liegt eine vollständige Mediation dieses Einflusses vor.

Pfad c kennzeichnet die Regression der Outcomevariablen (physische / psychische Gesundheit) auf die unabhängige Variable (Selbstregulation / Selbstkontrolle), welche unter Einbezug des Mediators Z bestehen bleibt. Pfad b erfasst diese Regression auf die Mediatorvariable (basic need satisfaction) und Pfad a bezieht die Regression der Mediatorvariable auf die unabhängige Variable in die Berechnungen ein.

Abbildung 33 enthält die Ergebnisse der Mediatoranalyse mit der Selbstregulation als Prädiktorvariable X und der physischen Gesundheit als Kriteriumsvariable Y. Der Wert in Klammern gibt den direkten Einfluss der Prädiktorvariablen X auf das Kriterium Y ohne Einbezug des Mediators Z an.

In beiden Modellen wird der signifikant-positive direkte Einfluss der Selbstregulation auf die physische Gesundheit (Studie II: $r = 41$, $p < .01$; Studie IV: $r = .28$, $p < .01$) durch die Hinzunahme der psychologischen Grundbedürfnisse als Mediator vermindert. In Studie IV zeigt sich eine vollständige Mediation dieser Beziehung durch die psychologischen Grundbedürfnisse ($p < .01$). In Studie II ist der vorhandene Mediatoreffekt ($p < .01$) weniger stark und der direkte Pfad zwischen Selbstregulation und Gesundheitskompetenz bleibt auch bei Einbezug des Mediators signifikant ($r = .31$, $p < .01$). Gleichzeitig wird der indirekte Pfad von der Selbstregulation über die Befriedigung der psychologischen Grundbedürfnisse auf die physische Gesundheit signifikant, was eine partielle Mediation darstellt. Tabelle 15 stellt die Ergebnisse aller acht berechneten Mediatormodelle zur Selbstregulation im Überblick dar.

Die Ergebnisse unterstützen die Annahme, dass die *basic needs* eine Qualität beschreiben, die den Einfluss der Fähigkeiten zur Selbstregulation und Selbstkontrolle der Gesundheitskompetenz auf die körperliche und psychische Gesundheit vermittelt. Unter Hinzunahme der *basic needs* erhöht sich der Einfluss der Selbstregulation und Selbstkontrolle auf Gesundheit und Wohlbefinden deutlich.

Für die Selbstregulation der Gesundheitskompetenz zeigt sich in allen vier Modellen ein signifikanter Mediatoreffekt der psychologischen Grundbedürfnisse. Dieser Effekt ist in Studie II partiell. In Studie IV zeigt sich eine vollständige Mediation.

Studie II

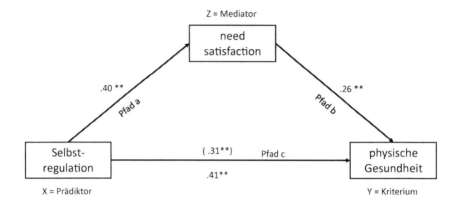

Studie IV

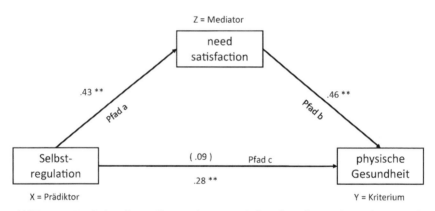

Abbildung 33 Ergebnisse der Mediatoranalyse zum Einfluss der Selbstregulation der Gesundheitskompetenz auf die physischen Gesundheit unter Einbezug der Bedürfnisbefriedigung (need satisfaction) als Mediatorvariable in Studie II (N = 327) und Studie IV (N = 337). Anmerkung: * p < .01 ** p < .01

Tabelle 15
Ergebnisse der Mediatoranalysen der Studien II und IV mit der Prädiktorvariable Selbstregulation, den Kriteriumsvariablen physische und psychische Gesundheit und der Mediatorvariablen Bedürfnisbefriedigung (basic needs).Der Vergleich zwichen der Regression X → Y mit und ohne Einbezug des Mediators mach die Effekte deutlich (fett).

a)	Mediatoranalyse mit den Variablen	X = Selbstregulation Y = physische Gesundheit Z = Bedürfnisbefriedigung (*basic needs*)		
	ohne Einbezug des Mediators	Mediatoranalyse		
	Regression (X → Y)	Pfad a (X → Z)	Pfad b (Z → Y)	Pfad c (X → Y)
Studie II	.41**	.40**	.26**	.31**
Studie IV	.28**	.43**	.46**	.09
b)	Mediatoranalyse mit den Variablen	X = Selbstregulation Y = psychische Gesundheit Z = Bedürfnisbefriedigung (*basic needs*)		
	ohne Einbezug des Mediators	Mediatoranalyse		
	Regression (X → Y)	Pfad a (X → Z)	Pfad b (Z → Y)	Pfad c (X → Y)
Studie II	.38**	.40**	.52**	17**
Studie IV	.31**	.43**	.55**	.07

Anmerkung: ** p < .01

Die Beziehung zwischen der Selbstkontrolle und der physischen und psychischen Gesundheit wird in gleicher Weise dargestellt. Tabelle 15 gibt die Ergebnisse tabellarisch wieder.

Insgesamt sind die Modelle zur Selbstkontrolle mit denen der Selbstregulation vergleichbar und sie zeigen in beiden Stichproben eine bedeutende Mediation der Beziehung zwischen der Selbstkontrolle und der physischen und psychischen Gesundheit an. Diese Mediation ist in drei von vier Modellen zur Selbstkontrolle partiell und in einer vollständig.

Zusammengefasst unterstützen alle Modelle zur Mediation die Hypothese, dass der Einfluss der Selbstregulation und der Selbstkontrolle der Gesundheitskompetenz zumindest zum Teil durch die Befriedigung der psychologischen Grundbedürfnisse der Selbstbestimmungstheorie vermittelt wird. Eine hohe Selbstregulation ebenso wie eine hohe Selbstkontrolle führen demnach zu einer adäquateren Befriedigung der psychologischen Grundbedürfnisse, die sich wiederrum positiv auf die physische und psychische Gesundheit auswirkt.

Tabelle 16
Ergebnisse der Mediatoranalysen der Studien II und IV mit der Prädiktorvariable Selbstkontrolle, den Kriteriumsvariablen physische und psychische Gesundheit und der Mediatorvariablen Bedürfnisbefriedigung (basic needs). Der Vergleich zwichen der Regression X → Y mit und ohne Einbezug des Mediators mach die Effekte deutlich (fett).

a)	Mediatoranalyse mit den Variablen	X = Selbstregulation Y = physische Gesundheit Z = Bedürfnisbefriedigung (*basic needs*)		
	ohne Einbezug des Mediators	Mediatoranalyse		
	Regression (X → Y)	Pfad a (X → Z)	Pfad b (Z → Y)	Pfad c (X → Y)
Studie II	.26**	.37**	.33**	.14*
Studie IV	.33**	.44**	.43**	.14**
b)	Mediatoranalyse mit den Variablen	X = Selbstregulation Y = psychische Gesundheit Z = Bedürfnisbefriedigung (*basic needs*)		
	ohne Einbezug des Mediators	Mediatoranalyse		
	Regression (X → Y)	Pfad a (X → Z)	Pfad b (Z → Y)	Pfad c (X → Y)
Studie II	.28**	.37**	.59**	-.01
Studie IV	.47**	.44**	.46**	.27**

Anmerkung: * $p < .05$; ** $p < .01$

8.2.2 Gründe für ein gesundheitsförderliches Verhalten

Die Gründe für ein Verhalten sind nach der Selbstbestimmungstheorie entscheidend für die Art und Weise, wie dieses Verhalten ausgeführt wird und inwieweit es selbstständig, d. h. aus eigenem Antrieb heraus aufrechterhalten wird (Deci & Ryan, 2000). Die eigenständige Verantwortungsübernahme für ein gesundheitsförderliches Verhalten sollte entsprechend der Theorie vor allem dann gelingen, wenn die Gründe für dieses Verhalten internaler Natur sind. Dieser Zusammenhang wird mit der deutschen Version des SRQ untersucht (Levesque et al., 2007). Für die Untersuchungen zur Gesundheitskompetenz wurde der SRQ ins Deutsche übersetzt und dabei so angepasst, dass er Gründe für ein gesundheitsförderliches Verhalten und eine zuträgliche Lebensführung erfassen soll. Die 12 Items der deutschen Adaption zielen mit je drei Items auf Gründe für gesundheitsförderliches Verhalten und eine zuträgliche Lebensführung. Beispielitems zeigt Tabelle 16.

Tabelle 17
Beispielitems der deutschen Adaption des SQR, nach Kategorien geordnet

Gründe für ein gesundheitsförderliches Verhalten und eine gesunde Lebensführung ...
External
Weil andere mich mehr mögen, wenn ich in Form und gesund bin.
Introjiziert
Weil ich einen Druck empfinde, etwas für meine Gesundheit tun zu müssen.
Identifiziert
Weil es einen hohen Stellenwert für mich hat, mein Wohlbefinden und meine Gesundheit zu erhalten.
Intrinsisch
Weil ich es einfach genieße, etwas für meine Gesundheit zu tun.

Kategorisiert sind die Items anhand der in der Selbstbestimmungstheorie üblichen Unterteilung in externale, introjizierte, identifizierte und intrinsische Regulation. Dabei stehen externale und introjizierte Regulation für Formen der Fremdbestimmung. Identifizierte und intrinsische Regulation sind internale, selbstimmte Formen der Regulation. Der Gesamtwert gibt Auskunft über die Platzierung einer Person auf der eindimensionalen Skala der Selbstregulation mit den beiden Endpunkten Fremdbestimmung und Selbstbestimmung. Die Ergebnisse der Analysen zeigen, dass internale Gründe für das Gesundheitsverhalten mit einer größeren aktiven Verantwortungsübernahme für die eigene Gesundheit einher gehen (siehe Tabelle 17).

Tabelle 18
Korrelationen zwischen den Subskalen der deutschen Adaption des Self-Regulation-Questionnaire (SRQ) und den Skalen der Gesundheitskompetenz. Externale und introjizierte Regulation kennzeichnen eine fremdbestimmte Regulation, identifizierte und intrinsische Regulation sind Formen selbstbestimmter Regulation.

SRQ	SR	SK	SW	Ziel	Kom	Info
Externale Regulation	-,05	-,15	.02	-,03	-,08	-,13
Introjizierte Regulation	-,10	-,11	.01	.17	-,04	.08
Identifizierte Regulation	-,01	.04	.20*	.64**	.20*	.25**
Intrinsische Regulation	.07	.02	.29**	.53**	.21*	.26**
Gesamtscore	.10	.15	.20*	.44**	.23*	.28**

Anmerkung: SR = Selbstregulation; SK = Selbstkontrolle; SW = Selbstwahrnehmung; Ziel = Verantwortungsübernahme; Kom = Kommunikation und Kooperation; Info = Umgang mit Gesundheitsinformationen; $N = 113$; * $p < .05$; ** $p < .01$.

Die aktive Verantwortungsübernahme für die eigene Gesundheit korreliert positiv mit einer selbstbestimmten Regulation ($r = .44$, $p < .01$). Eine internale Motivation für ein gesundheitsförderliches Verhalten und eine entsprechende Lebensführung stehen somit mit der aktiven Verantwortungsübernahme für die eigene Gesundheit in einem engen Bezug. Entsprechend geht eine externale

Regulation, die nach der Selbstbestimmungstheorie zu Erlebnissen der Entfremdung und Abspaltung führt (Deci & Ryan, 2000), mit einer niedrigen eigenständigen Verantwortungsübernahme einher.

8.3   Diskussion

Die Verknüpfung der Selbstbestimmungstheorie der Motivation mit dem Modell der Gesundheitskompetenz vertieft das Verständnis über die Qualität der Fähigkeiten und Kenntnisse des untersuchten Konstrukts. Zudem erhält man durch sie Hinweise auf mögliche Gestaltungsansätze zur Förderung der personenbezogenen Komponenten der Gesundheitskompetenz. Die hier vorgestellten Befunde zeigen deutlich die Bedeutung, die den psychologischen Grundbedürfnissen der Selbstbestimmungstheorie für die Gesundheitskompetenz zukommt. Dabei lässt sich anhand des Studiendesigns allerdings nicht klären, wie genau diese *basic needs* auf die Kompetenzdimensionen des Modells einwirken und was Ursache und was Folge einer gelungenen Selbstregulation und Selbstkontrolle ist.

Von den in diesem Kapitel vorgestellten Einflussfaktoren ist zu erwarten, dass sie in der praktischen Anwendung eine Förderung der personenbezogenen Elemente des Konstrukts bewirken können. Dabei ist es insbesondere das Konzept der grundlegenden psychologischen Bedürfnisse nach Autonomie, Kompetenz und Bezogenheit und Nähe, welches über das soziale Umfeld bei der Gestaltung von Maßnahmen und Interventionen seine praktische Bedeutung entfaltet. Aber auch die subjektiven Beweggründe einer Person, ein bestimmtes Gesundheitsverhalten zu zeigen, ist mit Blick auf das Handeln in der Gesundheitsförderung hoch interessant. Beide Konstrukte zielen auf die psychische erlebnisbezogene Qualität einer Handlung. Ist diese internaler Natur, kommt es – neben einer ganzen Reihe anderer positiver Effekten auf das Erleben und Handeln – zu einem förderlichen Einfluss auf die Gesundheit und das Wohlbefinden des Menschen. Die zentrale Aussage dazu lautet: »Nur wenn die Selbstregulation und Selbstkontrolle der Gesundheitskompetenz zu einer verbesserten Befriedigung der psychologischen Grundbedürfnisse beiträgt, wirkt sie sich in vollem Umfang positiv auf die körperliche und geistige Gesundheit aus.« Die berichteten Mediatoranalysen unterstützen diese Annahme.

Im Kern geht es somit um die qualitative Beschaffenheit der selbstregulativen Prozesse zur Gesundheitskompetenz. Die personenbezogenen Kompetenzen des Modells sind nur dann wirklich gesundheitsfördernd, wenn sie dazu beitragen, die psychologischen Grundbedürfnisse zu befriedigen und ein selbstbestimmtes, von innen heraus getragenes Handeln ermöglichen. Diese Feststellung geht mit einer Reihe von Implikationen für das praktische Handeln in der Gesundheitsförderung einher (siehe dazu z. B. Williams, 2002; Brown & Ryan, 2004). Ein wichtiger Aspekt mit hoher praktischer Relevanz ist die Bedeutung der adäquaten Befriedigung der psychologischen Grundbedürfnisse und einer internalen, selbstbestimmten Regulation als Erfolgsfaktoren für durchzuführende Maßnahmen. Die Qualität und Nachhaltigkeit einer Handlung und ihre psychischen Auswirkungen werden wesentlich davon beeinflusst (Deci & Ryan, 2000). Wird beispielsweise ein gesundheitsförderliches Verhalten gezeigt, um andere zu beeindrucken, um Strafen und Sanktionen zu entgehen, um kein schlechtes Gewissen zu haben (alles externale Gründe) wird sich das volle Potential dieser Maßnahmen kaum entfalten können und die Nachhaltigkeit ist fraglich. Wird dagegen ein Verhalten gezeigt, weil man sich mit diesem Verhalten und den Handlungszielen dahinter identifiziert oder diesem Verhalten gerne nachgeht, weil es Spaß macht (internale Gründe), kommt es zu einem selbstbestimmten Handeln und den positiven Effekten, die damit einhergehen (z. B. Ryan & Deci, 2000; Deci & Ryan, 2000).

Maßnahmen zur Gesundheitsförderung, die auf das Gesundheitsverhalten einer Person abzielen, sind daher so zu gestalten, dass sie nicht alleine ein beliebiges Gesundheitsverhalten erzeugen, sondern in gleichem Maße darauf gerichtet sind, die subjektiven Begründungen für dieses Verhalten im Sinne einer internalen Regulation zu fördern. Nicht Angst und Zwang führen zu einer wirklichen Verantwortungsübernahme für das Gesundheitsverhalten, sondern die innere Wertschätzung der Handlung, die Freude an der Handlung und die Übernahme der Handlungsziele in das eigene Wertesystem, die innere Akzeptanz von Normen und letztlich die Integration dieser in die eigene Persönlichkeitsstruktur. Gelingt dies, dann übernimmt die Person ganz im Sinne eines *Empowerments* eigenständig und aktiv Verantwortung für ihre Gesundheit und wird dieser Verantwortung auch dann nachkommen, wenn keine äußeren Anreize oder Zwänge mehr für das Verhalten gegeben sind. Gesundheitsverhalten wird zu einem Teil des eigenen Persönlichkeitssystems.

Im Kontext moderner Gesellschaften wird Das Konstrukt der Gesundheitskompetenz die ihm zugesprochene zentrale Bedeutung für die Gesundheit und das Wohlbefinden nur dann rechtfertigen können, wenn die Verknüpfung einer soliden Modellbildung mit praktischen Gestaltungsansätzen gelingt. Gedanken und Befunde dazu wurden in dieser Arbeit dargestellt.

Ein wesentlicher Punkt, der mit Bezug zur Gesundheitskompetenz unbedingt zu berücksichtigen ist, ist dessen Bedeutung im Kontext der Verhaltens- und Verhältnisprävention. Neben der Förderung der Fähigkeiten und Kenntnisse des Einzelnen, im Umgang mit seiner Gesundheit und gesundheitsrelevanten Fragestellungen die für ihn oder sie richtigen Entscheidungen zu treffen und entsprechend zu handeln, bietet das Konstrukt der Gesundheitskompetenz auch für die Gestaltung von Maßnahmen, Interventionen und Umwelten ein zentrales Bestimmungsstück. Die Passung von Individuum und Umwelt, von Verhalten (spotentialen) und Verhältnissen ist ein Kriterium für erfolgreiches Handeln zur Gesundheitsförderung.

Eine am Menschen ausgerichteten Lebensumwelt, die auch die weniger Leistungsstarken nicht zurücklässt und darauf aus ist, den Menschen entsprechend seiner Möglichkeiten in seiner Entwicklung zu fördern, trifft auch ein gesamtgesellschaftliches Interesse und ist in den verschiedenen Lebensfeldern, ob Freizeit, Beruf oder Familie, ein Schlüssel für eine gesunde und glückliche Lebensführung und eine funktionierende und sich entwickelnde Gesellschaft.

Literatur

Abel, T. & Bruhin, E. (2003). Health Literacy / Wissensbasierte Gesundheitskompetenz. In Bundeszentrale für gesundheitliche Aufklärung (Hrsg.), *Leitbegriffe der Gesundheitsförderung* (S. 128–131). Schwabenheim a. d. Selz: Peter Sabo.

Abel, T. & Walter, E. (2002). Individuelles Verhalten und soziale Verantwortung für Gesundheit: Anmerkungen zur Wissenschaft und Praxis der Gesundheitsförderung. In P. Heusser (Hrsg.), *Gesundheitsförderung – Eine neue Zeitforderung* (S. 31–42). Frankfurt / M.: Peter Lang AG.

Ajzen, I. (1985). From intentions to actions: A theory of planned behavior. In J. Kuhl & J. Beckmann (Eds.), *Action control: From cognition to behavior* (S. 11–39). Heidelberg: Springer, 11–39.

Amelang, M. & Bartussek, D. (2001). *Differentielle Psychologie und Persönlichkeitsforschung*. Stuttgart: Kohlhammer.

American Medical Association, Ad Hoc Committee on Health Literacy (1999): Health literacy: report of the Council on Scientific Affairs. *JAMA, 281*, 552–557.

Andrus, M. R. & Roth, M. T. (2002). Health Literacy: A Review. *Pharmacotherapy, 22*, 282–302.

Angermayer, M. C., Kilian, R. & Matschinger, H. (2000). *WHOQOL-100 und WHOQOL-BREF. Handbuch für die deutschsprachige Version der WHO Instrumente zur Erfassung von Lebensqualität*. Göttingen: Hogrefe.

Angyal, A. (1965). *Neurosis and treatment: A holistic theory*. New York: Wiley.

Antonovsky, A. & Franke, A. (1997). *Salutogenese. Zur Entmystifizierung der Gesundheit*. Tübingen: dgvt.

Antonovsky, A. (1979). *Health, Stress and Coping*. San Francisco: Jossey-Bass.

Baard, P. P., Deci, E. L. & Ryan, R. M. (2004). Intrinsic need satisfaction: A motivational basis of performance and well-being in two work settings. *Journal of Applied Social Psychology, 34*, 2045–2068.

Backhaus, K., Erichson, B., Plinke, W. & Weiber, R. (2006). *Multivariate Analysemethoden: Eine anwendungsorientierte Einführung*. Berlin: Springer.

Badura (2003). *Betriebliche Gesundheitspolitik*. Berlin: Springer.

Baker, D. W. (2006). The meaning and the measure of health literacy. *Journal of General Internal Medicine, 21*, 878–883.

Baker, D. W., Parker, R. M. & Williams, M. V. (1996). The health care experience of patients with low literacy. *Archives of Family Medicine, 5*, 329–334.

Baker, D., Wolf, M., Feinglass, J., Thompson, J., Gazmararian, J. & Jenny, H. (2007). Health literacy and mortality among elderly persons. *Archives of Internal Medicine. 167*, 1503–1509.

Bandalos, D. L. (2002). The Effects of Item Parceling on Goodness-of-Fit and Parameter Estimate Bias in Structural Equation Modeling. *Structural Equation Modeling, 9*, 78–102.

Bandalos, D. L. & Finney, S. J. (2001). Item parceling issues in structural equation modeling. In G. A. Marcoulides & R. E. Schumacker (Eds.), *Advanced structural equation modeling: New developments and techniques* (pp. 269–296). Mahwah, NJ: Lawrence Erlbaum Associates, 269–296.

Bandura. A. (1977). Self-efficacy: Toward a unifying theory of behavioral change. *Psychological Review, 84*, 191–215.

Baron, R. M. & Kenny, D. A. (1986). The Moderator-Mediator Variable Distinction in Social Psychological Research: Conceptual, Strategic, and Statistical Considerations. *Journal of Personality and Social Psychology, 6*, 1173–1182.

Baumann, N. & Kuhl, J. (2003). Self-Infiltration: Confusing Assigned Tasks as Self-Selected in Memory. *Personality and Social Psychology Bulletin, 29*, 487–497.

Baumeister, R. F. & Vohs, K. D. (2007). *Handbook of Self-Regulation: Research, Theory, and Applications*. New York: Guilford Publications.

Bentler, P. M. (1995). *EQS structural equations program manual*. Encino, CA: Multivariate Software.

Boekaerts, M., Pintrich, P. R. & Zeidner, M. (2005). *Handbook of Self-Regulation*. London: Academic Press.

Bollen, K. (1989). *Structural equations with latent variables*. New York: Wiley.

Bollen, K. & Long, J. S. (1993). *Testing structural equation models*. Newbury Park, CA: Sage.

Borg, I. & Staufenbiel, T. (2007): *Lehrbuch Theorien und Methoden der Skalierung*. Bern: Huber.

Bortz, J. (2005). *Statistik für Sozialwissenschaftler*. Heidelberg: Springer.

Brown, K. W. & Ryan, R. M. (2003). The benefits of being present: Mindfulness and its role in psychological well-being. *Journal of Personality and Social Psychology, 84*, 822–848.

Brown, K. W. & Ryan, R. M. (2004). Fostering healthy self-regulation from within and without: A Self-Determination Theory perspective. In P. A. Linley & S. Joseph (Eds.), *Positive Psychology in Practice* (pp. 105–124). Hoboken, NJ: John Wiley & Sons.

Browne, M. W. & Cudeck, R. (1993). Alternative ways of assessing model fit. In K. A. Bollen & J. S. Long (Eds.), *Testing structural equation models* (pp. 136–162). Newbury Park, CA: Sage.

Bühl, A. (2008). *SPSS 16*. München: Pearson.

Bühner, M. & Ziegler, M. (2009). *Statistik für Psychologen und Sozialwissenschaftler*. München: Pearson Studium.

Bühner, M. (2004). *Einführung in die Test- und Fragebogenkonstruktion*. München: Pearson Studium.

Bullinger M., von Mackensen S. & Kirchberger I. (1994). KINDL – Ein Fragebogen zur Erfassung der gesundheitsbezogenen Lebensqualität von Kindern. *Zeitschrift für Gesundheitspsychologie, 2*, 64–77.

Bullinger, M. & Ravens-Sieberer, U. (2000). Indikatoren des Rehabilitationsergebnisses. In

J. Bengel & U. Koch (Hrsg.), *Grundlagen der Rehabilitationswissenschaften: Themen, Strategien und Methoden der Rehabilitationsforschung* (S. 305 – 322). Springer-Verlag, Berlin.

Bullinger, M. & Ravens-Sieberer, U. (2001) Diagnostik der Lebensqualität. In R. D. Stieglitz, U. Baumann & M. Freyberger (Hrsg.), *Psychodiagnostik in Klinischer Psychologie, Psychiatrie, Psychotherapie* (S. 246 – 257). Berlin: Thieme.

Byrne, B. M. (2005). Factor analytic models: Viewing the structure of an assessment instrument from three perspectives. *Journal of Personality Assessment, 85,* 17 – 32.

Carver, C. S. & Scheier, M. F. (1981). *Attention and self-regulation: A control-theory approach to human behavior.* New York: Springer.

Carver, C. S. & Scheier, M. F. (2005). On the structure of behavioral self-regulation. In M. Boekaerts, P. R. Pintrich & M. Zeidner (Eds.), *Handbook of Self-Regulation* (pp. 42 – 84). London: Academic Press.

Coulter, A. & Ellins, J. (2006). Effectiveness of strategies for informing, educating, and involving patients. *British Medical Journal, 335,* 24 – 27.

Csapó, B. (2004). Knowledge and competencies. In J. Letschert (Eds.), *The integrated person* (pp. 35 – 49). Enschede: Cidree.

Csikszentmihalyi, M. (1995). *Flow. Das Geheimnis des Glücks.* Stuttgart: Klett Cotta.

Davis, T. C., Long, S.W., Jackson, R. H., Mayeaux, E. J., George, R. B., Murphy, P. W. & Crouch, M. A. (1993). Rapid estimate of adult literacy in medicine: a shortened screening instrument. *Family Medicine, 25,* 391 – 395.

Davis, T., Wolf, M., Bass, P., Tilson, H. & Neuberger, M. (2006). Literacy and misunderstanding of prescription drug labels. *Annals of Internal Medicine, 145,* 887-894.

deCharms, R. (1968). *Personal causation.* New York: Academic.

Deci, E. L. & Ryan, R. M. (1997). *Aspirations Index. Scale description.* Retrieved December 2001 from Rochester University homepage, Department of Clinical and Social Science in Psychology. Zugriff am 04.03.2009 unter: http://www.psych.rochester.edu/SDT/measures/aspir.html

Deci, E. L. & Ryan, R. M. (2000). The »what« and »why« of goal pursuits: Human needs and the self-determination of behavior. *Psychological Inquiry, 11,* 227 – 268.

Deci, E. L. & Ryan, R. M. (2002). An Overview of Self-Determination Theory: An organismic-dialectical Perspective. In E. L. Deci & R. M. Ryan (Eds.), *The Handbook of Self-Determination Research* (pp. 3 – 36). Rochester: University of Rochester Press.

Deci, E. L. & Ryan, R. M. (1985*). Intrinsic motivation and self-determination in human behavior.* New York: Plenum.

Deci, E. L. & Ryan, R. M. (1991). A motivational approach to self: Integration in personality. In R. Dienstbier (Eds.), *Nebraska Symposium on Motivation: Vol. 38. Perspectives on motivation* (pp. 237 – 288). Lincoln: University of Nebraska Press.

Deci, E. L. & Ryan, R. M. (1993). Die Selbstbestimmungstheorie der Motivation und ihre Bedeutung für die Pädagogik. *Zeitschrift für Pädagogik, 39,* 224 – 238.

DeWalt, D. A., Berkman, N. D., Sheridan, S., Lohr, K. N. & Pignone, M. P. (2004). Literacy and health outcomes: A systematic review of the literature. *Journal of General Internal Medicine, 19,* 1228 – 1239.

Duriez, B., Vansteenkiste, M., Soenens, B. & De Witte, H. (2007). The social costs of extrinsic relative to intrinsic goal pursuits: Their relation with social dominance and racial and ethnic prejudice. *Journal of Personality, 75,* 757 – 782.

European Health Forum Gastein EHFG (2005). *Forum 6: Geringe Gesundheits-kompetenz kostet Europa Millionen.* [Pressemitteilung] Zugriff am 26.06.2008 unter: http://www.ehfg.org/fileadmin/ehfg/Presse/Archiv/2005/DE/PA_F6_GesundeWahlm_glich-kt_Geringe_Gesundheitskompetenz_kostet_Europa_Millionen_dt.pdf

Franke, A. (2006). *Modelle von Gesundheit und Krankheit.* Bern: Verlag Hans Huber.

Freud, S. (1923). *Das Ich und das Es.* Leipzig: Internationaler Psychoanalytischer Verlag.

Fröhlich, S. & Kuhl, J. (2004). Das Selbststeuerungsinventar: Dekomponierung volitionaler Funktionen. In J. Stiensmeier-Pelster & F. Rheinberg (Hrsg.), *Diagnostik von Motivation und Selbstkonzept* (S. 221–257). Göttingen: Hogrefe.

Gagné, M. (2003). The role of autonomy support and autonomy orientation in prosocial behavior engagement. *Motivation and Emotion, 27,* 199–223.

Geiser, C. (2010). *Datenanalyse mit Mplus. Eine anwendungsorientierte Einführung.* Wiesbaden: VS-Verlag.

Gigerenzer, G. (2007). *Bauchentscheidungen: Die Intelligenz des Unbewussten und die Macht der Intuition.* Gütersloh: C. Bertelsmann Verlag.

Gnahs, D. (2007). *Kompetenzen – Erwerb, Erfassung, Instrumente: Studientexte für Erwachsenenbildung.* Gütersloh: Bertelsmann.

Grouzet, F. M. E., Kasser, T., Ahuvia, A., Dols, J. M., Kim, Y., Lau, S., Ryan, R. M., Saunders, S., Schmuck, P. & Sheldon, K. (2005). The structure of goals across 15 cultures. *Journal of Personality and Social Psychology, 89,* 800–816.

Hamacher, W. & Wittmann, S. (2005). *Lebenslanges Lernen zum Erwerb von Handlungskompetenz für Sicherheit und Gesundheit.* Schriftenreihe der Bundesanstalt für Arbeitsschutz und Arbeitsmedizin: Forschungsbericht, Fb 1052. Zugriff am 06.01.2011 unter:
http://www.baua.de/de/Publikationen/Forschungsberichte/2005/Fb1052.html

Hartig, J. & Klieme, E. (2006). Kompetenz und Kompetenzdiagnostik. In K. Schweizer (Hrsg.), *Leistung und Leistungsdiagnostik* (S. 127–143). Berlin: Springer.

Herman, A., Young, K. D., Espitia, D., Fu, N. & Farshidi, A. (2009). Impact of a health literacy intervention on pediatric emergency department use. *Pediatric Emergency Care, 25,* 434–438.

Hu, L. & Bentler, P. M. (1998). Fit indices in covariance structure analysis: Sensitivity to underparameterized model misspecification. *Psychological Methods, 3,* 424–453.

Hu, L. & Bentler, P. M. (1999). Cutoff criteria for fit indexes in covariance structure analysis: Conventional criteria versus new alternatives. *Structural Equation Modeling, 6,* 1–55.

Hu, L., Bentler, P. M. & Kano, Y. (1992). Can test statistics in covariance structure analysis be trusted? *Psychological Bulletin, 112,* 351–362.

Institute of Medicine. (2004). *Health literacy: a prescription to end confusion.* Washington DC: National Academies Press.

Jacob, F. (1973). *The logic of life: A history of heredity.* New York: Pantheon.

Jöreskog, K. G. (1993). Testing structural equation models. In K. A. Bollen & J. S. Long (Eds.), *Testing structural equation models* (pp. 294–316). Newbury Park, CA: Sage.

Kane, M. & Trochim, W. (2007). *Concept mapping for planning and evaluation.* Thousand Oaks: Sage.

Kasser, T. & Ryan, R. M. (2001). Be careful what you wish for: Optimal functioning and the relative attainment of intrinsic and extrinsic goals. In P. Schmuck & K. M. Sheldon

(Eds.), *Life goals and well-being: Towards a positive psychology of human striving* (pp. 116–131). Göttingen: Hogrefe.

Kasser, T. (2002). Sketches for a self-determination theory of values. In E. L. Deci & R. M. Ryan (Eds.), *Handbook of self-determination research* (pp. 123–140). Rochester, NY: University of Rochester Press.

Kasser, T. Ryan, R. M., Zax, M. & Sameroff, A. J. (1995). The relations of maternal and social enviroments to late adolescents' materialistic and prosocial values. *Developmental Psychology, 31,* 907–914.

Kasser, T. & Ryan, R. M. (1993). A dark side of the American dream: Correlates of financial success as a central life aspiration. *Journal of Personality and Social Psychology, 65,* 410–422.

Kasser, T. & Ryan, R. M. (1996). Further examining the american dream: Differential correlates of intrinsic and extrinsic goals. *Personality and Social Psychology Bulletin, 22,* 280–287.

Kernis, M. H. (2003). Toward a conceptualization of optimal self-esteem. *Psychological Inquiry, 14,* 1–26.

Kickbusch, I. & Maag, D. (2006). Health literacy: towards active health citizenship. In Sprenger, M. (Eds.) *Public Health in Oesterreich and Europa* (pp. 151–158). Graz: Festschrift Horst Noack.

Kickbusch, I. & Maag, D. (2008). Health literacy. In K. Heggenhougen & S. Quah (Eds.), *International Encyclopedia of Public Health* (pp. 204–211). San Diego: Academic Press.

Kickbusch, I. (2001). Health literacy: addressing the health and education divide. *Health Promotion International, 16,* 289–297.

Kickbusch, I. (2006a). *Die Gesundheitsgesellschaft: Megatrends der Gesundheit und deren Konsequenzen für Politik und Gesellschaft.* Gamburg: Verlag für Gesundheitsförderung.

Kickbusch, I. (2006b). Gesundheitskompetenz. *News: Public Health Schweiz, Nr. 3–2006,* S. 10. Zugriff am 14.03.2008 unter:
http://www.publichealth.ch/client/publichealth/file/PHS_Newsletter_2006_3.pdf

Kickbusch, I., Maag, D. & Saan, H. (2005). *Enabling healthy choices in modern health societies.* Paper presented at the European Health Forum 2005. Zugriff am 19.01.2009 unter
http://www.ilonakickbusch.com/healthliteracy/Gastein_2005.pdf

Kickbusch, I., Wait, S., Maag, D., McGuire, P. & Banks, I. (2005). *Navigating health. The role of health literacy.* London: Alliance for Health and the Future. Zugriff am 15.02.2011 unter
http://www.emhf.org/resource_images/NavigatingHealth_FINAL.pdf

Kirsch, I., Jungeblut, A., Jenkins, L. & Kolstad, A. (2002). *Adult literacy in America. A first look at the findings of the National Adult Literacy Survey.* Washington D.C.: National Center for Education Statistics.

Klieme, E. & Leutner, D. (2006). *Kompetenzmodelle zur Erfassung individueller Lernergebnisse und zur Bilanzierung von Bildungsprozessen. Überarbeitete Fassung des Antrags an die DFG auf Einrichtung eines Schwerpunktprogramms.* Zugriff am 15.02.2011 unter http://kompetenzmodelle.dipf.de/pdf/rahmenantrag

Klieme, E., Funke, J., Leutner, D., Reimann, P. & Wirth, J. (2001). Problemlösen als fächerübergreifende Kompetenz? Konzeption und erste Resultate aus einer Schulleistungsstudie. *Zeitschrift für Pädagogik, 47,* 179 – 200.

Klusmann, U., Trautwein, U. & Lüdtke, O. (2005). Intrinsische und extrinsische Lebensziele. Reliabilität und Validität einer deutschen Fassung des Aspirations Index. *Diagnostika, 51,* 40 – 51.

Knoll, N., Scholz, U. & Rieckmann, N. (2005). *Einführung in die Gesundheitspsychologie.* Stuttgart: UTB.

Koop, C. E. (1995). Editorial: A personal role in Health-care Reform. *American Journal of Public Health, 85,* 759 – 760.

Koos, E.L. (1954). *The Health of Regionville.* New York: McGraw Hill.

Kriegesmann, B., Kottmann, M., Masurek, L. & Nowak, U. (2005). *Kompetenz für eine nachhaltige Beschäftigungsfähigkeit.* Schriftenreihe der Bundesanstalt für Arbeitsschutz und Arbeitsmedizin: Forschungsbericht, Fb 1038. Bremerhaven: Wirtschaftsverlag NW Verlag für neue Wissenschaft GmbH.

Kuhl J. (2010). *Lehrbuch der Persönlichkeitspsychologie – Motivation, Emotion und Selbststeuerung.* Göttingen: Hogrefe.

Kuhl, J. & Fuhrmann, A. (1998). Decomposing self-regulation und self-control: The volitional components checklist. In J. Heckhausen & C. Dweck (Eds.), *Life span perspectives on motivation and control* (pp. 15 – 49). Mahwah, NJ: Erlbaum.

Kuhl, J. & Fuhrmann, A. (2004). *Selbststeuerungs-Inventar, Kurzversion: SSI-K3.* Universität Osnabrück. Unveröffentlichter Fragebogen.

Kuhl, J. & Völker, S. (1998). Entwicklung und Persönlichkeit. In H. Keller (Hrsg.), *Lehrbuch der Entwicklungspsychologie* (S. 207 – 240). Bern: Huber.

Kuhl, J. (1998). Wille und Persönlichkeit: Von der Funktionsanalyse zur Aktiverungsdynamik psychischer Systeme. *Psychologische Rundschau, 49,* 61 – 77.

Kuhl, J. (2001). *Motivation und Persönlichkeit: Interaktion psychischer Systeme.* Göttingen: Hogrefe.

Lenartz, N. & Rudinger, G. (2009). *Fragebogen zur Gesundheitskompetenz – Version für Erwachsene.* Unveröffentlichter Fragebogen.

Lenartz, N. (2011). *Achtsamkeit, Selbstbestimmung, Gesundheit und Wohlbefinden: Innere und äußere Einflussfaktoren eines erfüllten Lebens.* Kröning: Asanger.

Lenartz, N. & Rudinger, G. (2010). Gesundheitskompetenz und Selbstregulation. Vortrag auf dem 47. Kongress der Deutschen Gesellschaft für Psychologie, Bremen.

Levesque, C. S., Williams, G. C., Elliot, D., Pickering, M. A., Bodenhamer, B. & Finley, P. (2007). Validating the theoretical structure of the Treatment Self-Regulation Questionnaire (TSRQ) across three different health behaviors. *Health Education Research, 22,* 691 – 702.

Lienert, G. A. & Raatz, U. (1998). *Testaufbau und Testanalyse.* Weinheim: Psychologie Verlag.

Loehlin, J. C. (2004). *Latent variables Models. An introduction to factor, path, and structural equation analysis.* London: Lawrence Erlbaum Associates.

Maag, D. (2005). Health literacy – Compendium of prior research. *Studies in Communication Sciences, 5,* 11 – 28.

Maag, D. (2007). *Gesundheitskompetenz bezüglich Ernährung, Bewegung und Gewicht.* Unveröffentlichte Dissertation, Università della Svizzera italiana, Lugano.

Maes, S. & Gebhardt, W. (2005). Self-regulation and health behavior: The health behavior goal model. In M. Boekaerts, P. R. Pintrich & M. Zeidner (Eds.), *Handbook of Self-Regulation* (pp. 343 – 368). London: Academic Press.

Maslow, A. H. (1943). A theory of human motivation. *Psychological Review, 50,* 370 – 396.

Meissner, W. W. (1981). *Internalization in psychoanalysis.* New York: International Universities Press.

Mika, V. S., Kelly, P. J., Price, M. A., Franquiz, M. & Villarreal, R. (2005). The ABCs of Health Literacy. *Family and Community Health, 28,* 351 – 357.

Miquelon, P. & Vallerand, R. J. (2008). Goal Motives, Well-Being, and Physical Health: An Integrative Model. *Canadian Psychology, 49,* 241 – 249.

Miquelon, P. & Vallerand, R. J. (2006). Goal Motives, well-being, and physical health: Happiness and self-realization as psychological resources under challenge. *Motivation & Emotion, 30,* 259 – 272.

Muthén, B., du Toit, S.H.C. & Spisic, D. (1997). Robust inference using weighted least squares and quadratic estimating equations in latent variable modeling with categorical and continuous outcomes. *Conditionally accepted for publication in Psychometrika.*

Nagel, G. (2008). *Ärztliche Therapiefreiheit in der Onkologie – quo vadis? Die Sicht kompetenter Patienten.* Lilly-Symposium, 25. 01. 2008, Berlin, Zugriff am 24. 10. 2009 unter: http://mlecture.uni-bremen.de/extern/lilly/lilly-onkologie-berlin-01 – 2008/content/tag1/nagel/index.html

NCSALL (2005). *Training Guide: Health Literacy Study Circle+ Facilitators Training.* Zugriff am 20. 11. 2009 unter: http://www.ncsall.net/index.php?id=769

Nefiodow, L. A. (2001). *Der sechste Kondratieff: Wege zur Produktivität und Vollbeschäftigung im Zeitalter der Information. Die langen Wellen der Konjunktur und ihre Basisinnovation.* Sankt Augustin: Verlag Rhein-Sieg.

Nix, G. Ryan, R. M., Manly, J. B. & Deci, E. L. (1999). Revitalization through self-regulation: The effects of autonomous and controlled motivation on happiness and vitality. *Journal of Experimental Social Psychology, 35,* 266 – 284.

Nutbeam, D. (1998). Health promotion glossary. *Health Promotion International, 13,* 349 – 364.

Nutbeam, D. (2000). Health literacy as a public health goal: A challenge for contemporary health education and communication strategies into the 21st century. *Health Promotion International, 15,* 259 – 267.

Nutbeam, D. (2008). The evolving concept of health literacy. *Social Science and Medicine, 67,* 2072 – 2078.

Otto, J. H., Döring-Seipel, E., Grebe, M. & Lantermann, E.-D. (2001). Entwicklung eines Fragebogens zur Erfassung der wahrgenommenen emotionalen Intelligenz. Aufmerksamkeit auf, Klarheit und Beeinflussbarkeit von Emotionen. *Diagnostica, 47,* 178 – 187.

Parker, R. M., Baker, D. W., Williams, M. V. & Nurss, J. R. (1995). The Test of Functional Health Literacy in Adults (TOFHLA): a new instrument for measuring patient's literacy skills. *Journal of General Internal Medicine, 10,* 537 – 541.

Patrick, H., Neighbors, C. & Knee, C. R. (2004). Appearance -related social comparisons: The role of contingent self-esteem and perceptions of attractiveness. *Personality and Social Psychology Bulletin, 30,* 501 – 514.

Perls, F. S. (1973). *The Gestalt approach and eyewitness to therapy.* Ben Lomond, CA: Science and Behavior Books.

Peters, E., Hibbard, J. H., Slovic, P. & Dieckmann, N. (2007). Numeracy skill and the communication, comprehension, and use of risk-benefit information. *Health Affairs, 26,* 741–748.

Phares, J. E. (1991). *Introduction to Personality.* New York: Harper Collins.

Piaget, J. (1971). *The Science of Education and the Psychology of the Child.* London: Longmans.

Pleasant, A. & Kuruvilla, S. (2008). A tale of two health literacies: Public health and clinical approaches to health literacy. *Health Promotion International, 23,* 152–159.

Prochaska, J. O. & Velicer, W. F. (1997). The transtheoretical model of health behavior change. *American Journal of Health Promotion, 12,* 38–48.

Quirin, M. & Kuhl, J. (2009). Theorie der Persönlichkeits-System-Interaktionen. In V. Brandstätter-Morawietz & J. H. Otto (Hrsg.), *Handbuch der Allgemeinen Psychologie: Motivation und Emotion* (S. 157–162). Göttingen: Hogrefe.

Rammstedt, B. & John, O. P. (2005). Kurzversion des Big Five Inventory (BFI-K): Entwicklung und Validierung eines ökonomischen Inventars zur Erfassung der fünf Faktoren der Persönlichkeit. *Diagnostica, 51,* 195–206.

Rappaport, J. (1987). Terms of empowerment / Exemplars of prevention: Toward a theory for community psychology. *American Journal of Community Psychology, 15,* 121–148.

Ravens-Sieberer U. (2003). Der Kindl-R Fragebogen zur Erfassung der gesundheitsbezogenen Lebensqualität bei Kindern und Jugendlichen – Revidierte Form. In J. Schumacher, A. Klaiberg & E. Brähler (Hrsg.), *Diagnostische Verfahren zu Lebensqualität und Wohlbefinden* (S. 184–188). Göttingen: Hogrefe.

Reis, H. T., Sheldon, K. M., Gable, S. L., Roscoe, J. & Ryan, R. M. (2000). Daily well-being: The role of autonomy, competence, and relatedness. *Personality and Social Psychology Bulletin, 26,* 419–435.

Renkert, S. & Nutbeam, D. (2001). Opportunities to improve maternal health literacy through antenatal education. *Health Promotion International, 16,* 381–388.

Revelle, W. & Loftus, D. A. (1992). The implications of arousal effects for the study of act and memory. In S.-A. Christianson (Eds.), *The handbook of emotion and memory: Research and theory* (pp. 113–149). Hillsdale, NJ, England: Lawrence Erlbaum Associates.

Riemann, R., Angleitner, A. & Strelau, J. (1997). Genetic and Environmental Influences on Personality: A study of twins using the self- and peer-report NEO-FFI scales. *Journal of Personality, 65,* 3, 449–475.

Rödiger, A. & Stutz Steiger, T. (2009). Gesundheitskompetenz: Hintergrund, Begriffsbestimmung und Auswirkungen. In Schweizerisches Rotes Kreuz (Hrsg), *Gesundheitskompetenz zwischen Anspruch und Wirklichkeit* (S. 55–79). Zürich: Seismo Verlag.

Rogers, C. R. (1963). The Concept of the Fully Functioning Person. *Psychotherapy: Theory, Research, and Practice 1,* 17–26.

Rosenstock, I. M. (1974). The health belief model and preventive health behavior. *Health Education Monographs, 2,* 354–386.

Rudd, R., Kirsch, I. & Yamamoto, K. (2004). *Literacy and health in America.* Policy Information Report. Princeton, NJ: Harvard School of Public Health & Center for Global Assessment.

Ryan, R. M. (1993). Agency and organization: Intrinsic motivation, autonomy and the self in psychological development. In J. Jacobs (Eds.), *Nebraska symposium on motivation: Developmental perspectives on motivation* (Vol. 40, pp. 1–56). Lincoln: University of Nebraska Press.

Ryan, R. M. & Deci, E. L. (2000). Self-Determination Theory and the facilitation of intrinsic motivation, social development, and well-being. *American Psychologist, 55*, 68–78.

Ryan, R. M. & Deci, E. L. (2001). On Happiness and human potentials: A review of research on hedonic and eudaimonic well-being. *Annual Review of Psychology, 52*, 141–166.

Ryan, R. M., Deci, E. L. & Grolnick, W. S. (1995). Autonomy, relatedness, and the self: Their relation to development and psychopathology. In D. Cicchetti & D. J. Cohen (Eds.), *Developmental psychopathology: Theory and methods* (pp. 618–655). Hoboken, NJ, US: John Wiley and Sons.

Ryan, R. M., Huta, V. & Deci, E. L. (2006). Living well: A selfdetermination theory perspective on eudaimonia. *Journal of Happiness Studies, 9*, 139–170.

Ryan, R. M., Kuhl, J. & Deci, E. L. (1997). Nature and autonomy: an organizational view of social and neurobiological aspects of self-regulation in behavior and development. *Development and Psychopatology, 9*, 701–728.

Ryan, R. M., Patrick, H., Deci, E. L. & Williams, G. C. (2008). Facilitating health behaviour change and its maintenance: Interventions based on self-determination theory. *The European Health Psychologist, 10*, 2–5.

Ryan, R. M., Plant, R. W. & O'Malley, S. (1995). Initial motivations for alcohol treatment: Relations with patient characteristics, treatment involvement and dropout. *Addictive Behaviors, 20*, 279–297.

Ryan, R. M., Sheldon, K. M., Kasser, T. & Deci, E. L. (1996). All goals are not created equal: An organismic perspective on the nature of goals and their regulation. In P. M. Gollwitzer & J. A. Bargh (Eds.), *The psychology of action: Linking cognition and motivation to behavior* (pp. 7–26). New York: Guilford Press.

Rychen, D. S. & Salganik, L. H. (2003). *Key competencies for a successful life and a well-functioning society.* Göttingen: Hogrefe & Huber.

Rychen, S. & Salganik, L. H. (2001). *Defining and selecting key competencies.* Göttingen: Hogrefe.

Ryckman, R. (1982). *Theories of personality.* Monterey, CA: Brooks / Cole.

Ryff, C. D. & Singer, B. (1998). The contours of positive human health. *Psychological Inquiry, 9*, 1–28.

Ryff, C. D. (1989). Happiness is everthing, or is it? Explorations on the meaning of psychological well-being. *Journal of Personality and Social Psychology, 57*, 1069–1081.

Salovey, P., Mayer, J. D., Goldman, S. L., Turvey, C. & Palfai, T. P. (1995). Emotional attention, clarity, and repair: Exploring emotional intelligence using the Trait Meta-Mood Scale. In J. W. Pennebaker (Eds.), *Emotion, disclosure, and health* (pp. 125–154). Washington, DC: APA.

Schaefer, C. T. (2008). Integrated review of health literacy interventions. *Orthopaedic Nursing, 27*, 302–317.

Schermelleh-Engel, K. & Moosbrugger, H. (2003). Evaluating the fit of structural equation models: tests of significance and descriptive goodness-of-fit measures. *Methods of Psychological Research Online, 8*, 23–74.

Schermelleh-Engel, K. & Werner, C. (2009). *Item Parceling: Bildung von Testteilen oder*

Item-Päckchen. Goethe-Universität Frankfurt, Zugriff am 23.11.2010 unter: http://user.uni-frankfurt.de/~cswerner/sem/item_parceling.pdf

Schmuck, P., Kasser, T. & Ryan, R. (2000). Intrinsic and extrinsic goals: Their structure and relationship to well-being in German and U.S. college students. *Social Indicators Research, 50,* 225 – 241.

Schulz, P. & Nakamoto, K. (2005). Emerging themes in health literacy. *Studies in Communication Sciences, 5,* 1 – 10.

Schumacher, J., Klaiberg, A. & Brähler, E. (Hrsg.), *Diagnostische Verfahren zu Lebensqualität und Wohlbefinden.* Göttingen: Hogrefe.

Schwarzer, R. & Kuhl, J. (Eds.). (2006). Themenheft Selbstregulation und Gesundheit. *Zeitschrift für Gesundheitspsychologie, 14,* 31 – 94.

Schweizerisches Rotes Kreuz (2009). *Gesundheitskompetenz zwischen Anspruch und Wirklichkeit.* Zürich: Seismo Verlag.

Seiler, K. (2009). Beschäftigungsfähigkeit als Indikator für berufliche Flexibilität. In C. Vetter-Kerkhoff, B. Badura & H. Schröder (Hrsg.), *Fehlzeiten-Report 2008* (S. 3 – 14). Berlin: Springer.

Seligman, M. E. (2000). *Erlernte Hilflosigkeit.* Weinheim: Beltz.

Seligman, M. E. P. & Isaacowitz, D. M. (2000). Learned helplessness. In G. Fink (Ed.), *The Encyclopedia of Stress* (pp. 599 – 603). San Diego: Academic Press.

Shapiro, S. L., Carlson, L., Astin J. & Freedman, B. (2006). Mechanisms of mindfulness. *Journal of Clinical Psychology, 62,* 373 – 386.

Sheldon, K. M. (2002). The Self-Concordance Model of healthy goal striving: When personal goals correctly represent the person. In E. L. Deci & R. M. Ryan (Eds.), *The Handbook of Self-Determination Research* (pp. 65 – 86). Rochester: University of Rochester Press.

Sheldon, K. M. & Kasser, T. (1998). Pursuing personal goals: Skills enable progress but not all progress is beneficial. *Personality and Social Psychology Bulletin, 24,* 1319 – 1331.

Sheldon, K. M., Ryan, R. M., Deci, E. L. & Kasser, T. (2004). The Independent Effects of Goal Contents and Motives on Well-Being: It's Both What You Pursue and Why You Pursue It. *Personality and Social Psychology Bulletin, 30,* 475 – 486.

Sheldon, K. M., Ryan, R. M., Rawsthorne, L. & Ilardi, B. (1997). Trait self and true self: Cross-role variation in the Big Five traits and its relations with authenticity and subjective well-being. *Journal of Personality and Social Psychology, 73,* 1380 – 1393.

Sheldon, K. M., Ryan, R. M. & Reis, H. T. (1996). What makes for a good day? Competence and autonomy in the day and in the person. *Personality and Social Psychology Bulletin, 22,* 1270 – 1279.

Sihota, S. & Lennard, L. (2004). *Health literacy. Being able to make the most of health.* National Consumer Council. Zugriff am 07.01.2011 unter: http://collections.europarchive.org/tna/20080804145057/http://www.ncc.org.uk/nccpdf/poldocs/NCC064_health_literacy.pdf

Skinner, B. F. (1953). *Science and human behavior.* New York: Macmillan.

Soellner, R. & Rudinger, G. (2007). *Projektantrag: Gesundheitskompetenz – Modellentwicklung und Validierung.* Projektantrag im Rahmen des Schwerpunktprogramms 1293 »Kompetenzmodelle zur Erfassung individueller Lernergebnisse und zur Bilanzierung von Bildungsprozessen«. DFG Geschäftszeichen: SO 899/1 – 1.

Soellner, R. & Rudinger, G. (2010). *Abschlussbericht: Gesundheitskompetenz – Modell-*

entwicklung und Validierung. Abschlussbericht im Rahmen des Schwerpunktprogramms 1293 »Kompetenzmodelle zur Erfassung individueller Lernergebnisse und zur Bilanzierung von Bildungsprozessen«. DFG Geschäftszeichen: SO 899 / 1 - 1.

Soellner, R. Lenartz, N., Huber, S. & Rudinger, G. (2009). *Fragebogen zur Gesundheitskompetenz - Version 12. / 13. Klassenstufe.* Unveröffentlichter Fragebogen.

Soellner, R., Huber, S., Lenartz, N. & Rudinger, G. (2009). Gesundheitskompetenz - ein vielschichtiger Begriff. *Zeitschrift für Gesundheitspsychologie 17, 105 - 113.*

Soellner, R., Huber, S., Lenartz, N. & Rudinger, G. (2010). Facetten der Gesundheitskompetenz - eine Expertenbefragung. *Zeitschrift für Pädagogik, Beiheft; 56, 104 - 114.*

Sommerhalder, K. & Abel, T. (2007). *Gesundheitskompetenz: Eine konzeptuelle Einordnung.* Bern: Institut für Sozial- und Präventivmedizin. Zugriff am 15.01.2009 unter: http://www.bag.admin.ch/themen/gesundheitspolitik/00388/02873/index.html?lang=de

Sommerhalder, K. (2009). Gesundheitskompetenz in der Schweiz: Forschungsergebnisse und Interventionsmöglichkeiten. In Schweizerisches Rotes Kreuz (Hrsg), *Gesundheitskompetenz zwischen Anspruch und Wirklichkeit* (S. 19-54). Zürich: Seismo.

SPSS Inc. (2007). *SPSS Base 16.0 - Benutzerhandbuch.* Zugriff am 25.06.2010 unter: http://www.uni-muenster.de/imperia/md/content/ziv/service/software/ spss/handbuecher/deutsch/spss_base_benutzerhandbuch_16.0.pdf

Spycher, S. (2009). Geleitwort. In Schweizerisches Rotes Kreuz (Hrsg), *Gesundheitskompetenz zwischen Anspruch und Wirklichkeit* (S. 7 - 9). Zürich: Seismo.

St Leger, L. (2001). Schools, health literacy and public health: possibilities and challenges. *Health Promotion International, 16,* 197 - 205.

Steckelberg, A., Hülfenhaus, C., Kasper, J., Rost, J. & Mühlhauser, I. (2007). How to measure critical health competences: Development and validation of the Critical Health Competence Test (CHC Test). *Advances in Health Sciences Education,* online first. Zugriff am 15.01.2009 unter: http://www.springerlink.com/content/6761364581252861/?p=b1485d1d8166479195a6262451072aa7&pi=0.

Stutz Steiger, T. & Eckert, Y. (2007). Förderung der Gesundheitskompetenz - neue Chancen und eine große Herausforderung. *Spectra, 64,* 8.

Stutz Steiger, T. & Spycher, S. (2006). Gesundheitskompetenz - Grundlage für einen neuen Blick auf die Gesundheit. *Die Volkswirtschaft, 12,* 14 - 16.

Sudore, R., Yaffe, K., Satterfield, S., Harris, T. B., Mehta, K. M., Simonsick, E. M. et al. (2006). Limited literacy and mortality in the elderly. The Health, Aging, and Body Composition Study. *Journal of General Internal Medicin, 21,* 806 - 812.

Trapnell, P. D. & Campbell, J. D. (1999). Private self-consciousness and the five-factor model of personality: Distinguishing rumination from reflection. *Journal of Personality and Social Psychology, 76,* 284 - 304.

Trochim, W. (1989): An introduction to concept mapping for planning and evaluation. *Evaluation and Program Planning 12,* 1 - 16.

U.S. Department of Health and Human Services (2000). *Healthy People 2010: Understanding and Improving Health.* Washington, DC: U.S. Government Printing Office.

Ulich, E. (2005). *Arbeitspsychologie.* Stuttgart: Schäffer-Poeschel.

Vansteenkiste, M. & Sheldon, K. M. (2006). There's nothing more practical than a good theory: Integrating motivational interviewing and self-determination theory. *British Journal of Clinical Psychology, 45,* 63 - 82.

Vansteenkiste, M., Neyrinck, B., Niemiec, C. P., Soenens, B., De Witte, H. & Van den

Broeck, A. (2007). On the relations among work value orientations, psychological need satisfaction and job outcomes: A self-determination theory approach. *Journal of Occupational and Organizational Psychology, 80,* 251–277.

Vlachopoulos, S. P. & Michailidou, S. (2006). Development and initial validation of a measure of autonomy, competence, and relatedness in exercise: The Basic psychological needs in exercise scale. *Measurement in Physical Education and Exercise Science, 103,* 179–201.

Weinert, F. E. (2001): Concept of competence: A conceptual clarification. In D. Rychen & L. H. Salganik (Eds.), *Defining and selecting key competencies* (pp. 45–65). Göttingen: Hogrefe.

Werner, H. (1957). The concept of development from a comparative and organismic point of view. In D. Harris (Eds.), *The concept of development.* Minneapolis: University of Minnesota Press.

White, R. W. (1963). *Ego and reality in psychoanalytic theory.* New York: International Universities Press.

WHO (1946). *Constitution of the World Health Organization.* Zugriff am 06.01.2011 unter: http://whqlibdoc.who.int/hist/official_records/constitution.pdf

WHO (1986). Ottawa Charter for Health Promotion. Zugriff am 06.01.2011 unter: http://www.who.int/hpr/NPH/docs/ottawa_charter_hp.pdf

Wilkinson, G. S. & Robertson, G. J. (2006). *WRAT4: Wide Range Achievement Test professional manual.* Lutz, FL: Psychological Assessment Resources.

Williams M. V., Parker R. M., Baker D. W. et al. (1995). Inadequate functional health literacy among patients at two public hospitals. *JAMA, 274,* 1677–1682.

Williams, G. C. (2002). Improving patients' health through supporting the autonomy of patients and providers. In E. L. Deci & R. M. Ryan (Eds.), *The Handbook of Self-Determination Research* (pp. 233–254). Rochester: University of Rochester Press.

Williams, G. C. (2002). Improving Patients' Health Through Supporting the Autonomy of Patients and Providers. In E. L. Deci & R. M. Ryan (Eds.), *The Handbook of Self-Determination Research* (pp. 233–254). Rochester: University of Rochester Press.

Williams, G. C., Deci, E. L. & Ryan, R. M. (1998). Building Health-Care Partnerships by Supporting Autonomy: Promoting Maintained Behavior Change and Positive Health Outcomes. In A. L. Suchman, P. Hinton-Walker & R. Botelho (Eds.), *Partnerships in healthcare: Transforming relational process* (pp. 67–87). Rochester, NY: University of Rochester Press.

Williams, G. C., Freedman, Z. R. & Deci, E. L. (1998). Supporting autonomy to motivate glucose control in patients with diabetes. *Diabetes Care, 21,* 1644–1651.

Williams, G. C., Grow, V. M., Freedman, Z., Ryan, R. M. & Deci, E. L. (1996). Motivational predictors of weight-loss and weight-loss maintenance. *Journal of Personality and Social Psychology, 70,* 115–126.

Williams, G. C., Rodin, G. C., Ryan, R. M., Grolnick, W. S. & Deci, E. L. (1998). Autonomous regulation and long-term medication adherence in adult outpatients. *Health Psychology, 17,* 269–276.

Wolf, M. S., Davisc, T. C., Arozullahbd, A., Penna, R., Arnoldc, C., Sugarc, M. & Bennettab, C. L. (2005). *Relation between literacy and HIV treatment knowledge among patients on HAART regimens. AIDS Care: Psychological and Socio-medical Aspects of AIDS / HIV, 17,* 863–873.

Zarcadoolas, C., Pleasant, A. F. & Greer, D. S. (2006). *Advancing health literacy: A framework for understanding and action.* San Francisco, CA: Jossey-Bass.

Zimmerman, B. J. (2005). Attaining Self-Regulation: A social cognitive perspective. In M. Boekaerts, P. R. Pintrich & M. Zeidner (Eds.), *Handbook of Self-Regulation* (pp. 13 – 39). London: Academic Press.

Anhang

Fragebogen zur Gesundheitskompetenz

	Zustimmung			
	Trifft überhaupt nicht zu	Trifft eher nicht zu	Trifft eher zu	Trifft genau zu
Nach einem anstrengenden Tag fällt es mir schwer, mich zu entspannen.	o	o	o	o
Wenn ich etwas geplant habe, setze ich das in der Regel auch um.	o	o	o	o
Wenn ich mich unwohl fühle, weiß ich meist genau, warum.	o	o	o	o
Ich achte sehr auf meine Gesundheit.	o	o	o	o
Ich kann Hilfe von anderen annehmen, wenn es mir nicht so gut geht.	o	o	o	o
Gesundheitsinformationen zu finden fällt mir leicht.	o	o	o	o
Mir fällt es schwer, zwischendurch abzuschalten und Pausen zu machen.	o	o	o	o
Ich behalte meine Vorhaben im Auge und lasse mich nicht leicht davon abbringen.	o	o	o	o
Ich kann meine Gefühle deutlich wahrnehmen.	o	o	o	o
Ich finde es wichtig, mich um meine Gesundheit zu kümmern.	o	o	o	o
Wenn es mir nicht gut geht, achte ich darauf, dass das keiner merkt.	o	o	o	o
Es fällt mir leicht, Informationen rund um das Thema Gesundheit zu verstehen.	o	o	o	o
Ich kann aufgestauten Stress und innere Anspannung gut wieder abbauen.	o	o	o	o
Ich kann verhindern, dass meine Gedanken ständig von einer Aufgabe abschweifen.	o	o	o	o

Ich merke, wenn ich mich in einer Situation körperlich verspanne.	O	O	O	O
Ich übernehme bewusst Verantwortung für meine Gesundheit.	O	O	O	O
Wenn ich gesundheitliche Probleme habe, ziehe ich mich zurück und erzähle keinem davon.	O	O	O	O
Auch komplexe Darstellungen zum Thema Gesundheit kann ich gut nachvollziehen.	O	O	O	O
Ich kann gut zwischen Phasen hoher Konzentration und Phasen der Entspannung wechseln.	O	O	O	O
Wenn ich etwas erreichen möchte, habe ich viel Disziplin bei der Umsetzung.	O	O	O	O
Ich kann meine eigenen Bedürfnisse gut wahrnehmen.	O	O	O	O
Ich nehme Rücksicht auf meinen Körper.	O	O	O	O
Meine Probleme gehen keinen anderen etwas an.	O	O	O	O
Es fällt mir leicht, Zusammenhänge in Gesundheitsfragen zu verstehen.	O	O	O	O
Ich kann mit Stress schlecht umgehen.	O	O	O	O
Wenn ich bei einer Handlung abgelenkt werde, komme ich schnell wieder zu dieser zurück.	O	O	O	O
Ich habe einen guten Zugang zu meinen Gefühlen.	O	O	O	O
Ich achte bewusst auf meine Gesundheit, z. B. indem ich mich ausgewogen ernähre oder indem ich mich genug bewege.	O	O	O	O
Informationen zu Gesundheitsthemen bleiben für mich oft unklar.	O	O	O	O

Auswertungsschlüssel:
Selbstregulation: 1 (r), 7 (r), 13, 19, 25 (r)
Selbstkontrolle: 2, 8, 14, 20, 26
Selbstwahrnehmung: 3, 9, 15, 21, 27
Verantwortungsübernahme: 4, 10, 16, 22, 28
Kommunikation und Kooperation: 5, 11 (r), 17 (r), 23 (r)
Umgang mit Gesundheitsinformationen: 6, 12, 18, 24, 29 (r)
(r) = Recodierung der Items notwendig, da negativ formuliert.

Szenarien zum Gesundheitsverhalten

(1) Ihre Familie und ihre berufliche Situation lassen Ihnen wenig Zeit zur Erholung. Es gibt nur kurze Pausen im Tagesablauf, an denen Sie sich ausruhen und regenerieren können. Sie möchten diese Pausen für sich nutzen.

Wie gut gelingt es Ihnen, diese Pausen so zu nutzen, dass Sie sich wirklich regenerieren?

O	O	O	O
sehr schlecht	eher schlecht	eher gut	sehr gut

(2) Sie lieben Brot und Kuchen und essen beides täglich. Nun haben Sie seit einiger Zeit regelmäßig Bauchschmerzen. Ihr Arzt stellt eine Nahrungsmittelunverträglichkeit fest und empfiehlt Ihnen dringend, Ihre Ernährung radikal umzustellen. Sie sollen auf alle Produkte mit Weizen (darunter auch Brot, Kuchen) verzichten. Sie nehmen sich vor, diese Lebensmittel von nun an zu meiden.

Wie gut gelingt es Ihnen, dies konsequent durchzuhalten?

O	O	O	O
sehr schlecht	eher schlecht	eher gut	sehr gut

(3) Sie haben eine größere Summe Geld geerbt und müssen jetzt entscheiden, was mit diesem Geld geschehen soll. Sie überlegen alte Schulden zu begleichen, sich mit Ihrem Partner eine große Reise zu gönnen oder das Geld langfristig anzulegen. Ihr Partner, Freunde und Bekannte, die von dem Erbe wissen, mischen sich ein und haben eigene Vorstellungen davon, wie Sie das Geld nutzen sollten. Dabei sind sie zum Teil sehr aufdringlich. Ihnen ist es wichtig, dass Sie die Entscheidung, was mit dem Geld passiert, bewusst treffen und dass sie dabei ihren eigenen Gefühlen und Bedürfnissen gerecht werden.

Wie gut gelingt es Ihnen in einer solchen Situation, Ihre eigenen Gefühle und Bedürfnisse klar wahrzunehmen?

O	O	O	O
sehr schlecht	eher schlecht	eher gut	sehr gut

> (4) Eine gute Freundin von Ihnen hat ein Kind bekommen. Sie hat Sie darum gebeten, Ihr dabei zu helfen, Informationen über Risiken und Nebenwirkungen von Impfungen bei Neugeborenen zu suchen. Sie stellen bei der Recherche fest, dass diese Informationen je nach Autor und Quelle sehr widersprüchlich sind und müssen entscheiden, welche Informationen vertrauenswürdig und verlässlich sind und welche Informationen eher kritisch zu bewerten sind.

Wie gut gelingt es Ihnen dies?

O	O	O	O
sehr schlecht	eher schlecht	eher gut	sehr gut

> (5) Nach einer Reise erkranken Sie an einer Leberentzündung (Hepatitis B). Sie haben keine Schmerzen und fühlen sich nur etwas schwach. Für Ihre Genesung ist es jedoch wichtig, dass Sie sich schonen und jede Anstrengungen vermeiden. Dazu müssen Sie ihrer Familie, Freunden und Arbeitskollegen von Ihrer Erkrankung erzählen und deren Hilfe umfassend in Anspruch nehmen.

Wie gut gelingt Ihnen dies?

O	O	O	O
sehr schlecht	eher schlecht	eher gut	sehr gut

> (6) An ihrem Arbeitsplatz wurde ein umfassendes Gesundheitsprogramm eingeführt. Sie sind von nun an aufgefordert, immer wieder kleine Pausen zu machen. Sie sollen solche ›lohnenden Pausen‹ immer dann nehmen, wenn Sie merken, dass Sie sich körperlich verspannen oder Stress erleben. Sie nehmen sich vor, von jetzt an auf diese Pausen zu achten.

Wie gut gelingt es Ihnen, rechtzeitig wahrzunehmen, dass Sie sich körperlich verspannen oder Stress erleben?

O	O	O	O
sehr schlecht	eher schlecht	eher gut	sehr gut

(7) Sie hatten vor einigen Wochen für eine kurze Zeit ein Ohrgeräusch (Tinitus). Ihr Hals-Nasen-Ohrenarzt meinte, Sie sollten großen Lärm meiden um Ihre Ohren zu schonen. Nun befinden Sie sich auf einem Konzert und genießen den Abend mit Ihren Freunden. Mitten im Konzert nimmt die Lautstärke plötzlich und unerwartet deutlich zu. Der Lärmpegel ist nun sehr laut.

Würden Sie die Veranstaltung verlassen um Ihre Ohren zu schützen oder würden Sie trotz der hohen Lautstärke bleiben und den Abend weiter mit Ihren Freunden verbringen?

O	O	O	O
sehr schlecht	eher schlecht	eher gut	sehr gut

(8) Die Schweinegrippe ist zurück und es gibt wieder eine Reihe von Erkrankungen in Deutschland. Um die tatsächliche Gefahr abschätzen zu können, möchten Sie sich über den aktuellen Forschungsstand zur Schweinegrippe informieren. Dabei benötigen Sie detaillierte, vollständige und verlässliche Informationen rund um das Thema, die auch die kritischen Stimmen zum Umgang mit der Schweinegrippe einbeziehst. Sie müssen diese Informationen eigenständig zusammentragen.

Wie gut gelingt es Ihnen, detaillierte, verlässliche und vollständige Informationen zu finden?

O	O	O	O
sehr schlecht	eher schlecht	eher gut	sehr gut

(9) Zusätzlich zu Ihren bisherigen sportlichen Aktivitäten sollen Sie ein regelmäßiges Bewegungsprogramm einhalten, um Ihre Gelenke und Ihren Rücken zu stärken. Dieses Programm ist wissenschaftlich getestet und hat

einen sehr guten Einfluss auf die Gesundheit der Gelenke. Leider ist das Programm etwas eintönig und muss täglich 30 Minuten über einen Zeitraum von 8 Wochen praktiziert werden. Sie wollen trotzdem durchhalten, da in Ihrer Familie Probleme mit dem Rücken und den Gelenken bekannt sind und sie diesen vorbeugen wollen.

Wie gut gelingt es Ihnen, das Trainingsprogramm konsequent durchzuhalten?

O	O	O	O
sehr schlecht	eher schlecht	eher gut	sehr gut